「文検体操科」の研究

埼玉県にみる中等学校体操教師へのキャリアアップ・ルート

古川　修

まえがき

　本書『「文検体操科」の研究：埼玉県にみる中等学校体操教師へのキャリアアップ・ルート』は、筆者の学位請求論文『「文検体操科」の研究：埼玉県における合格者のキャリア形成を中心に』（2013 年 3 月東洋大学「博士（教育学）」学位取得）をもとに、金沢大学大久保英哲教授の退官記念論文集『体育・スポーツ・武術の歴史にみる「中央」と「周縁」：国家・地方・国際交流』（2015 年 2 月、道和書院刊）所収の拙稿『新制高等学校における体育科教師像：「文検体操科」合格者を中心に』を新たな章として加え、加筆修正したものである。

　「文検体操科」とは戦前の旧学制下において中等学校体操教師の資格取得のために全国規模で実施されていた検定試験の事である。文部省が官報に公告して開催した「師範学校中学校高等女学校教員検定試験」の数ある学科目の一つ「体操科」を指している。教員を供給する制度の中で、学校による養成とは異なり、検定試験である「文検」は近年徐々に明らかにされ始めているが、科目数も多くまだ未解明な部分も多い。本書は「文検体操科」の概要を明らかにし、埼玉県における任用の状況や配置校の実態から「文検体操科」の果たした役割を検討し、さらにライフヒストリーの事例から合格者の特性も論じようとしたものである。合格者の追跡が無くしてはこうした実態解明は不可能であろう。埼玉県に限定した事で追跡調査が可能となり、それが本研究の大きな特色となっているが、同時にそこが限界でもある。この作業が全容解明に向けて役立つ事になれば幸いである。

　本書には補遺として「武道教員の戦後」を加えた。2015 年 8 月第 66 回日本体育学会（国士舘大学）で発表した「旧学制下における中等学校武道教員免許取得者（教員免許台帳にある免許事由からの検討）」に加筆修正したものである。戦後すぐに失効した武道の免許を所持していた武道教員（その中には「文検体操科」で武道免許を取得した者も含まれている。）は体操の免許を取得し、引き続き体育科教員として継続できた者もいた。武道教員の免許取得事由とその後の体操科免許取得状況についてまとめたものである。

2016 年 2 月 10 日　　　　　　　　　　　　　　　　　　古川　修

目　次

まえがき 1

目　次 2

序章　研究の目的と課題の設定 5

第1節　研究の目的 6

第2節　先行研究の検討 7

第3節　本研究の課題 11

第4節　本論文の構成と各章で用いる資料 12

第1章　戦前における中等学校体操科教員の供給状況 17

第1節　中等学校数、生徒数の増加 18

第2節　体操科教員の供給状況 20

第3節　「文検体操科」出願者数及び合格者数 25

第2章　試験検定及び免許状と任用制度 31

第1節　教員検定制度の始まり 32

第2節　教員検定制度の確立 35

第3節　武道及び教練の単独免許状 37

第4節　武道教師と無資格教員 39

第3章　「文検体操科」の概要 45

第1節　試験日程及び会場 46

第2節　検定委員 53

第 3 節　検定内容 54

第 4 章　「文検体操科」合格者の傾向 71
第 1 節　出願者数及び合格者数、合格率 72
第 2 節　「文検体操科」合格者の一般的特性 77

第 5 章　「文検体操科」の受験対策 85
第 1 節　検定合格の目安と受験準備 86
第 2 節　受験者の不安 88
第 3 節　東京高師の体育講習会 89
第 4 節　日常の取り組みと体育講習会 95

第 6 章　埼玉県における「文検体操科」合格者の概要 99
第 1 節　埼玉県の「文検体操科」合格者 100
第 2 節　合格時の勤務校 107
第 3 節　合格後の状況 112

第 7 章　埼玉県にみる合格者のライフヒストリー 123
第 1 節　押田勤にとっての「文検体操科」 124
第 2 節　浅海公平にとっての「文検体操科」 135

第 8 章　埼玉県にみる体操科担当教員と「文検体操科」合格者 147
第 1 節　1926（大正15）年度埼玉県における体操科担当教員 148
第 2 節　1937（昭和12）年度体育研究所調査報告にみる体操科担当教員 152
第 3 節　1937（昭和12）年度埼玉県における体操科担当教員 154

第9章　埼玉県にみる戦後初期の体育教師像 169
第1節　埼玉県の新制高校体育科教員の概要 170
第2節　免許取得事由及び取得時期、年齢、戦前の勤務先 175
第3節　戦後初期の体育教師像 177

結章　結論と今後の課題 181
第1節　全体的考察 182
第2節　今後の課題 188

引用・参考文献 191

資料1　埼玉県における「文検体操科」合格者一覧 196

資料2　検定委員略歴 199

資料3　第2回体育講習会の実技内容 203

資料4　予備試験問題 206

補遺　武道教員の戦後 223
第1節　はじめに 224
第2節　武道教員の養成 224
第3節　武道禁止後の武道教員 227
第4節　体操教員養成講習会 229
第5節　おわりに 232

あとがき 233

序章

研究の目的と課題の設定

序章　研究の目的と課題の設定

第1節　研究の目的

　1947（昭和22）年4月、六三三制による新制の中学校が設置され、それに続いて翌年4月には新制の高等学校がスタートする。新制高校はその前身が中学校、高等女学校、商業・農業・工業学校等の実業学校という戦前の中等学校を引き継ぐところが多かった。外見はそうであったが、学校体育は戦前の軍国主義的、超国家主義的な「体錬科」から、スポーツを中心教材とする「保健体育科」にまもなく大きな転換を迎える事になる。軍国主義的体育の排除方針のもと、敗戦直後から教練、武道は禁止され、配属将校や武道教師の名は学校からすでに消えている。

　一方で戦後復興、民主主義的体育の掛け声のもとで、いち早くスポーツが熱烈に支持され、注目を集める事になる。終戦の翌春1946（昭和21）年4月から財団法人日本体育会は、全国13か所でスポーツ懇談会を開催し、「①戦後の荒廃によって健全娯楽を失った国民、特に青少年にスポーツの喜びを与えたい。②進駐軍に対し、民族の気概を示そう。③荒廃した国土、特に、旧軍隊の施設をスポーツ文化の場に改建しよう。④戦禍にあえぐ国民、特に、退廃した青少年に、平和と民族愛の表徴としてのスポーツを浸透させよう。⑤純粋スポーツの再建と指導陣の充実を計り、今後の日本スポーツの再建を期そう。⑥全国的体育大会を開こう。その実施の具体策を一日も早く示されたい。」[1]　と訴え、その年の国民体育大会開催に向け第一歩をスタートさせた。敗戦後参加が許されなかったオリンピック大会にも1952（昭和27）年のヘルシンキ夏季大会から再び参加が認められた。

　このような戦後初期の混乱からスポーツ再建に向けて、学校内外の体育的諸活動のリーダーとなって実質的にその活動を支えたのは体育教師たちであった。その体育教師らはいったいどういう人たちであったのか、どんな経歴をたどってそこにいたのであろうか。新しい教員養成制度による大学卒業生の供給が始まるのは1950年代半ばからであるので、彼らは当然ながら戦前の制度の中で養成されたはずである。

　ところで埼玉県の場合、戦後発足期の高校の体育科教員の中には、種々の養成学校卒業生に混じって師範学校出身者が多数見られる。小学校教員養成

を主たる任務とした師範学校の卒業生が、どのようにして戦前で言えば中等学校であるはずの新制高校の教員となる事ができたのであろうか。この問題を解く手がかりと考えられるのが「文検体操科」を利用したキャリアアップである。「文検」とは文部省主催の「師範学校中学校高等女学校教員検定試験」の略称であり、検定が実施された学科目の中の一つである体操科の検定を略して、以下「文検体操科」という。この「文検体操科」についての解明はこれまでほとんどなされておらず、その実態は全く明らかにされていないと言ってよい。

これまでの体操科教員養成史では、養成学校による養成を専ら対象とし、検定試験による免許取得については注目してこなかった。そこで、養成機関ではない検定試験の制度が果たして教員養成の一端を担ったと言えるのか、という問題も含めて、本研究では「文検体操科」とはどんな制度であったのか、どんな中等学校体操科教員が供給されたのかという事を解明しようとするものである。この解明によって、官立の養成学校卒業及び無試験検定合格（指定学校や許可学校の卒業）と試験検定（すなわち「文検体操科」）合格という、3種類の免許取得の方法についての空白部が埋められる事になる。同時に「文検体操科」は、いったん職についている者がこれを通過して次に転職するための制度でもあった。この事から、中等教員へキャリアアップを図ろうとした彼らの実態が明らかとなり、彼らの特徴が見られるとしたら、資格取得の他に新たな側面を指摘できる事にもなり、本研究の意義は大きいと言えよう。

第2節　先行研究の検討

戦前の中等教員養成に関する研究には中島太郎（1961）[2]と牧昌見（1971）[3]の著作がある。前者の中等教員養成部分については牧が執筆しており、いずれも中等教員養成に関して、官立の養成機関である高等師範の供給では不足をきたし、検定制度による供給に依らざるを得なかった事、供給数は試験検定よりも無試験検定である指定学校や許可学校の卒業生が多数を占めた事を指摘している。

教員に関わる研究として、学歴社会についての分析が竹内洋（1991）[4]や天野郁夫（1996）[5]、山田浩之（2002）[6]に見られる。竹内は明治期か

らの学歴社会に生き残るために「苦学」と「立身出世」が受験生のキーワードとなっている事に注目している。天野は戦前の小学校教員の世界は、師範学校卒業の学歴がなくとも、代用教員から始まる階梯状の検定制度により小学校本科正教員までのステップができている社会であった事を明らかにしている。山田は中等教員の学歴に注目し、帝大卒と高師卒の教員社会での位置、待遇等の違いについて検討している。帝大はアカデミックを追求し、高師はプロフェッショナルを目指した違いと表現している。

　「文検」に関する本格的な研究は寺崎昌男他（1997，2003）[7] の2冊の著作が挙げられる。前者は「文検」の法的規定・試験科目・日程などの制度の面を明らかにした。また、戦前における教育学の実態と歴史の解明という観点から、教育学及び教育の大意という二つの試験科目に着目し、試験問題の分析や検定委員との関わりなどについて検討している。さらに「文検」受験に関わる受験雑誌や学習集団に着目し、受験者の実態解明を試みた。後者では各試験科目についての研究が進められ、おもに英語、数学、歴史、公民、家事及び裁縫などの試験問題の分析がなされている。その他に受験雑誌に載った合格体験談から「文検」合格者の属性についても検討している。合格者は現職の小学校教員が多く、また、修学歴では師範学校卒業が最も多かったと指摘している。この2冊の研究で「文検」のおおよその概観は明らかになったと言えよう。

　学科目単位の研究としては、井上えり子（2009）[8] が多くの検定科目の中の家事科に焦点を絞り分析している。女子高等教育の教育資格認定制度としての機能も明らかにし、合格者の学習体験とライフヒストリーでは女性のみならず、男性合格者をも対象として検討している。彼らはキャリアアップのために関連の深い複数の学科目の合格をめざし、その中の1科目として家事科も受験をしていた。またこの研究では、文検家事科の特徴として、必ずしもキャリアアップし中等学校に職を求める事ではなく、学歴の一つとして女子高等教育の一端を担っていた事なども明らかにしている。「文検」が免許取得やキャリアアップのみならず高等教育を修了したものと同等に受け止められていた事を指摘した初めての研究であろう。

　「文検」にいち早く注目した研究としては、佐藤由子（1988）[9] を挙げる事ができる。佐藤は試験内容の分析や受験者の実態解明を行い、特に昭和戦前期の地理学の状況と文検地理の試験問題とを比較検討しその関連を明ら

かにしようとした。日本の海外進出と並行して地理学の発展が見られたが、敗戦とともに目標を見失ってしまったという分析とともに、文検地理出身者は教育技術の面では優れていたが、地理学を学問としてアカデミックに追求しようという面には疎かった事も指摘している。

また、坂本麻実子（2010）[10] による音楽科に関する研究では、合格者の実態について分析している。大正期における文検音楽科合格者64名の調査分析を行った。さらに、大正10年と大正15年の全国の中等学校音楽科教員を職員録から探し出し、文検音楽科出身者の就職状況と音楽教育界でのポジションにまで言及している。音楽科は中等学校の教科名では唱歌であり、合格しても家事科同様、就職先が師範学校女子部と高女にほぼ限られ、採用人数も少なかった。合格者は少なく、無試験検定の養成学校はまだなかった事から、官立の養成学校出身者と「文検」合格者の両者だけの分析が行われている。その結果、師範学校や第一高女は東京音楽学校出身者に占められ、「文検」出身者は第二、第三番目の高女に多い事から、補助的な位置を占めていた事が明らかにされた。

この他「文検」に関わる研究として鈴木正弘（1999、2001、2004、2006）[11]、小田義隆・土屋基規（1999）[12]、小田義隆（2000）[13] などの歴史科に関する研究、竹中暉雄（2000）[14] による公民科、茂住實男（2004）[15] による英語科、邵艶（2005）[16] による支那語科、小笠原拓（2007）[17] による国語科、疋田祥人（2011）[18] による手工科など、学科目単位での研究がなされている。鈴木の研究は「文検」合格者の著作からの分析を中心に検討している。彼らの特徴は「苦学」と生涯学び続ける特性を持っていた事、また、出身学校による学閥に属さないため、双方の中間的な位置を占めていたという特徴も指摘している。それ以外の研究はそれぞれの学科目の基礎的な概要の解明と言える。

「文検」の検定科目は40科目程度存在し、上記以外の多くの学科目はまだ解明されていない。さらに、体操科は実技科目という特徴を持ち、実技示範能力が欠かせない。したがって、実技試験のための受験準備も必要であった。このような特徴を持つ「文検体操科」についてのまとまった研究はまだ見られない。

他方、体操科教員の資格についての研究は、中村民雄（1982、1983、1985、1989）[19] と、女子体操教員に関する掛水通子（1984、1986、1987）

[20]の研究がある。中村は戦前の無資格教員が体操科教員に多く、特に剣道、柔道担当者が中学校に突出していたと1942(昭和17)年『東京高等体育学校一覧』の剣道、柔道教員の資格状況調査をもとに指摘している。掛水は東京女高師の卒業生に多数の体操科免許取得者を輩出したが、彼女たちは複数の学科目とともに体操科の免許も取得したのであって、体操科教員となった者はほとんどいなかった事を明らかにしている。中村、掛水ともに、有資格者としての供給数を検定に依らない者、すなわち、官立の養成学校出身者、それと検定合格者の中の無試験検定合格者及び「文検体操科」合格者のそれぞれに整理し、無試験検定合格者の数が全体の半数以上を占めていた事を指摘している。しかしながら、これらの研究では「文検体操科」についてはその制度に触れ、出願者数、合格者数の推移などを部分的に検討しているにとどまっている。

山﨑真之(2010)[21]は『教員免許台帳』を史料とし、武道教員の供給について国士舘専門学校の果たした役割について論じている。『教員免許台帳』は国立公文書館で2004(平成16)年度から公開された史料で、1901(明治34)年度から戦後の1948(昭和23)年度までの全学科目にわたり、中等学校教員免許を授与された者全員が記録されているものである。山崎はその中から、武道に関わる免許取得者を調査し分析している。

以上のように、中等学校体操科教員について先行研究で明らかになっている点は、供給に関しては官立の養成学校、無試験検定合格者、「文検体操科」合格者などの供給源ごとの免許取得者数の比較が中心である。ほかに無資格教員が体操科に多かった事、しかも、中学校に多く見られる事、「文検体操科」合格による有資格者は無試験検定合格者に比べてはるかに少ない事、合格者の属性は師範学校出身の現職の小学校教員が多いという事などの他、体操科教員の供給に関して、「文検体操科」の制度に触れ、出願者数、合格者数の推移などを部分的に明らかにしているにとどまっている。「文検体操科」合格者の受験資格や勤務先、その後のキャリアアップや異動先などの実態把握は全く未着手である。それらを明らかにできれば、「文検体操科」の全体像解明に近づく事ができるのではないだろうか。

第3節　本研究の課題

　本研究では先行研究をふまえ、以下の課題を設定した。
（1）「文検体操科」の果たした役割
　官立の養成学校による中等教員養成だけでは不足をきたし、教員の検定制度が始まった。検定制度には、中等教員養成について指定を受けた学校や許可を受けた学校の卒業生が無試験検定に合格となり、免許を取得する無試験検定制度と、試験に合格して取得する試験検定制度とがあった。
　体操科の試験検定、すなわち「文検体操科」は体操科教員供給の機能を果たしたのか否かを量と質の面から検証する。先行研究では、中等教員養成の結果は卒業者数や検定合格者数という供給数で比較されていた。しかしながら、東京女高師卒業生のように、体操科の教員免許を他の学科目とともに付随的に取得しても、中等学校の体操科担当教員に就いていないのであれば、教員養成の役割を果たしているとは言えないのではないだろうか。そのために、「文検体操科」についても合格後の任用の実態を明らかにする必要がある。本研究では埼玉県における大正末期及び昭和戦前期、中等学校体操科担当教員の任用状況を官立養成学校卒業生、無試験検定合格者、「文検体操科」合格者に分けて量の面から考察を加える。さらに、質の面からどのような検定内容であったのか、合格率や試験問題の検討を通して分析する。
　また、有資格教員の増加は無資格教員の解消を目指すものでもあったが、それは達成されたのか否か、体操科の無資格教員に関してどんな問題が残ったのか明らかにする。
（2）「文検体操科」合格者の特性
　「文検体操科」合格者はどういう人たちであったのか。現職の小学校教員が多いと言われているが、出身学校はどこであったのか。先行研究ではこれまで明らかにされなかった点である。「文検体操科」に挑戦し、合格し、そして中等学校の体操科担当教員となった人たちはそれをどう捉え、その後の人生にどう変化をきたしたのか。それについて「文検体操科」合格者の事例から検討する。また、先行研究によれば「文検」合格者は「苦学」と「立身出世」をキーワードとして持っており、生涯学び続ける特性の持ち主であるという。「文検体操科」合格者は同じ特性を持っているのであろうか。
　さらに、合格者は合格後どのような経歴をたどり中等学校教員になってい

ったのであろうか。これまでの先行研究では十分に明らかになっているとは言えない。合格者の異動先、勤務の状況など合格後の実態について明らかにし、考察する。

　以上のような課題を検証するために、本研究では「文検体操科」合格者を多数輩出した県の一つである埼玉県を事例に実態解明をする。

第4節　本論文の構成と各章で用いる資料

　第1章では、中等学校体操科教員の需要状況を見るために、全国の中等学校数、生徒数の変化を1912（明治45）年から1945（昭和20）年までを、各年度版の『文部省年報』からまとめた。同じく埼玉県について各年度版の『埼玉県統計書』からまとめた。体操科教員の供給状況については『文部省年報』に掲載された1907（明治40）年度から1940（昭和15）年度までをまとめた。「文検体操科」出願者数、合格者数については『文部省年報』に記載のあった1895（明治28）年度から1940（昭和15）年度まで、さらに合格者数について1948（昭和23）年度までを『教員免許台帳』から追加した。以上の中等学校数、生徒数、「文検体操科」の出願者数、合格者数についてその変遷について分析をした。

　第2章では、政府の方針によって、その都度体操科に期待するもの、体操科教員に期待するものは変化し、それが制度の変更となって具現化される事から中等教員の任用に関する制度の変遷についてまとめ、考察を加えた。

　第3章では、「文検体操科」が実際にはどのように実施されたかを明らかにするため、先行研究及び『官報』から試験日程、会場、検定委員をまとめた。検定内容について、国民教育会編集部編『自大正元年至最近文検中等教員各科問題集』[22]　やその他を用いて予備試験問題を例示した。本試験については1925（大正14）年から1939（昭和14）までの実技試験内容を受験雑誌『文検世界』や受験参考書『文検各種試験独学受験法：体操・音楽科の部』[23]　からまとめ、分析を加えた。

　第4章では、全国の「文検体操科」合格者の一般的傾向を、『文検世界』に掲載された受験記から合格時の年齢層、修学歴、受験の動機をまとめ、埼玉県の合格者の特性と比較し、考察を加えた。

　第5章では、受験準備をどのようにしたかその状況を見るために、はじ

めに受験対策について『文検世界』に掲載された検定委員の解説記事からまとめた。次に受験者は必ず出席するべきだと言われていた東京高師体育科主催の体育講習会について、月刊誌『体育と競技』からまとめ、考察を加えた。

　第 6 章では、埼玉県における合格者の実態について明らかにした。合格者の多くは埼玉師範の出身者で占められていた。また、合格者の合格時の勤務校、翌年の勤務校を調査し、専任の中等学校教員となる事ができた年や学校など異動の実態をまとめ、考察を加えた。

　第 7 章では、「文検体操科」合格者の特性を実際の姿から把握するため、押田勤と浅海公平の 2 名について、事例分析を行った。押田については『文検世界』13 巻 5 号 1927（昭和 2）年 5 月号に掲載の受験記及び、『学徒体育 2』昭和 17 年 3 月号、5 月号に掲載の「捨身」と題された受験記を資料とした。浅海公平については私家版の自叙伝「軈て明かりが見えてくる」（1993）、「軈て明かりが見えてくるⅡ」（1994）の 2 冊を史料とした。

　第 8 章では、埼玉県における体操科教員の任用状況を明らかにした。1926（大正 15）年度と 1937（昭和 12）年度の埼玉県における体操科担当教員を『埼玉県学事関係職員録』から探し出し、免許取得事由について分析、考察した。この時、文部省体育研究所による全国の体操科担当教員に関する調査報告も史料として利用した。

　第 9 章では、埼玉県における 1949（昭和 24）年度の体育科教員の構成を免許取得事由により分類し、「文検体操科」合格者の位置づけや背景から、彼らは何を期待されたのか考察を加えた。使用した史料は『昭和二十四年七月現在　埼玉県教育関係職員録』である。

※本論文の記述及び個人名の扱いについて
　旧かなづかいは新かなづかいに、漢字の旧字体も新字体に直した。ただし、法令文の引用は旧かなづかいのまま、氏名の旧字体はできる限り旧字体のままとした。
　「文検」は文部省主催の「師範学校中学校高等女学校教員検定試験」の略である。
　「文検体操科」は上記「文検」の体操科についての試験の略である。
　「文検体操科」には時期により「体操」や「普通体操」、「兵式体操」の他、「体操科の内体操」、「体操科の内剣道」、「体操科の内柔道」、「体操科の内教

練」及び「体錬科体操」、「体錬科武道（剣道、柔道、銃剣道、薙刀）」、「体錬科教練」の科目が含まれる。

　剣道及び柔道について、教員免許状では1932（昭和7）年8月30日の「教員免許ニ関スル規程」改正時まで剣道は撃剣、柔道は柔術との記載であるが、煩雑さを避けるため本書では免許状や検定の表を除いて剣道、柔道と表記した。

　学校名は以下の通りに略して表記した。

　　東京高師：東京高等師範学校
　　東京女高師：東京女子高等師範学校
　　臨教：臨時教員養成所
　　東京体専：東京体育専門学校
　　埼玉師範：埼玉県師範学校、埼玉師範学校
　　埼女師：埼玉県女子師範学校、埼玉師範学校女子部
　　日体：日本体育会体操練習所、日本体育会体操学校、日本体育専門学校
　　武専：大日本武徳会武術専門学校、大日本武徳会武道専門学校
　　東女体：東京女子体操学校、東京女子体操音楽学校、東京女子体育専門学校
　　日女体：二階堂体操塾、日本女子体育専門学校
　　国士舘：国士舘専門学校

　個人名については全て官報及び国立公文書館所蔵の『教員免許台帳』（2004年から公開）、埼玉県教職員関係の公開資料から転記したものである。

序章　註

[1] 日本体育協会監修（1978）『国民体育大会の歩み』都道府県体育協会連絡協議会 p.121
[2] 中島太郎編（1961）『教員養成の研究』第一法規出版
[3] 牧昌見（1971）『日本教員資格制度史研究』風間書房
[4] 竹内洋（1991）『立志・苦学・出世：受験生の社会史』講談社（講談社現代新書）
[5] 天野郁夫（1996）『日本の教育システム：構造と変動』東京大学出版会
[6] 山田浩之（2002）『教師の歴史社会学：戦前における中等教員の階層構造』晃洋書房
[7] 寺﨑昌男・「文検」研究会編（1997）『「文検」の研究：文部省教員検定試験と戦前教育学』学文社
　 寺﨑昌男・「文検」研究会編（2003）『「文検」試験問題の研究：戦前中等教員に期待された専門・教職教養と学習』学文社
[8] 井上えり子（2009）『「文検家事科」の研究：文部省教員検定試験家事科合格者のライフヒストリー』学文社

9 佐藤由子（1988）『戦前の地理教師：文検地理を探る』古今書院
10 坂本麻実子（2010）「大正音楽教育界における文検出身教員の軌跡」『桐朋学園大学研究紀要 36』
11 鈴木正弘（1999）「「文検」歴史科について：概要と足跡」比較文化史学会編『比較文化史研究 1』
　鈴木正弘（2001）「検定学徒の半生と検定観：石田吉貞（大月静夫）著『若き検定学徒の手記』の考察」『比較文化史研究 3』
　鈴木正弘（2004）「一検定学徒の半生と教育界：検友会会長・神戸公平著『嵐之中の小舟』等の考察」『比較文化史研究 6』
　鈴木正弘（2006）「一歴史教員の半生と文検観：酒井三郎の足跡と『《高等教員・中等教員》文検西洋史《系統的》研究法』の考察」『歴史教育史研究 4』
12 小田義隆・土屋基規（1999）「戦前中等教員養成制度の研究：「文検」歴史科を中心に」『神戸大学発達科学部紀要 7（1）』
13 小田義隆（2000）「戦前日本における「文検」歴史科試験問題の分析」日本教師教育学会編『日本教師教育学会年報 9』
14 竹中暉雄（2000）「文検「公民科」の筆記問題と口述諮問」『桃山学院大学人間科学 20』
15 茂住實男（2004）「「文検」英語科試験問題の調査」『拓殖大学語学研究 106』
16 邵艶（2005）「「文検支那語」に関する研究ノート：戦前中国語教員養成の一断面」日本教育学会編『教育学研究 72（1）』
17 小笠原拓（2007）「「文検国語科」の研究（1）：その制度と機能について」『鳥取大学地域学部紀要地域学論集 4（1）』
18 疋田祥人（2011）「「文検」手工科の制度的変遷」『大阪工業大学紀要人文社会篇 55（2）』
19 中村民雄（1982）「明治期における体操教員資格制度の研究」『福島大学教育学部論集 34』
　中村民雄（1983）「明治期における体操教員資格制度の研究（二）」『福島大学教育学部論集 35』
　中村民雄（1985）「大正期における体操教員資格制度の研究」『福島大学教育学部論集 37』
　中村民雄（1989）「戦前における体操教員資格制度研究」『福島大学教育学部論集 46』
20 掛水通子（1984）「明治期における体操科教員免許状取得者について：中等学校教員免許状取得者を中心として」『東京女子体育大学紀要 19』
　掛水通子（1986）「大正期における女子体育教員に関する研究：女子体操科教員養成機関と中等学校体操科教員免許女子取得者について」『東京女子体育大学紀要 21』
　掛水通子（1987）「昭和期旧制度における中等学校体操科（体錬科）教員免許女子取得者について」『東京女子体育大学紀要 22』
21 山﨑真之（2010）「「教員免許台帳」にみる国士舘専門学校：中等諸学校武道教員免許状取得者数の検討を通して」『国士舘史研究年報 2009』
22 国民教育会編集部編（1926）『自大正元年至最近文検中等教員各科問題集』国民教育会（国立国会図書館デジタルライブラリー）
23 大明堂編（1926）『文検各種試験独学受験法：体操・音楽科の部』大明堂書店（国立国会図書館デジタルライブラリー）

第1章
戦前における中等学校体操科教員の供給状況

第1章 戦前における中等学校体操科教員の供給状況

　はじめに、大正から昭和戦前期の体操科教員養成の需要と供給の背景を知るために、当時の中等学校数とその生徒数の推移を検討する。次に、学校数、生徒数の増加に対して、体操科教員の供給状況を見てみる。

第1節　中等学校数、生徒数の増加

　表1-1は大正から昭和戦前期の、全国の中等学校数及び生徒数の変化を『文部省年報』から作成したものである。

表1-1　大正、昭和戦前期の中等学校数及び生徒数

全国	学校数					生徒数				
	師範学校	中学校	高女	実業学校(甲)	計	師範学校	中学校	高女	実業学校(甲)	計
1912 (明治45年)	86	318	299	206	909	27,653	128,973	75,128	44,384	276,138
1913 (大正2年)	86	318	330	207	941	27,928	131,946	83,287	46,183	289,344
1914 (大正3年)	90	319	346	208	963	27,739	138,778	90,009	48,422	304,948
1915 (大正4年)	92	321	366	206	985	27,083	141,954	95,949	50,743	315,729
1916 (大正5年)	92	324	378	207	1,001	26,307	147,467	101,965	53,589	329,328
1917 (大正6年)	93	329	395	216	1,033	25,785	153,891	109,857	59,277	348,810
1918 (大正7年)	93	337	420	229	1,079	25,285	158,974	118,746	65,179	368,184
1919 (大正8年)	93	345	462	241	1,141	25,765	166,616	131,711	73,384	397,476
1920 (大正9年)	94	368	514	279	1,255	26,551	177,224	151,288	84,440	439,503
1921 (大正10年)	94	385	580	315	1,374	28,932	194,443	176,759	96,888	497,022
1922 (大正11年)	95	422	618	359	1,494	31,263	219,102	206,864	111,437	568,666
1923 (大正12年)	98	468	685	410	1,661	33,829	246,739	239,401	126,304	646,273
1924 (大正13年)	99	491	746	483	1,819	36,389	273,065	271,375	151,494	732,323
1925 (大正14年)	99	502	805	528	1,934	45,540	296,791	301,447	171,492	815,270
1926 (大正15年)	102	518	862	593	2,075	48,647	316,759	326,208	193,681	885,295
1927 (昭和2年)	102	532	897	647	2,178	49,394	331,651	343,578	211,260	935,883
1928 (昭和3年)	104	546	940	700	2,290	48,930	343,709	359,269	228,193	980,101
1929 (昭和4年)	105	555	970	760	2,390	47,444	348,584	367,726	243,526	1,007,280
1930 (昭和5年)	105	557	975	786	2,423	43,852	345,691	368,999	252,965	1,011,507
1931 (昭和6年)	104	558	980	807	2,449	38,868	336,186	362,625	256,128	993,807
1932 (昭和7年)	103	558	963	822	2,446	36,867	329,459	361,739	262,214	990,279
1933 (昭和8年)	103	554	975	839	2,471	32,817	327,261	371,807	276,982	1,008,867
1934 (昭和9年)	102	555	970	861	2,488	30,420	330,992	388,935	298,961	1,049,308
1935 (昭和10年)	102	557	974	961	2,594	29,825	340,657	412,126	333,939	1,116,547
1936 (昭和11年)	101	559	985	994	2,639	30,256	352,320	432,553	361,963	1,177,092
1937 (昭和12年)	101	563	1,006	1,040	2,710	30,783	364,471	454,423	393,057	1,242,734
1938 (昭和13年)	102	566	999	1,073	2,740	32,025	380,484	479,425	428,434	1,320,368
1939 (昭和14年)	102	573	1,019	1,225	2,919	36,165	398,392	512,176	469,156	1,415,889
1940 (昭和15年)	103	600	1,065	1,207	2,975	41,347	432,250	557,570	521,529	1,552,696
1941 (昭和16年)	103	633	1,126	1,266	3,128	43,556	475,720	617,277	550,052	1,686,605
1942 (昭和17年)	103	657	1,168	1,326	3,254	46,721	529,424	675,896	613,803	1,865,844
1943 (昭和18年)	56	727	1,299	1,991	4,073	62,655	607,114	756,955	794,217	2,220,941
1944 (昭和19年)	56	812	1,263	1,858	3,989	64,828	622,346	817,172	816,263	2,320,609
1945 (昭和20年)	56	681	1,136	1,476	3,349	56,261	547,361	768,620	701,121	2,073,363

『文部省年報』各年度版から作成

註）師範学校には女子師範学校、高女には実科高等女学校を含む。1943（昭和18）年1月から中等学校令改正により実科高女の名称がなくなり、実業学校も甲乙の区別がなくなった。この実業学校の統計処理の変更の為、学校数、生徒数の急激な変化を見た。

表1-1によれば、大正期から昭和戦前期にかけて、全国の師範学校、中学校、高女の数はいずれも増加している。1912（明治45）年から師範学校令、中等学校令の改正前の1942（昭和17）年までの30年間で中学校数は318校から657校へ2.1倍、高女は299校から1168校へ3.9倍、甲種実業学校は206校から1326校へ6.4倍に、総数では909校から3254校へ3.6倍に増加した。生徒数は、中学校では128,973名から529,424名に4.1倍、高女は75,128名から675,896名に9.0倍、甲種実業学校では44,384名から613,803名に13.8倍、総数では276,138名から1,865,844名と6.8倍の増加を見ている。
　同様に、表1-2は埼玉県について『埼玉県統計書』をもとに作成したものである。

表1-2　大正、昭和戦前期の埼玉県の中等学校数、生徒数

埼玉県	学校数					生徒数				
	師範学校	中学校	高女	実業学校（甲）	計	師範学校	中学校	高女	実業学校（甲）	計
1912(明治45年)	2	5	4	3	14	498	2,186	845	295	3,824
1913(大正2年)	2	5	4	3	14	528	2,242	966	305	4,041
1914(大正3年)	2	5	4	3	14	498	2,302	1,030	317	4,147
1915(大正4年)	2	5	5	3	15	494	2,387	1,069	376	4,326
1916(大正5年)	2	5	6	3	16	493	2,460	1,135	418	4,506
1917(大正6年)	2	5	6	3	16	491	2,567	1,228	476	4,762
1918(大正7年)	2	5	6	3	16	486	2,663	1,284	459	4,892
1919(大正8年)	2	5	8	4	19	526	2,766	1,483	466	5,241
1920(大正9年)	2	5	8	5	20	508	2,914	1,568	573	5,563
1921(大正10年)	2	6	10	6	24	571	3,131	1,727	733	6,162
1922(大正11年)	2	7	11	7	27	748	3,253	2,232	1,051	7,284
1923(大正12年)	2	7	11	7	27	735	3,583	2,701	1,203	8,222
1924(大正13年)	2	7	12	7	28	939	3,821	3,208	1,255	9,223
1925(大正14年)	2	7	12	8	29	1,125	4,032	3,809	1,531	10,497
1926(大正15年)	2	7	15	9	33	1,124	4,215	4,469	1,632	11,440
1927(昭和2年)	2	7	18	9	36	1,169	4,365	5,033	1,763	12,330
1928(昭和3年)	2	7	19	11	39	1,119	4,477	5,620	2,327	13,543
1929(昭和4年)	2	7	20	11	40	1,011	4,609	6,139	2,534	14,293
1930(昭和5年)	2	7	20	11	40	922	4,653	6,200	2,578	14,353
1931(昭和6年)	2	8	20	13	43	781	4,684	6,150	2,772	14,387
1932(昭和7年)	2	8	20	14	43	705	4,724	6,420	2,763	14,612
1933(昭和8年)	2	8	20	15	45	631	4,781	6,636	3,041	15,089
1934(昭和9年)	2	8	20	16	46	600	4,818	6,910	3,446	15,774
1935(昭和10年)	2	8	20	18	48	604	4,939	7,326	3,988	16,857
1936(昭和11年)	2	8	20	19	49	604	5,004	7,611	4,549	17,768
1937(昭和12年)	2	8	20	20	50	592	5,011	7,845	5,223	18,671
1938(昭和13年)	2	8	20	22	52	614	5,052	8,093	5,862	19,621
1939(昭和14年)	2	8	20	23	53	724	5,128	8,259	6,681	20,792
1940(昭和15年)	2	8	21	25	56	829	5,921	9,403	7,672	23,825
1941(昭和16年)	2	9	21	29	61	816	6,877	9,429	9,569	26,691
1942(昭和17年)	2	9	23	34	68	817	8,127	9,694	13,587	32,229
1943(昭和18年)	1	9	23	37	70	1,246	8,120	11,257	14,514	35,137
1944(昭和19年)	1	9	23	38	71	1,223	7,525	11,876	13,942	26,192
1945(昭和20年)	1	9	23	36	69	979	9,374	12,101	16,276	38,730

『埼玉県統計書』各年度版から作成

註）1944（昭和19）年は埼玉県統計書の記録が欠けており、同年の文部省年報第71年報から算出した。

表 1-2 によれば、埼玉県では全国と同様に 1912（明治 45）年から 1942（昭和 17）年までの 30 年間で、中学校数は 5 校から 9 校へ 1.8 倍、高女は 4 校から 23 校へ 5.8 倍、甲種実業学校は 3 校から 34 校へ 11.3 倍、総数でも 14 校から 68 校へ 4.9 倍の伸びを示している。生徒数では、中学校で 2,186 名から 8,127 名に 3.7 倍、高女では 845 名から 9,694 名に 11.5 倍、甲種実業学校では 295 名から 13,587 名に 46.1 倍に膨れ上がり、総数でも 3,824 名から 32,226 名と 8.4 倍に増加している。埼玉県においても全国と同様の増加傾向にあった。

経年変化の特徴を挙げると、大正期後半には高女の増加が目立ち、昭和戦前期には実業学校の増加が際立っている。

これらの事から、全国の結果と同様、埼玉県においても体操科を含む教員の需要が高まったであろう事が分かる。

第 2 節　体操科教員の供給状況

戦前の中等学校体操科教員の供給源は大別すると次の 3 種類であった。一つは官立の教員養成学校、すなわち東京高師や東京女高師及び、その時々で臨時的に設置された臨教である。二つめは無試験検定合格者で、指定学校、許可学校の卒業生である。指定学校では日体があり、許可学校としては武専や国士舘、女子体操教員養成の東女体、日女体等があった。三つめが「文検体操科」と言われ、文部省の教員検定委員会が実施した試験検定である。

3 種類に分けられる体操科の免許取得者数の記録は 1907（明治 40）年度の第 35 文部省年報から 1940（昭和 15）年度の文部省年報第 68 下巻まで記載がある。これをまとめたものが表 1-3 である。ただし、記載の方法が一定になっていない。1918（大正 7）年度までは体操科免許状を他の学科目とともに取得した者と体操科だけを取得した者の記録である。その後、1925（大正 14）年度までは免許状を取得した延べ人数の記載となっている。無試験検定合格者に対して 1933（昭和 8）年度から取得した実人員の記載がある。まとめた表は単独に取得した人数と複数の免許状を同時に取得した者の数、及び取得した延べ人数で整理したものである。

表1-3 体操科教員免許取得者数

年度	科目	官立養成学校卒業者		教員検定				文部省年報
				無試験検定		試験検定		
		男	女	男	女	男	女	
1907(明治40)	体操	9	64	42		20	3	35年報上巻
1908(明治41)	体操	46	65	66		18	3	36年報上巻
1909(明治42)	体操	10	49	75		16	3	37年報上巻
1910(明治43)	体操	29	86	1		13	5	38年報上巻
1911(明治44)	体操	8	68	2		10	3	39年報上巻
1912(明治45)	体操	58	123	25		5	5	40年報上巻
1913(大正2)	体操	20	103	13		6	1	41年報上巻
1914(大正3)	体操	34	94	20	1	8	3	42年報上巻
1915(大正4)	体操	37	129	10		14	6	43年報上巻
	撃剣	12						
	柔術	12						
1916(大正5)	体操	33	110	15		11	0	44年報上巻
	撃剣	9				2		
	柔術	11				1		
1917(大正6)	体操		114	11		10	2	45年報上巻
	撃剣					7		
	柔術					2		
1918(大正7)	体操	22	96	12		12	3	46年報上巻
	撃剣	7				3		
	柔術	7				2		
1919(大正8)	体操	7	110	15		15	3	47年報上巻
	撃剣					4		
	柔術					1		
1920(大正9)	体操	5	92	27		17	2	48年報上巻
1921(大正10)	体操	22	163	25	2	45	4	49年報上巻
	撃剣	9				5		
	柔術	8				2		

年	科目							出典
1922(大正11)	体操	13	92	46	2	30	2	50年報上巻
	撃剣	10		19		8		
	柔術	4		13		2		
1923(大正12)	体操*			31				51年報上巻
	体操	47	138			42	0	
	撃剣	9		6		5		
	柔術	14		3		1		
1924(大正13)	体操*			1				52年報上巻
	体操	19	109	156	3	56	1	
	撃剣	5		9		5		
	柔術	6		10		2		
1925(大正14)	体操*			76				53年報上巻
	体操	29	127	96	37	33	1	
	撃剣	6		13		4		
	柔術	9		19		3		
1926(大正15)	体操	35	97	241	110	36	3	54年報上巻
	撃剣	12		9		5		
	柔術	14		5		3		
1927(昭和2)	体操	66	124	315	154	55	1	55年報上巻
	撃剣	12		17		5		
	柔術	13		9		1		
1928(昭和3)	体操	48	123	251	120	45	3	56年報上巻
	撃剣	10		16		3		
	柔術	8		18				
1929(昭和4)	体操	71	113	280	141	34	2	57年報上巻
	撃剣	9		17		3		
	柔術	9		21		1		

年	種目							出典
1930(昭和5)	体操	70	117	429	132	24	2	58年報上巻
	撃剣	9		28				
	柔術	8		20		2		
1931(昭和6)	体操	123	135	509	153	22	3	59年報上巻
	撃剣	9		24		2		
	柔術	15		22				
1932(昭和7)	体操	119	100	342	159	21	0	60年報上巻
	教練	83		24				
	剣道	16		38				
	柔道	14		28		3		
1933(昭和8)	体操	81	74	398	105	14	0	61年報上巻
	教練	49		397		21		
	剣道	13		96		5		
	柔道	14		73				
1934(昭和9)	体操	99	93	314	46	22	0	62年報上巻
	教練	54		200		23		
	剣道	17		64				
	柔道	18		56		4		
1935(昭和10)	体操	103	39	240	46	47	1	63年報上巻
	教練	50		89		27		
	剣道	15		73		3		
	柔道	20		49				
1936(昭和11)	体操	102	41	178	79	29	0	64年報上巻
	教練	55		168		22		
	剣道	20		94				
	柔道	17		69		6		
1937(昭和12)	体操	91	77	123		56	1	65年報上巻
	教練	40		124	85	27		
	剣道	9		111		5		
	柔道	12		86				

1938(昭和13)	体操	152	48	121	96	56	1	66年報上巻
	教練	86		107		13		
	剣道	25		63				
	柔道	31		65		1		
1939(昭和14)	体操	111	32	97	125	45	1	67年報上巻
	教練	83		101		11		
	剣道	27		85		10		
	柔道	26		71				
1940(昭和15)	体操	109	37	138	116	80	2	68年報下巻
	教練	67		137		15		
	剣道	22		88		7		
	柔道	24		55		4		
	計	3001	3182	7650	1712	1258	70	
合計		16873		6183		9362	1328	

『文部省年報』から作成

註）大正 12,13,14 年の体操＊は体操の免許状で無試験検定に限られている。他の体操は体操科（体操、撃剣、柔術）の中の体操である。『教員免許台帳（指定許可経歴）』には大正 12～14 年度の間に、無試験検定合格者に対する「体操科の内の体操、撃剣、柔術」以外の体操免許状発行は見られない。

官立の教員養成学校卒業者のうち、東京高師や東京女高師は体操科だけでなく他の学科目についても免許状を取得している。言い換えれば、他の学科目を専門としている者でも付随的に体操科の免許状も取得している状態である。掛水通子（1984）[1] は、東京女高師卒業生の場合には免許取得者数と体操科教員としての就職者数とでは大分かけ離れていると指摘している。

1940（昭和 15）年度の全国の中等学校数は師範学校、中学校、高等女学校、実科高等女学校、甲種の実業学校を併せて 2,975 校であった。女子教員だけで見れば女子師範学校と高等女学校、実科高等女学校が就職先の対象であり、約 1,100 校である。官立の養成学校の女子、試験検定合格者の女子は少数であったので、女子体操科教員の多くを無試験検定合格者が占めて

いる事が予想される。一方、男子については剣道、柔道、教練を除く体操科だけの免許取得者は官立の養成学校卒業生が 1,836 名（24.3%）、無試験検定合格者が 4,743 名（62.9%）、「文検体操科」合格者が 967 名（12.8%）であった。免許状を所持している有資格者が不足しているのに対し、無資格教員が多かったのも体操科の特徴であった。[2] 詳細については埼玉県を事例に第 8 章で検討する。

　無試験検定合格者の大幅な増加は 1924（大正 13）年から顕著となり、全免許取得者に占める割合も増加している。これは、日体などの指定学校の卒業生が前年の 40 人から 176 人へと 4 倍に増加するなど、大幅な供給増体制を敷いた結果によるものである。すなわち、中村民雄（1983）[3] の指摘の通り、大正後期には体操科教員の主要な供給源は、日体などの指定学校による無試験検定合格者に移っていった事が分かる。

　一方、1921（大正 10）年から「文検体操科」の合格者も大幅に増加してくる。これは後述するように、中等学校数、生徒数の急増に伴って出願者数が倍増し、合格者数も増加した結果と考えられる。次節では出願者数と合格者数の推移を見てみよう。

第 3 節　「文検体操科」出願者数及び合格者数

　『文部省年報』及び『教員免許台帳』から出願者数及び合格者数、合格率をまとめたものが表 1-4 である。『文部省年報』に記載があるのは 1895（明治 28）年から 1940（昭和 15）年までである。『教員免許台帳』は 1901（明治 34）年度に実施された第 15 回「文検」合格者の免許授与から始まり、戦後の 1948（昭和 23）年度に実施された最後の「文検」第 81 回合格者まで記載されている。合格率は『文部省年報』の人数に依った。1941（昭和 16）年以降の合格者数については『教員免許台帳』からの数字を載せた。出願者数、合格者数はそれぞれ体操、剣道、柔道、教練あるいは兵式体操のすべてを含んだ数で、いずれも延べ人数である。

　出願者数の推移を見ると、1916（大正 5）年から 1928（昭和 3）年までは年度により多少の上下はあるものの、増加傾向と言える。1928（昭和 3）年の 740 名は「昭和経済恐慌の影響で特に教職志願者の増大のため」[4] とされ、特に目につくが、250 名を超える出願者がその後も続いている。

合格者数は 1913（大正 2）年を除いて、二桁の数字である。1921（大正 10）年以降は 1932（昭和 7）年の 24 名まで下がる事もあるが、多少の増減を繰り返しながらも増加傾向にある。1921（大正 10）年から 1924（大正 13）年には一つ目の山が見られ、その後また 1940（昭和 15）年以降は増加の一途をたどる。

表 1-4　「文検体操科」出願者数及び合格者数、合格率

文検回	年度	出願者			合格者			教員免許台帳人数	合格率
		男	女	計	男	女	計		
8	1895(明治 28)	36		36	13		13		36.1%
9	1896(明治 29)	87		87	16		16		18.4%
10	1897(明治 30)	55		55	23		23		41.8%
11	1898(明治 31)	87		87	28		28		32.2%
12、13	1899(明治 32)	117		117	39		39		33.3%
14	1900(明治 33)	103		103	37		37		35.9%
15	1901(明治 34)	115		115	14		14	14	12.2%
16	1902(明治 35)	88		88	20		20	20	22.7%
17	1903(明治 36)	143		143	18		18	18	12.6%
18	1904(明治 37)	100		100	22		22	22	22.0%
19	1905(明治 38)	128		128	20		20	22	15.6%
20	1906(明治 39)	130		130	16		16	16	12.3%
21	1907(明治 40)	101	48	149	20	3	23	23	15.4%
22	1908(明治 41)	140	61	201	18	3	21	21	10.4%
23	1909(明治 42)	81	28	109	16	3	19	19	17.4%
24	1910(明治 43)	83	24	107	13	5	18	18	16.8%
25	1911(明治 44)	74	21	95	10	3	13	13	13.7%
26	1912(明治 45)	77	22	99	5	5	10	10	10.1%
27	1913(大正 2)	69	25	94	6	1	7	7	7.4%
28	1914(大正 3)	91	29	120	8	3	11	11	9.2%
29	1915(大正 4)	106	25	131	14	6	20	20	15.3%
30	1916(大正 5)	182	24	206	14	0	14	13	6.8%
31	1917(大正 6)	206	19	225	19	2	21	21	9.3%

32	1918(大正 7)	228	27	255	17	3	20	20	7.8%
33	1919(大正 8)	223	11	234	20	3	23	23	9.8%
34	1920(大正 9)	207	15	222	17	2	19	19	8.6%
35	1921(大正 10)	440	21	461	52	4	56	57	12.1%
36	1922(大正 11)	424	26	450	40	2	42	42	9.3%
38	1923(大正 12)	401	18	419	48	0	48	48	11.5%
40	1924(大正 13)	220	10	230	63	1	64	64	27.8%
42	1925(大正 14)	444	11	455	40	1	41	41	9.0%
44	1926(大正 15)	539	14	553	44	3	47	47	8.5%
46	1927(昭和 2)	438	14	452	61	1	62	48	13.7%
48	1928(昭和 3)	725	15	740	48	3	51	51	6.9%
50	1929(昭和 4)	405	11	416	38	2	40	40	9.6%
52	1930(昭和 5)	315	23	338	26	2	28	28	8.3%
54	1931(昭和 6)	286	19	305	24	3	27	27	8.9%
56	1932(昭和 7)	264	12	276	24	0	24	24	8.7%
58	1933(昭和 8)	338	6	344	40	0	40	38	11.6%
60	1934(昭和 9)	283	3	286	49	0	49	48	17.1%
62	1935(昭和 10)	329	6	335	77	1	78	78	23.3%
64	1936(昭和 11)	278	6	274	57	0	57	57	20.1%
66	1937(昭和 12)	277	5	282	88	1	89	89	31.6%
68	1938(昭和 13)	247	3	250	70	1	71	71	28.4%
70	1939(昭和 14)	307	3	310	66	1	67	67	21.6%
72	1940(昭和 15)	440	9	449	106	2	108	108	24.1%
74	1941(昭和 16)							113	
76	1942(昭和 17)							143	
78	1943(昭和 18)							196	
80	1947(昭和 22)							108	
81	1948(昭和 23)							758	

『文部省年報』・『教員免許台帳』から算出して作成

註) 1899(明治 32)年度は、5 月に第 12 回、翌年 2 月に第 13 回文検が実施され、2 回の合計数である。

1895（明治28）年から1940（昭和15）年までの出願者数11,061名、合格者数1,594名で合格率は14.4％である。「文検」の体制がほぼ出来上がった1908（明治41）年以降では、1924（大正13）年に27.8％の合格率を出した他は10％前後の低い率で推移し、1935（昭和10）年以降にまた20％を超えるようになった。先行研究（2003）[5]の1891（明治24）から1939（昭和14）年までの全学科目出願者数258,967名中、合格者数は23,830名で合格率9.2％と比較して、5.2ポイント高い。
　男子の体操、剣道、柔道の科目別、さらに女子の体操についての出願者、合格者の変化については第4章でさらに検討する。

（小括）
　大正期から昭和戦前期にかけて、全国の学校数は師範学校、中学校、高女のいずれも増加傾向にある。1912（明治45）年から師範学校令、中等学校令の改正前の1942（昭和17）年の30年間で中学校数は2.1倍、高女は3.9倍、甲種実業学校は6.4倍に、総数では3.6倍に増加した。生徒数は、中学校では4.1倍、高女は9.0倍、甲種実業学校では13.8倍、総数では6.8倍の増加を見ている。
　埼玉県においても、中学校は1.8倍、高女は5.8倍、甲種実業学校は11.3倍、総数でも4.9倍に伸びている。生徒数では、中学校で3.7倍、高女では11.5倍、甲種実業学校では46.1倍に膨れ上がり、総数でも8.4倍に増加している。埼玉県においても全国と同様の増加傾向にあった。
　これらの事から、体操科を含む教員の需要も高まっていった事は明らかである。
　次に、体操科教員供給数を見てみると、男子については剣道、柔道、教練を除く体操科の免許取得者は1940（昭和15）年までで、官立の養成学校卒業の免許取得者が1,836名（24.3％）、無試験検定合格者が4,743名（62.9％）、「文検体操科」合格者が967名（12.8％）である。さらに、「文検体操科」合格者数についての推移を見てみると、出願者数も合格者数も多少の増減を繰り返しながらも徐々に増加傾向にあった。学校数の増加による需要に対して供給数は徐々に増えていったと言えるであろう。

第 1 章　註

[1] 掛水通子（1984）「明治期における体操科教員免許状取得者について：中等学校教員免許状取得者を中心として」『東京女子体育大学紀要 19』
[2] 永田進（1938）「師範学校中学校高等女学校体操科教授担任教員の資格に関する考察」体育研究協会『体育研究 5』p.579
[3] 中村民雄（1983）「明治期における体操教員資格制度の研究（二）」『福島大学教育学部論集 35』p.136
[4] 船寄俊雄（1997）「「文検」の制度と歴史」寺崎昌男他編『文検の研究』学文社 p.43
[5] 寺崎昌男・「文検」研究会編（2003）『「文検」試験問題の研究』学文社 pp.526-527

第2章

試験検定及び免許状と任用制度

第2章 試験検定及び免許状と任用制度

第1節 教員検定制度の始まり

（1）体操教員免許状

　第1回の「文検」は、1885（明治18）年3月16日から4月17日までの期間にそれぞれの学科目が東京で行われた。[1]　その前年1884（明治17）年8月13日に、「中等教員資格に関する最初の国家的規程である」[2]　文部省達第8号「中学校師範学校教員免許規程」が定められた。この規程は「中等教員の資格を検定方式によって与える方途を開いたもの」[3]　であり、それに従って最初の試験検定が実施された。第1条には「中学師範学科若クハ大学科ノ卒業証書ヲ有セスシテ中学校師範学校ノ教員タラント欲スル者ニハ品行学力等検定ノ上文部省ヨリ免許状ヲ授与スルモノトス」と規定され、中学師範学科または大学科の卒業証書を有する者の他、検定合格者にも有資格教員として公認される事になった。第2条では「学力ハ左ノ一学科若クハ数学科ニ就テ検定スルモノトス」と規定し、36学科目が設定され、体操もその中の一つとなっている。廣瀬辰一郎が第1回の「文検」で習字、記簿と共に体操の教員免許状を取得した記録がある。[4]

（2）普通体操、兵式体操教員免許状

　1886（明治19）年12月22日、文部省令第21号「尋常師範学校尋常中学校及高等女学校教員免許規則」によって、1884（明治17）年の免許規程が改正された。この規程により、直接の教員養成学校として東京高師が位置付けられ、それ以外はすべて検定を受けるものとされた。第6条に「学力ノ検定ハ試験ニヨル」とされ、但し書きで「但内外国高等学校卒業生等ハ検定委員ニ於テ教員タルニ適スヘキ学力アリト認ムルモノニ限リ特ニ本文ノ例ニ依ラサルコトアルヘシ」が付いた。これにより、体操伝習所卒業生は無試験検定の扱いを受けるようになる。また、第7条に「試験ハ尋常師範学校尋常中学校及高等女学校ノ学科中受験者志願ノ学科ニ就テ之ヲ施行シ該学科教員タルニ適スルヤ否ヲ判ス」とされ、師範学校、中学校の学科目に合わせ体操の他に、普通体操、兵式体操の教員免許状が現れている。すなわち東京高師体操専修科卒業生に限り検定を経る事なく、卒業と同時に体操教員免許

状が与えられ、それまで体操教員免許状を無試験検定で取得していた元体操伝習所卒業生は、これ以降普通体操教員免許状に限定されている。また、陸軍教導団出身の士官、下士官は無試験で兵式体操教員免許状を取得している。

(3)無試験による兵式体操教員免許状

1894(明治27)年3月5日、文部省令第8号「尋常師範学校尋常中学校高等女学校教員免許検定ニ関シ規定スルコト左ノ如シ」を定め、無試験検定該当者を明記した。第4条　「左ニ掲クル者ニ限リ学力ノ試験ヲ須ヰスシテ検定ヲ行フ／一、高等ノ官立学校ニ於テ教員ノ職ニ適スル教育ヲ受ケタル卒業生／二、元古典講習科卒業生及理科大学簡易講習科優等卒業生／元体操伝習所卒業生ハ普通体操ニ関シ、陸軍教導団卒業生ハ兵式体操ニ関シ第一項ニ依ルコトヲ得」、というものである。

1896(明治29)年12月2日、文部省令第12号「尋常師範学校尋常中学校高等女学校教員免許規則」が改正された。この改正により、地方で行われる予備試験とその合格者に対して行われる東京での本試験との2段階で「文検」は実施される事になる。体操科の予備試験が実施されたのは1902(明治35)年度第16回「文検」からである。[5]　この2段階のやり方は以後、最終回の1948(昭和23)年第81回「文検」まで踏襲された。また、検定の程度について、尋常師範学校、尋常中学校教員に関しては高等師範学校の学科程度に準じ、尋常師範学校女子部、高等女学校教員に関しては女子高等師範学校の学科程度に準じ、すべて教授法を合わせて課せられるものとなった。すなわち、「文検体操科」の検定の程度は、これ以降、東京高師体操科の程度に準じて行われる事が決まったわけである。

試験が行われる学科目は尋常師範学校、尋常中学校教員の場合は普通体操、兵式体操が含まれ、尋常師範学校女子部、高等女学校教員の場合は普通体操のみで、兵式体操はなかった。兵式体操教員免許状は1901(明治34)年の改正時に、普通体操と合わせて体操に一本化されるまで続いた。

(4)「教員検定ニ関スル規程」

1900(明治33)年3月31日、勅令134号によって「教員免許令」が制定された。第3条において「教員免許状ハ教員養成ノ目的ヲ以テ設置シタル官立学校ノ卒業者、又ハ教員検定ニ合格シタル者ニ文部大臣之ヲ授与ス」

とし、直接養成方式と検定方式を制度化した。第 4 条では「教員検定ハ試験検定及無試験検定トシ教員検定委員之ヲ行フ」とし、検定方式の試験検定、無試験検定についても制度化される。第 7 条「教員検定ニ関スル規程ハ文部大臣之ヲ定ム」とし、これに基づいて同年 6 月 1 日、文部省令第 10 号「教員検定ニ関スル規程」が定められた。無試験検定については第 5 条で細かく規定される。「左ノ第一号乃至第四号ニ掲クル者ハ文部大臣ノ適当ト認メタル学科目ニ関シ該五号ニ掲クル者ハ其ノ免許ノ学科目ニ関シ第六号ニ掲クル者ハ其ノ教授シタル学科目ニ関シ無試験検定ヲ受クルコトヲ得」とされ、その該当者は次の通りであった。

1　文部大臣ノ指定シタル官立学校ノ卒業生及選科修了生
2　師範学校、中学校、高等女学校ノ卒業証書ヲ有シ更ニ卒業生ノ教員免許資格ニ関シ文部大臣ノ許可ヲ受ケタル公立、私立学校ニ入リ 3 学年以上在学シテ卒業シタル者但シ修業年限 5 箇年ノ高等女学校ノ卒業証書ヲ有スル者ノ在学スヘキ年数ハ 2 学年以上トス

（3～6 は省略）

左ニ掲クル者ハ体操ニ関シ前項第 1 号ニ準スルコトヲ得

1　陸軍歩兵科士官
2　元陸軍教導団歩兵科卒業生
3　陸軍歩兵科下士任官後満 4 年以上現役ニ服シタル者
4　私立日本体育会体操学校本科優等卒業生

第 1 項の「文部大臣ノ指定シタル官立学校」は、いわゆる指定学校の事で、第 5 条別項第 1 号から第 4 号までの者が指定学校に準ずる扱いを受ける事になった。陸軍教導団は 1899（明治 32）年に廃止となった事に伴い第 2 項の元陸軍教導団歩兵科卒業生と扱いが変わり、第 1 項、第 3 項が加わった。この規定により陸軍出身者以外にも、日体卒業生は 1901（明治 34）年から兵式体操教員免許状を無試験検定で取得している。[6]　第 2 項はいわゆる許可学校の事であり、まだこの当時「体操科」に関しては該当する学校はなかった。また、第 13 条に「本令施行ノ際同一学校ニ於テ同一学科目ニ就キ三箇年以上引続キ現ニ教授ニ従事シ成績佳良ナル者ニ就テハ地方長官稟申ニ依リ其ノ教授シタル学科目ニ関シ其ノ学校ト同種類学校ノ教員トシテ特ニ無試験検定ヲ行フコトアルヘシ」として学歴経験による無試験検定を認めた。

しかし、この条文は翌年削除され、新たに復活するのは1921（大正10）年まで待たなければならなかった。

（5）体操教員免許状の一本化

1901（明治34）年5月9日、文部省令第12号「明治三十三年文部省令第十号教員検定ニ関スル規程中左ノ通改正ス」が公布された。第2条「検定ヲ為スヘキ学科目左ノ如シ」とし、それまで普通体操と兵式体操の二部に分けて検定を行っていた科目が、体操だけになってしまった。つまり、それぞれ単独の免許状であった科目を合わせて一種類の免許状にするという事である。それとともに無試験検定を規定した第5条別項の1から4号も削除された。それに代わり、第10条で「左ニ掲クル者ニシテ体操科ノ試験検定ヲ出願シタルトキハ兵式体操ノ部分ヲ省ク　1　陸軍歩兵科士官／2　陸軍歩兵科下士任官後満4年以上現役ニ服シタル者」として兵式体操の部分は免除という優遇措置は残った。しかしながら、そこだけが免除されても普通体操の部分の検定は必要であったため、陸軍出身の士官、下士官の中等教員免許取得者は激減した。また、第5条の「左ニ掲クル者ハ無試験検定ヲ受クル事ヲ得　1　文部大臣の指定シタル学校ノ卒業者及選科修了者（以下略）」で「官立」が外れた事に伴い、日体は無試験検定指定学校に指定され、本科卒業生は無試験検定合格者となる事ができるようになった。1901（明治34）年を期に日体出身の体操科教員が増えていく事になる。

第2節　教員検定制度の確立

1907（明治40）年4月25日、文部省令第13号「教員検定ニ関スル規程中改正」が出され、教員検定の出願資格が初めて規定された。第6条「左ノ各号ノ一ニ該当スル者ハ試験検定ヲ受クルコトヲ得」とし、以下の者が定められた。

1　中学校ヲ卒業シタル者
2　修業年限4箇年以上ノ高等女学校ヲ卒業シタル者
3　専門学校入学者検定規程ニ依ル試験検定ニ合格シタル者
4　専門学校入学者検定規程第8条第1号ニ依リ一般ノ専門学校入学ニ関シ指定ヲ受ケタル者

5　小学校本科正教員ノ免許状ヲ有スル者
6　明治42年2月以前ニ於テ教員免許令ニ依リ授与セラレタル教員免許状ヲ有スル者

　出願資格が初めて明文化され、その中で師範学校卒業者ではなく小学校本科正教員の免許状を有する者と規定された事により、高等小学校卒の代用教員であっても数々の免許検定の階段を上がり、中等教員へとキャリアアップする道が開かれる事になる。また、もう一つの改正点は第8条で、試験は出願しようとする学科目について教授するに足るべき程度を標準とし、教育の大意及び教授法を合わせて行う事になった。この影響は無試験検定においても現われ、教員の質的向上を目指して条件が厳しくなり、教員免許取得者が激減している。[7]

　1908（明治41）年11月26日、文部省令第32号「教員検定ニ関スル規程」が改正された。牧昌見（1971）は「この時の改正は、明治三十三年以降における教員検定制度の実践に照らし、之を整理統合したものであって、教員検定方式を整備したものとして重要である。というのも、この時の改正は、全文を整理して規定したばかりでなく、その後における検定規程の改正はその部分的改正にとどまるからである。」[8]　と述べて、教員検定制度の確立という意義を強調している。この規程の成立によって、教員検定制度は整備されたと言えよう。内容を見てみると、体操科に関わる改正点は出願資格に関する第5条第5項が「小学校本科正教員又ハ尋常小学校本科正教員ノ免許状ヲ有スル者」に広げられている。つまり、卒業と同時に小学校本科正教員免許状を取得できる師範学校卒業生だけに限らず、それ以外のたとえ代用教員であっても、一段階下となる尋常小学校本科正教員の免許を取得した段階で、中等教員へキャリアアップする可能性が出てきた事を示すものである。また、第11条「左ニ掲クル者ニシテ体操科ノ試験検定ヲ出願シタルトキハ兵式体操ノ部分ヲ省ク」という優遇措置は「1　陸軍歩兵科士官／2　陸軍歩兵科下士任官後満4年以上現役ニ服シタル者」に対してそのまま残された。さらに、第9条では「試験ハ受験人出願ノ学科目ニ就キ其ノ教員タラムトスル学校ノ学科目ヲ教授スルニ足ルヘキ程度ヲ標準トシ教育ノ大意及教授法ヲ併セテ之ヲ行フモノトス但シ教育科出願者及教員免許令ニ依リ授与セラレタル教員免許状並小学校本科正教員免許状ヲ有スル者ニ対シテハ本

文教育ノ大意ニ関スル試験ヲ行ハス」とし、教員免許状所持者には教育の大意の試験は免除された。

　ほぼ形が整った「教員検定ニ関スル規程」は 1932（昭和 7）年 8 月 30 日、文部省令第 15 号「師範学校中学校高等女学校教員検定規程」に改められるまで、小改正をしながら継続した。この間の体操科に関わる改正については次の節で見ていく。

第 3 節　武道及び教練の単独免許状

　1912（明治 45）年 3 月 15 日、文部省令第 7 号「教員検定ニ関スル中改正」では、第 11 条において「体操科ノ試験検定ヲ出願シタル者ニシテ左ノ各号ノ一ニ該当スル者ニ就キテハ兵式体操ノ試験ハ行ハス／一　陸軍歩兵科士官／二　陸軍歩兵科下士任官後満四年以上現役ニ服シタル者／三　女子」とされた。第 1，2 項については、試験免除であるが、第 3 項の女子については体操科の兵式体操の部分については行わなかったという事である。つまり、女子は普通体操の部分だけの教員免許状であり、学校種別では師範学校女子部及び高等女学校に限定された事になる。

　1914（大正 3）年 4 月 4 日、文部省令第 12 号「教員検定ニ関スル規程中改正」では、第 11 条「兵式体操」の名称部分が「兵式ニ関スル教練」と改められた。

　1916（大正 5）年 3 月 29 日、文部省令第 8 号「教員検定ニ関スル規程中改正」では、第 2 条第 2 項に「体操ハ体操、撃剣、柔術ノ三部」と付け加えられた。この改正によって、初めて撃剣、柔術のみを専門的に教える武道教師が位置付けられる事になる。第 11 条では体操科の中に 3 つの科目ができた事から、その中の体操で行われていた兵式教練の部分については、改正前と同内容となるよう文言の訂正があり、その他に「体操科中撃剣及柔術ノ試験ハ女子ニ対シテハ之ヲ行ハス」とされた。女子については体操科の中の体操だけで、しかも兵式教練を除いた普通体操の部分だけの教員免許状に変わりはない。また、第 9 条で教育の大意に加えて、国民道徳要領も新たに課される事になった。

　1921（大正 10）年 3 月 4 日、文部省令第 14 号「教員検定ニ関スル規程中改正」では、出願資格に追加が見られた。第 5 条の「小学校本科正教員

又は尋常小学校本科正教員」は「小学校本科正教員、尋常小学校本科正教員、小学校専科正教員若ハ小学校准教員」に改められた。小学校准教員は本科正教員を補助する者であり、小学校の教員資格の有資格者としては最下位にあたるものである。小准（小学校准教員）の上に専正（小学校専科正教員）と言われる図画、音楽、体操などの特殊な学科についてのみ本正（本科正教員）と同資格を持つ者がいる。専正の上には高等科を除いた尋常科に限って担当できる尋正（尋常小学校本科正教員）がある。出願資格に関する規定改正はこうして小学校の無資格教員すなわち代用教員を除いた有資格教員全体に拡大されていった。

　無試験検定について新たな改正もあった。第 7 条第 5 項に「相当ノ学歴ヲ有シ師範学校、官立、公立中学校、高等女学校及之ト同等以上ノ官立、公立学校ニ於テ五箇年以上検定ヲ受ケントスル学科目ノ教授ヲ担任シ其ノ成績優良ナル者」が加えられ、いわゆる学歴経験による無試験検定が 1901（明治 34）年に削除となって以来の復活となった。

　また、検定試験は予備試験及び本試験とし、予備試験を施行する学科目においては予備試験に合格した者でなければ本試験は受ける事ができないと規定した第 8 条に、次の項目が追加された。「予備試験ニ合格シタル者ハ次ノ試験検定ニ同一学科目ニ付出願スル場合ニ限リ予備試験ヲ免ス」。すなわち、予備試験に合格した者は「文検体操科」については年一回開催であったので、その年の本試験に不合格の場合でも、次の年は予備試験を免除され本試験から受験すればよいという事になった。

　1932（昭和 7）年 8 月 30 日、文部省令第 15 号「教員検定ニ関スル規程中改正」に伴い名称が「師範学校中学校高等女学校教員検定規程」に改められた。第 2 条の検定の学科目で「体操ハ体操、教練、剣道、柔道ノ四部ニ分カチテ出願スルコトヲ得」となり、体操科の免許状は体操、教練、剣道、柔道の 4 種類となった。それまでの撃剣は剣道に、柔術は柔道に科目名もそれぞれ名称変更となった。また、体操の中の兵式教練の部分は独立した科目の教練となり、これに伴い陸軍歩兵科士官と陸軍歩兵科下士官任官後満 4 ヵ年以上現役に服したる者は教練の試験検定を出願した場合には試験免除の扱いを受けた。このため、教練教員免許状を取得する陸軍出身者が増加する事になった。また女子は体操のみ出願ができ、教練、剣道、柔道の検定は行われなかった。

1943（昭和 18）年 3 月 6 日、「師範教育令」が改正され、第 2 条で「師範学校ハ官立トス」となった。これに伴い 1943（昭和 18）年 3 月 31 日、「師範学校中学校高等女学校教員検定規程」は文部省令第 35 号「中学校高等女学校教員検定規程」と改められた。第 2 条、検定を行うべき学科目は体錬科体操、体錬科武道、体錬科教練の三つとなり、「体錬科武道ハ剣道、柔道、銃剣道、薙刀ノ四部」に分けて出願する事になった。この体錬科は 1941（昭和 16）年 3 月 1 日、「国民学校令」が公布され、体操科が体錬科に改められた事に対応したものである。
　戦前の「文検」は 1943（昭和 18）年、第 78 回で終わっている。体操、教練、剣道、柔道の合格者は見られるが、銃剣道、薙刀の合格者は見当たらない。
　戦後、武道、教練が廃止され体錬科体操のみ 2 回「文検体操科」が実施され、1947（昭和 22）年度第 80 回、及び 1948（昭和 23）年度第 81 回が実施され幕を閉じた。

第 4 節　武道教師と無資格教員

　第 8 章で体操科担当教員の検討をする事になるが、そこで現れる無資格教員について触れておこう。無資格者について、文部省は 1905（明治 38）年 10 月 27 日（巳発普 250 号各地方庁ヘ普通学務局通牒）「師範学校中学校高等女学校教員ノ有スル免許状ノ学科目ト受持学科目トノ一致並無資格者減少方」を発している。

> 師範学校中学校高等女学校教員ノ免許ハ当該免許状ニ記載ノ学科目ヲ教授スルニ堪能タルコトヲ証明スルモノニ有之従テ縦ヒ有資格者トシテ採用セラレタルモノト雖免許以外ノ学科目ニ対シテハ無資格者ト異ルコト無之候然ルニ従来右学校ノ教員配置ヲ見ルニ教員ノ有スル免許状ト一致セサルモノ往々有之教授改良上遺憾少カラス候條自今右学校ノ各学科目ハ該学科目ニ対シ相当資格アルモノヲシテ教授セシメ候様致度若シ貴管内学校教員ノ配置ニシテ前述ノ如キモノ有之候ハ今日ヨリ漸次其組織ヲ変更シ教員ノ受持学科目ト免許状ノ学科目トノ一致セシムルト同時ニ成ルヘク無資格者ヲ減少セシムル方針ヲ以テ教員ヲ配置相成度依命此段及通牒候也
> 追テ本文ノ学校ニシテ貴官管理以外ノモノヘハ本文ノ趣旨篤ト御示達相成度此段申

つまり、他の学科目の免許状を所持し中等学校の教員となっていても、免許を所持しない科目、たとえば経験者だからといって剣道や柔道の授業を担当する事は無資格者と同様という事である。

武道担当教員や武道の免許取得者について、山崎真之（2009）[10] は以下のように整理している。

中等学校における剣道、柔道の正科採用は、1911（明治44）年7月31日文部省令第26号による中学校令施行規則の改正により、1912（明治45）年から正科教材として取り入れる事が出来るようになった。ただし、この時点では体操科の中でいわば選択科目としての位置づけであった。武道の必修化は1931（昭和6）年1月10日文部省令第2号による中学校令施行規則改正の時になされ、同年4月から実施された。

剣道、柔道に関する独立した教員免許状は、前節で見たように1916（大正5）年の「教員検定ニ関スル規程中改正」によって授与される事になった。では教員の任用はどうであったのか。教員免許令第2条では「特別ノ規定アル場合ヲ除クノ外本令ニ依リ免許状ヲ有スル者ニ非サレハ教員タルコトヲ得ス但シ文部大臣ニ定ムル所ニ依リ免許状ヲ有セサル者ヲ以テ教員ニ充ツルコトヲ得」とされている。教員任用については有資格者の採用が原則である事を明示するとともに、但し書き以下で無資格者の採用も文部大臣の定める規定に基づく限りにおいて容認している。

無資格者の任用についてはどのように規定されていたのであろうか。文部省は1900（明治33）年9月6日文部省令第15号「教員免許状ヲ有セサル者ヲ教員ニ充ツルヲ得ル件」を定め、その諸条件を規定している。その条件について第1条で教員免許状を有する者を得難い場合と決め、次の条件として、第4条で無資格教員が有資格教員の2倍を超える場合には文部大臣の認可を得る必要があるとされた。その後1908（明治41）年には有資格教員の2分の1を超える場合には文部大臣の認可を得る必要があると改正され、無資格者の採用は制限されていく。この規定が廃止されるのは戦後の事になる。つまり、1908（明治41）年以降、無資格者の採用は中等学校それぞれの教員全体の3分の1まで認められる状態になっていたという事ができる。

さらに、文部当局は次のような通牒を各地方庁へ発している。1911（明治45）年1月24日（媛普112号各地方庁へ普通学務局通牒）「中学校ニ於テ体操科ニテ撃剣及柔術ヲ受持ヘキ教員ハ教諭助教諭ト称スルコトヲ得ス当分ノ内有資格無資格ノ関係上何レニモ属セサルモノトシテ取扱フ」という通知である。

> 客年文部省第二十六号ヲ以テ中学校令施行規則中改正ヲ加ヘラレ来学年ヨリ体操科ニ於テ撃剣及柔術ヲ授クルコトヲ得ルコトヽ相成候ニ就テハ自然右受持教員採用ノ向モ可有之ト存候所何等教員免許状ヲ有セスシテ専ラ撃剣及柔術ヲ受持ツヘキ教員明治三十三年文部省令第十五号第三条ノ関係ニ於テハ教諭助教諭ト称スルコトヲ得サルハ勿論ニ候ヘ共第四条ノ関係ニ於テハ当分ノ内有資格無資格何レニモ属セサルモノトシテ御取扱相成度依命此段及通牒候也[11]

　この通牒によって、無資格教員の任用を教員全体数の3分の1に制限する規程に抵触する事が予想された武道教員の不足を、全体の教員数から除外するという応急的な処置を講ずる旨を通知したものであった。
　以上のように、昭和戦前期に武道が必修化された後も、無資格教員でまかなっていた状況は変わらず、しかも、職員録には教員数から除外された武道教師の職名で扱われていたと見られる。職員録に掲載された無資格教員については第8章でも分析する。

（小括）
　検定試験の出願資格と無試験検定の試験免除となる該当者の変化をまとめると次のような事が言える。
　出願資格の拡大については、以下のようであった。1907（明治40）年4月25日、文部省令第13号「教員検定ニ関スル規程中改正」において、初めて出願資格が明記され、その中で「小学校本科正教員」という教員資格を持つ者が指定された。その後、小学校教員に関しては、1908（明治41）年11月26日、文部省令第32号「教員検定ニ関スル規程」で「尋常小学校本科正教員」が追加され、1921（大正10）年3月4日、文部省令第14号「教員検定ニ関スル規程中改正」では、「小学校本科正教員、尋常小学校本科正教員、小学校専科正教員若ハ小学校准教員」に拡大された。文部省は中

等教員の直接養成学校を拡大する事はなかった事から、彼ら小学校教員に対して教育の大意や国民道徳要領の試験を免除し、中等教員の不足を補う役割を担わせようとしているように見える。また、小学校教員にしてみれば中学校、高等女学校を卒業していない者にも、教員免許の階段をステップアップして行くその先に、中等教員へキャリアアップする可能性がつながっているように見えたであろう。天野郁夫（1996）は「教員の世界が、独学者にとって重要な社会的上昇移動への道でありえたのは、この独自の細分化された階梯的な資格制度のゆえであるといってよい。」[12] と述べ、小学校教員から「文検」を通過して中等教員へ転身して行くに際して、このシステムの果たした役割を指摘している。

　無試験検定による検定合格の該当者については以下のようにまとめられる。1894（明治27）年3月5日、文部省令第8号「尋常師範学校尋常中学校高等女学校教員免許検定ニ関シ規定スルコト左ノ如シ」を定め、無試験検定該当者を明らかにした。その該当者は「元体操伝習所卒業生ハ普通体操ニ関シ、陸軍教導団卒業生ハ兵式体操ニ関シ第一項ニ依ルコトヲ得」とされた。体操伝習所卒業生は普通体操を主に担当していたが、学校体育の主流はしだいに兵式体操に移っていった。1901（明治34）年5月9日、文部省令第12号「明治三十三年文部省令第十号教員検定ニ関スル規程中左ノ通改正ス」が公布され、第2条「検定ヲ為スヘキ学科目左ノ如シ」とし、それまで普通体操と兵式体操の二部に分けて検定を行っていたものが、体操に一本化された。一方、第10条で「左ニ掲クル者ニシテ体操科ノ試験検定ヲ出願シタルトキハ兵式体操ノ部分ヲ省ク　1　陸軍歩兵科士官／2　陸軍歩兵科下士任官後満4年以上現役ニ服シタル者」として兵式体操の部分は免除という優遇措置だけは残った。実際には、そこだけが免除されても普通体操の部分の検定は必要であったため、この後、陸軍出身の士官、下士官の中等教員免許取得者は激減した。

　学校の中では、一本化されて以降は兵式体操も普通体操も併せて体操科教員が担任している事になる。そうした中、1925（大正14）年4月11日には、勅令第135号「陸軍現役将校学校配属令」が公布され、配属将校が体操科教員と一体となって学校教練の指導に当たる事になった。しかし、彼らは体操科担当教員とは一線を画しているのでこれ以上触れない。

　1932（昭和7）年8月30日、文部省令第15号「師範学校中学校高等女

学校教員検定規程」において、体操科の免許状は体操、教練、剣道、柔道の4種類となった。これに伴い陸軍歩兵科士官と陸軍歩兵科下士任官後満4ヵ年以上現役に服したる者は教練の試験検定を出願した場合には試験免除の扱いを受けた。このため、予備試験はなく、本試験の時に教育の大意、国民道徳要領の筆記試験と口述試験だけが課されて、結果的に教練教員免許を取得する陸軍出身者が増加する事になる。以上のように体操科の中で兵式体操や教練は、陸軍の出身者を常に優遇してきたという特異な分野であったと言えよう。

　また、中等学校における武道の正課採用は1912（明治45）年から始まり、武道教員の養成はその後を追いかける事になる。その結果、武道教員の採用に当たっては無資格教員が多くを占める状態は続いた。法規制では、無資格教員は教員数全体の3分の1を越えないように制限されていたが、武道に関してはその取り扱い上、制限を受けないで済むよう処置された。そのため教員数にカウントされない扱いの武道教師が出現し、無資格教員としての課題は残る事になったのである。

第2章　註

[1] 『官報』573, 1885年6月1日
[2] 牧昌見（1971）『日本教員資格制度史研究』風間書房 p.317
[3] 同上書
[4] 『官報』573, 1885年6月1日
[5] 『官報』5705, 1902年7月11日
　　中村民雄（1983）「明治期における体操教員資格制度の研究（二）」『福島大学教育学部論集35』p.129
　　船寄俊雄（1989）「中等教員試験検定制度史研究（第2報）：試験検定の日程について」『大阪教育大学紀要Ⅳ38（2）』p.114
[6] 中村民雄　前掲書 p.130
[7] 中村民雄　前掲書 p.135
[8] 牧昌見　前掲書 p.394
[9] 『文部省例規類纂　第三巻』大空社（1987）p.536
[10] 山崎真之（2010）「「教員免許台帳」にみる国士舘専門学校」『国士舘史研究年報 2009』p.49-
[11] 『文部省例規類纂　第三巻』大空社（1987）p.820
[12] 天野郁夫（1996）『日本の教育システム：構造と変動』東京大学出版会 p.272

第 3 章
「文検体操科」の概要

第3章 「文検体操科」の概要

「文検体操科」は実際どのように実施されてきたのか。本章では「文検体操科」の日程、試験会場、検定委員、試験問題を明らかにする。

第1節 試験日程及び会場

船寄俊雄（1989）[1]は、『官報』を主な史料として「文検」試験日程を明らかにしている。その中から体操科を抜き出し、新たに『官報』から試験会場及び戦後実施された2回を加えて表3-1に整理した。戦後は第79回「文検」が官報6002（昭和22.1.18）、同6140（昭和22.7.4）でそれぞれ予備試験、本試験が広告されたが、体操の科目は実施されていない。「文検体操科」が復活したのは第80回からである。

表3-1 試験日程及び会場

年度	科目	予試日程	予試官報 (年.月.日)	本試日程	試験会場	本試官報 (年.月.日)
1885 (M18)				3/16-4/17		
1886 (M19)				4/1-5/17		
1887 (M20)				4/25-5/24		
1888 (M21)				5/1.2		
1891 (M24)				9-10月		
1893 (M26)				1-2月		
1894 (M27)	体操（普通）			4/25.		3215
	（兵式）			4/21.		(27.3.22)
1895 (M28)	体操（普通）			4/30.		3526
	（兵式）			5/3.		(28.4.5)
1896 (M29)	体操（普通）			4/22.		3823
	（兵式）			4/27.		(29.3.31)
1897 (M30)	普通体操			6/7.		4165
	兵式体操			6/10.		(30.5.24)

年								
1898 (M31)	普通体操			4/27.		4432	
	兵式体操			4/30.		(31.4.13)	
1899 (M32)	普通体操			5/17.18		4746	
	兵式体操			5/19.20		(32.5.1)	
1899 (M32)	普通体操			2/20.21		4964	
	兵式体操			2/24.26		(33.1.22)	
1900 (M33)	体操（普通）			1/29.31		5246	
	（兵式）			2/1.2		(33.12.27)	
1901 (M34)	体操（普通体操）			2/1.3		5530	
	（兵式体操）			2/4.5		(34.12.7)	
1902 (M35)	体操（普通体操）	8/28.29	5705	11/19.20.		5780	
	（兵式体操）	8/28.29	(35.7.11)	11/21.22		(35.10.8)	
1903 (M36)	体操（普通体操）	8/27.	6013	11/13.		6087	
	（兵式体操）	8/25.	(36.7.18)	11/12.		(36.10.14)	
1904 (M37)	体操（普通体操）	8/30.	6319	11月8日		6388	
	（兵式体操）	8/29.	(37.7.23)	11/5.		(37.10.13)	
1905 (M38)	体操（普通体操）	8/24.	6617	11/14.		6688	
	（兵式体操）	8/23.	(38.7.21)	11/12.14		(38.10.12)	
1906 (M39)	体操（普通体操）	8/18.	6621	11/12.		6691	
	（兵式体操）	8/20.	(39.7.25)	11/9.10		(39.10.16)	
1907 (M40)	体操（普通体操）	8/24.	7219	11/12.		7293	
	（兵式体操）	8/26.	(40.7.23)	11/9.10		(40.10.19)	
1908 (M41)	体操（普通体操）	8/26.	7524	11/14.15		7596	
	（兵式体操）	8/27.	(41.7.25)	11/12.13		(41.10.20)	
1909 (M42)	体操（普通）	8/30.	7823	11/13.14		7892	
	（兵式）	8/28.	(42.7.23)	11/10.11		(42.10.13)	
1910 (M43)	体操（普通）	9/8.	8149	11/26.27		8200	
	（兵式）	9/7.	(43.8.19)	11/22.24		(43.10.20)	
1911 (M44)	体操（普通）	8/22.	8423	11/11.12		8500	
	（兵式）	8/21.	(44.7.20)	11/16.17		(44.10.19)	
1912 (T1)	体操（普通）	8/14.	8721	11/16.17	女高師	61	
	（兵式）	8/15.	(45.7.15)	11/13.14	陸軍戸山学校	(1.10.12)	

年	種目		実施日	受験者数	実施日	場所	合格者数
1913（T2）	体操	（普通）	8/16.	294	11/8.9	女高師	366
		（兵式）	8/15.	(2.7.22)	11/11.12	陸軍戸山学校	(2.10.16)
1914（T3）	体操	（普通体操）	8/22.	596	11/14.15	女高師	667
		（兵式教練）	8/24.	(3.7.25)	11/16.17	文部省内	(3.10.21)
1915（T4）	体操	（普通体操）	7/31.	876	10/16.17	女高師	937
		（兵式教練）	7/29.	(4.7.3)	10/14.15	陸軍中央幼年学校	(4.9.15)
1916（T5）	体操	（普通）	8/17.	1194 (5.7.24)	10/28.29	高師	1258 (5.10.9)
		（兵式）	8/16.		11/6.11	陸軍戸山学校	
	撃剣		8/18.		11/1.	高師	
	柔術		8/18.		11/1.	高師	
1917（T6）	体操	（普通）	8/13.	1479 (6.7.6)	10/27.28	女高師	1553 (6.10.4)
		（兵式）	8/11.		10/29.30	陸軍戸山学校	
	剣道		8/10.		11/3.	高師	
	柔道		8/10.		11/3.	高師	
1918（T7）	体操	（普通）	8/8.	1779 (7.7.8)	10/26.27	26 女高師、27 高師	1852 (7.10.4)
		（兵式）	8/7.		10/28.29	高師	
	撃剣		8/9.10		11/1.	高師	
	柔術		8/9.10		11/1.	高師	
1919（T8）	体操	（普通）	8/8.	2072 (8.7.2)	11/8.9	8 女高師、9 高師	2154 (8.10.8)
		（兵式）	8/7.		11/6.7	高師	
	撃剣		8/13.14		11/1.	高師	
	柔術		8/13.14		11/1.	高師	
1920（T9）	体操	（普通）	8/5.	2381 (9.7.9)	11/6.7	6 女高師、7 高師	2457 (9.10.9)
		（兵式）	8/6.		11/14.15.16	高師	
1921（T10）	体操	（一般）	8/15.	2691 (10.7.20)	11/16.17	高師	2763 (10.10.15)
		（兵式）	8/17.		11/10.11.12.13	高師	
	撃剣		8/11.13		11/21.	高師	
	柔術		8/12.13		11/21.	高師	

年	種目		日程	人数	日程	場所	人数
1922 (T11)	体操	（一般）	6/26.27	2946 (11.5.30)	9/26.27.28	高師	3018 (11.8.22)
		（兵式）	6/28.		9/21.22.23.24	高師	
	剣道		6/22.23		10/2.	高師	
	柔術		6/23.24		10/1.	高師	
1923 (T12)	体操	（一般）	5/15.16	3163 (12.2.17)	7/16.17.18.19	高師	3266 (12.6.20)
		（兵式）	5/17.		7/20.21.22.23.24	高師	
	撃剣		5/12.14		7/24.	高師	
	柔術		5/13.14		7/24.	高師	
1924 (T13)	体操	（一般）	5/13.14	3478 (13.3.31)	7/7.8.9.10		3538 (13.6.10)
		（兵式）	5/15.		7/12.13.14.15.16		
	撃剣		5/9.13		7/5.		
	柔術		5/12.13		7/5.		
1925 (T14)	体操	（一般）	5/18.19	3736 (14.2.6)	7/11.13.14.15	高師	3840 (14.6.12)
		（兵式）	5/20.		7/16.17.18.20	高師	
	撃剣		5/13.16		7/4.	高師	
	柔術		5/14.16		7/4.	高師	
1926 (T15)	体操	（一般）	5/13.14	4032 (15.2.4)	7/17.19.20.21	高師	4144 (15.6.17)
		（兵式）	5/15.		7/21.22.23.24	高師	
	撃剣		5/8.12		7/17.	高師	
	柔術		5/10.12		7/17.	高師	
1927 (S2)	体操	（一般）	5/11.12	29 (2.2.3)	7/11.12.13.14	高師	134 (2.6.11)
		（兵式）	5/13.		7/14.15.16.17	高師	
	撃剣		5/6.10		7/7.	高師	
	柔術		5/7.10		7/7.	高師	
1928 (S3)	体操	（一般）	5/15.16	331 (3.2.7)	7/13.14.16.17	高師	434 (3.6.9)
		（兵式）	5/17.		7/17.18.19.20	高師	
	撃剣		5/10.14		7/7.	高師	
	柔術		5/11.14		7/7.	高師	

年	種目		日付	人数	日付	場所	人数
1929 (S4)	体操	(一般)	5/15.16	629 (4.2.5)	7/10.11.12.13	高師	734 (4.6.12)
		(兵式)	5/17.		7/13.15.16.17	高師	
	撃剣		5/10.14		7/19.	高師	
	柔術		5/11.14		7/19.	高師	
1930 (S5)	体操	(一般)	5/13.14	926 (5.2.1)	7/10.11.12.14	高師	1036 (5.6.14)
		(兵式)	5/15.		7/14.15.16.17	高師	
	撃剣		無				
	柔術		5/9.10		7/18.	高師	
1931 (S6)	体操	(一般)	5/13.14	1227 (6.2.3)	7/10.11.13.14	高師	1335 (6.6.13)
		(兵式)	5/15.		7/14.15.16.17	高師	
	撃剣		5/9.11		7/15.	高師	
	柔術		無				
1932 (S7)	体操	(一般)	5/12.13	1529 (7.2.6)	7/11.12.13.14	高師	1634 (7.6.13)
		(兵式)	5/14.		7/14.15.16.18	高師	
	撃剣		無				
	柔術		5/9.10		7/19.	高師	
1933 (S8)	体操		5/8.9	1828 (8.2.4)	7/10.11.12.13	高師	1935 (8.6.15)
	教練		5/12.13		7/6.7	高師	
	剣道		5/15.16		7/14.	高師	
	柔道		無				
1934 (S9)	体操		5/5.7	2127 (9.2.6)	7/16.17.18.19	高師	2231 (9.6.11)
	教練		5/10.11		7/13.14	高師	
	剣道		無				
	柔道		5/12.14		7/19.20	高師	
1935 (S10)	体操		5/8.9	2429 (10.2.8)	7/17.18.19.20	高師	2533 (10.6.14)
	教練		5/13.14		7/11.12	高師	
	剣道		5/15.16		7/6.	高師	
	柔道		無				

年	科目						
1936 (S11)	体操	5/7.8	2732 (11.2.13)	7/13.14.15.16	高師	2833 (11.6.13)
	教練	5/12.13		7/10.11.	高師	
	剣道	無				
	柔道	5/14.15		7/18.	高師	
1937 (S12)	体操	5/7.8	3019 (12.1.28)	7/16.17.18.19		3129 (12.6.10)
	教練	5/12.13		7/9.10		
	剣道	5/14.15		7/13.14		
	柔道	無				
1938 (S13)	体操	5/6.7	3319 (13.1.28)	7/18.19.20.21		3435 (13.6.17)
	教練	5/11.12		7/6.7		
	剣道	無				
	柔道	5/13.14		7/15.16		
1939 (S14)	体操	4/21.22	3595 (13.12.27)	7/11.12.13.14	東京文理科大学	3731 (14.6.15)
	教練	4/26.27		7/13.14	東京文理科大学	
	剣道	4/19.20		7/15.17	東京文理科大学	
	柔道	無				
1940 (S15)	体操	4/20.22	3906 (15.1.17)	7/13.15.16.17	東京文理科大学	4029 (15.6.13)
	教練	4/23.24		7/9.10	東京文理科大学	
	剣道	4/16.18		7/11.12	東京文理科大学	
	柔道	4/17.18		7/4.5	東京文理科大学	
1941 (S16)	体操	4/12.15	4201 (16.1.10)	7/15.16.17.18	東京文理科大学	4326 (16.6.11)
	教練	4/16.17		7/1.2	東京文理科大学	
	剣道	4/9.11		7/14.15	東京文理科大学	
	柔道	4/10.11		7/9.10	東京文理科大学	
1942 (S17)	体操	5/5.7	4493 (16.12.29)	8/13.14.15.17	東京文理科大学	4638 (17.6.26)
	教練	5/8.9		8/13.14	東京文理科大学	
	剣道	5/1.4		8/20.21	東京文理科大学	
	柔道	5/2.4		8/6.7	東京文理科大学	

1943（S18）	体操	8/20.21	4883 (18.4.26)	11/20.22.24.25	東京文理科大学	5048 (18.11.9)
	教練	8/23.24		12/3.4	東京文理科大学	
	剣道	8/18.19		11/26.27	東京文理科大学	
	柔道	8/18.19		11/30.12/1	東京文理科大学	
1947（S22）	体操	11/17.18	6174 (22.8.13)	3/22.23.24	女高師	6322 (23.2.14)
1948（S23）	体操	10/22.23	6474 (23.8.13)	3/23～4/2 5班編制各3日間	女高師（口述） 東京文理大（実地）	6642 (24.3.7)

註）1924,1937,1938 年の会場は『官報』に記載がなかった。

「文検」は予備試験と本試験とがあり、予備試験は出願した道府県の地方庁で実施、その合格者だけが東京で本試験を受験する事ができた。

予備試験はすべて筆記試験である。1920（大正10）年までは、試験時間については普通体操が4時間、兵式体操が3時間で、それぞれ1日ずつ、計2日間行われた。1922（大正11）年以降は、これに解剖生理衛生が加わり、3日間にわたって実施されるようになった。1933（昭和8）年に教練が独立した科目になると同時に兵式体操は消え、体操、解剖生理衛生、遊戯競技の内容で2日間にもどった。

本試験は1933（昭和8）年教練が独立するまでは普通体操、兵式体操の双方について、それぞれ実技、教授法、及び口述試験があった。試験時間は、本試験受験者が増え始めた1922（大正11）年以降、2日から3～4日に増えた。試験会場は、兵式体操は1917（大正6）年まで陸軍戸山学校で実施され、その後は東京高師が会場となる。普通体操は1917（大正6）年まで東京女高師で実施されたが、その後東京高師も会場となり、1920（大正9）年を最後にそれ以降は東京高師が体操科のすべての試験会場となった。

予備試験の合否の結果は、約1か月後の『官報』に掲載され、合格した者だけが本試験を受験でき、本試験の受験票は文部省で本人に直接交付されている。

また、1916（大正5）年からは、男子だけであるが、体操とは別に撃剣、柔術が科目に加えられ、いわゆる武道の専科教員が誕生する事になった。ただし、第34回1920（大正9）年の「文検体操科」は体操だけが実施され、撃剣、柔術は実施されなかった。

1922（大正 11）年から「文検」は年 2 回実施されるようになったが、「文検体操科」は年 1 回のままであり、春の「文検」時に合わせて実施されている。同じくこの年から、予備試験合格者の有効受験機会が 2 回となり、予備試験合格者はその年の本試験に不合格の場合でも、翌年の予備試験は免除されて、本試験から受験できるようになった。

第 2 節　検定委員

　『官報』に発表された検定委員の中から体操科に関わる委員を抜き出したものが表 3-2 である。嘉納治五郎は柔道の検定委員ではあるが、柔道を担当する前に「文検」の常任委員を務めていた。そのためか柔道の検定がない年でも検定委員に任命されている。常任委員以外に臨時委員が任命され、彼らがいわゆる問題作成や採点をする検定委員である。『官報』の発表は随時行われたので、この表以外にも検定委員は任命されていると考えられる。検定委員の略歴については巻末の資料編に記した。

表 3-2　検定委員

（表は省略）

『官報』から作成

註）「兵式体操」あるいは「教練」に関わる検定委員は除いた。
※は『官報』では不明で、出典は『文検世界』（27 巻 1 号 S16.2.1、pp.74-76）である。

体操科で女子の検定委員は井口あくりの退任後、交代した二階堂トクヨまで数年間あいているが、その後は高橋キヤウ、三浦ヒロ、戸倉ハルと継続している。

1919（大正8）年まではほぼ3人体制である。1920（大正9）年からは4名、1929（昭和4）年からは6名に増える。予備試験の問題に解剖生理の内容は以前から含まれていたが、1923（大正12）年から文部省学校衛生官であった吉田章信が検定委員に加わり解剖生理衛生の問題数も増え、独立する事になった。解剖生理衛生の担当者として吉田の後は小笠原道生に引き継がれる。体操の担当者は最多の時は6人体制であり、体操分野が2名、遊戯競技分野が女子を入れて3名、解剖生理衛生分野が1名である。

第30回、1916（大正5）年以降、体操科に新たに独立した剣道、柔道の検定委員には、東京高師の教員及び、京都の武専の教員が任命されている。

1930（昭和5）年以降、剣道、柔道は受験者数が伸びず、隔年開催となった。また、検定委員の数も最多の時は6名ずつ任命されていたが、徐々に減少している。

検定委員の所属先はほぼ東京高師と東京女高師、文部省体育研究所で占められ、武道に関してはさらに武専が加わっている。

第3節　検定内容

（1）予備試験

第26回1912（明治45）年度から第72回1940（昭和15）年までの予備試験問題を資料編にまとめた。予備試験問題の形式が定まったのは第40回1924（大正13）年からと見られ、解剖生理衛生、体操、遊戯競技の3分野及び兵式体操であった。兵式体操は教練として独立すると同時に予備試験には見られなくなる。この前年、第39回の問題は一般体操（其の一）3時間で5問。一般体操（其の二）3時間で5問。一般体操（競技及び遊戯）3時間で5問である。（其の一）の内容は第40回の解剖生理衛生の内容と同様である。（其の二）は体操の内容と同様である。（競技及び遊戯）は男子問題と女子問題に分かれ、それぞれ5問ずつである。

運動能力の性差や特性に関する問題が見られるようになるのは1922（大正11）年以降である。1926（大正15）年の「学校体操教授要目」の第一次改定を前にして、まだ徒手体操と陸上競技の内容が多い。スポーツ教材が問

題として登場するのは1926（大正15）年からである。

ここでは予備試験問題の形式が定まった第40回1924（大正13）年の問題を見てみよう。

　　大正13年度体操科予備試験問題
○　解剖生理衛生（3時間）
1　平均運動（徐歩行進）の主働筋及び其の勢力代謝上より見たる運動の強さを記せ
2　運動（体操教育に於ける教材）の配列につき生理衛生上注意すべき事項を挙げ其の理由を説明せよ
3　運動能力に関係ある男女身体の差異を挙げよ
4　麻痺につき知る所を記せ
5　児童及び女子の関節過伸につき生理解剖上知る所を記せ
○　体操（3時間）
1　跳躍運動教授上の注意を述べよ
2　呼吸運動の目的及び体操科教授上に於けるその適用に就いて記せ
3　臂立伏臥に於ける主働筋を挙げよ
4　体操に一層興味あらしめる為教授上注意すべき事項を挙げ之を説明せよ
5　屈膝脚側出運動の要領及び注意事項を述べよ
○　遊戯競技（3時間）
1　決勝線に於けるテープの切り方及び決勝審判の方法を説明せよ
2　砲丸投げの要領を略述せよ
3　運動に因る外傷予防に関する注意事項を述べよ
4　女子に適当なる遊戯の種類（五種以上）を挙げ其の理由を説明せよ
5　課外運動に関する意見を述べよ　　[2]

当時の受験案内書に模範解答が掲載されている。各1問ずつ引用してみる。

解剖生理衛生の2についての模範解答
　（1）指導案作成上の原則に拠ること。
　　即ち準備運動主運動生理運動の順序を完全に経過する様教材の配列せざるべからず故に最初先づ簡単なる下肢上肢体幹の運動を課して血行筋関節に対して相当な準備

を与へて次の主運動に入るべきなり、何等の準備なくして主運動に入る事は無謀の極みなり。

而して最後には又簡単なる下肢上肢体幹の運動及び呼吸運動を課して促進せる呼吸を鎮め、遊戯等に於いてとりたる不良の姿勢に対する矯正等後始末をすべきなり。

（2）調節運動を挿入すること。

各教材間に生理作用及び精神作用を沈静せしむべき如き性質の運動を調節運動として大なる努力を要する運動の後に入るべきなり。

（3）急激なる変化を避けること、強き運動にはそれに対する準備を行うこと。

如何に順序を経て訓練を受けたるにせよ、跳躍懸垂等の強気運動にはその初め必ずそれに対する準備となるべき運動を課して良好なるコンジションの下に行わしむべきなり。

烈しき疾走の後直ちに停止を命ずべからず。

疾走の直後停止せしむることとは不可なり、必ず呼吸を少し宛沈静せしむる為軽き行進か足踏みを課したる後呼吸運動を課すべきなり。

（4）全身を普遍的に練習する様教材を配列すべきこと。

各運動それぞれ異なった目的を持てるものなり随いて個々の運動を全部行う事によりて身体各部を修練することゝなるものなり、身体各部の均整なる発育を遂げしむると云う点よりも各教材を練習すべきなり。

（5）年齢性別を顧慮すべきこと。

幼年生は兎も角尋常科六学年以上は男子と女子とは生理的に相違を来たす故に懸垂跳躍等は男女区別して女子には比較的容易なるものを課すべきなり。

（6）第二次的影響を顧慮し又同一姿勢及類似の姿勢を反復せざる様注意を要す。 [3]

体操の4に対する模範解答

　　体操は遊戯競技と異なりて自発活動に非ず教師の号令によりて運動するものなれば自然遊戯等の如く興味を持たしむる事難し、故に指導者たる教師が指導に当りて興味あらしむる様工夫すべきなり。一は教師の取扱の巧拙にもよるならんも、大体次の如き事項に注意すべきなり。

（1）初より高い要求をなさざること。

児童生徒の程度に応じて要求点を適当にせざるべからず、最初より非常にむつかしく制限し要求せば嫌気のするものにして、賞められて腹の立つものゝなき如く、時には立派に非ずとも、少し見所あれば満足を与えて奨励すれば子供は元気を出すものなり。

(2) 運動を遊戯化すること。

児童生徒は活動性に富みて寸時も静止すべきものに非ず、故に幼年の者にやかましく云いて、困難なる姿勢を要求するも、子供は喜ぶものに非ず、それよりも運動を調律的に又は遊戯化して面白く行わせ、不知不識の間に運動の目的を達せしむべきなり。例えば臂立伏臥の運動を教うるも腰掛や地面にて如何程むつかしく説明を用いて行わするも中々上達するものに非ず。それよりは四つ這いにならせ幇助者に両足を広げて持たせ、両手にて歩ませば子供は喜んで行い然も腹の運動としても目的を達成せしものなり。

(3) 時々教材を変えること。

新奇を好む風は児童や生徒のみならず、大人にても常に同じ事のみを行うは嫌気の来るものなり。故に時々教材を新しく変換せしむる要あり、又時には行いて余り歓迎せられざる如きは撤回して他の教材に変える必要の時もあり。然し馴れ来るに従いて興味を持するに至るものにても馴れざる為に歓迎されざる事もある故注意を要す。又余り生徒児童の言いなりに変換する事も考うべき場合あるべし。

(4) 必要な器械を用うること。

勿論程度によりて徒手体操のみ行う時は興味を持たざる故、器械を用いて心機の転換を図るべきなり。例えば地上の徐歩行進も平均運動なるが、平均台上の駆歩通過等を行なえば興味をもって行い、其の場の跳躍もよけれど、腰掛の跳躍等を行なえば喜びて行う如きなり。之等も興味を持たしむる上に必要なり。

(5) 遊戯競技を必ず加えること。

遊戯競技が自発活動にして児童生徒に喜ばるゝ事は云う迄もなし。一時間固苦しき体操を行いても決して興味を持つものに非ず、遊戯競技を教案の中に入れ、自由活動の境地を作る事なり。4

遊戯競技の2についての模範解答

(1) 競技の準備。

投擲を行う直径2.134メートル（7フィート）の丸き輪と、足留材、砲丸（6、8、12、16ポンド）及び20メートルの空地を必要とす。

(2) 砲丸の持ち方。

（甲）砲丸の重心を中指の根本より僅かに下位に落し、中指と人指し指と薬指とを後方に拇指と小指とは砲丸が逸れぬ為に左右より添う。

此の持方にては掌の中、僅かに空き、手頸は稍後方に屈す。之は砲丸が手より離るゝ前に後方に屈したる手頸を真直に伸すと同時に後方より当てゝいる三指にて押

すものなり（之をスナップと云う）

　（乙）此の方法は砲丸を掌上に載せ、四指を後方より添え、拇指は他の指より僅か離して添う、此の方法は主として砲丸を掌上に支えて指の力を余り頼らず。隨いて之はスナップせず。此の方法は手頸や指の弱き競技者に適す。

　（1）一歩投擲の方法。

①右足を輪の中心に左足を足留材の手前七八寸の所に踏む。

②砲丸を持ちたる右手は鎖骨に接して置く。

③左手は投ぐる方向に向いて地表に四十五度の角度をなす様に挙ぐ。

④上体を緩かに後方に屈げ体重の大部分（八分を）右足に托し左足は軽く踏む。

⑤三四回上体を振り、其の動作を利用して之を原動力とし、右足にて強く地上を圧し、両脚を伸すと同時に右肩を前上方につき出し、左肩を後方に引く。

⑥左臂は之を助くる為に動作を起すと同時に臂を屈して後下方に振り右臂は右肩の惰力を利用して強く突き出す。

此の時腰を捻りて全身の動作を助く。

⑦之等の動作の連続として砲丸が右手を離るゝや其の反動として右足を地上をかすめて前方に踏み出し、足留材にて支う。

此の時上体は前方に傾く。

　（2）二歩投擲の要領。

①右足は 7 フィートの円の後方内方に投擲方向と直角をなす様に踏み、左足は中央に投擲方向を踏む。

②次に左足を円滑に而も力強く振り上げ、之を右足の内踝骨の辺まで振り下し、其の反動として再び左足を投擲方向に運ぶ時、右足を中央までホップす（此のホップは地面にすれすれに行うこと）

③右足が地に着くと同時に左右を足留材より数寸離して地に着く。

④此の時の体勢は一歩投擲の時と同じ。

⑤これよりする投擲要領は前一歩投擲の要領に同じ。

　（3）砲丸は突き出すものにして、投ぐるに非ず、今突出すと投ぐるの区別を挙ぐれば

　　（イ）突き出す（ママ）方

　　　（a）砲丸が肩より後に位置することなし。

　　　（b）砲丸が突き出されたる際、腕は仰角の方向に直線的に伸ぶ。

　　　（c）突き出したる最後の姿勢は、よく伸ぶ。

　　（ロ）投げた（ママ）動作

（a）砲丸が肩より後に位置す。
（b）砲丸を投げたる時、腕は前下方に落つ。
（c）上体は腰より前方に屈ぐ。[5]

　以上のように、詳細な模範解答を読者のために提供している。模範解答は、内容量や解答の仕方など他の受験雑誌や受験参考書においても同様の傾向である。要求される解答は系統的に整理しておく必要があり、専門的用語も多い。模範解答は「文検体操科」の要求しているレベルを表す指標とも言えるものである。

　試験の際の注意として、各問いに対して解答用紙が2枚以上になるときはこれらを綴りさらに番号順に重ねるというような指示も見られた。採点基準や結果は公表されていないので詳細は不明であるが、このように、解答する量も多く、専門的で、高度な内容を細部まで要求されていて、一朝一夕の準備では済まないハードな筆記試験であった事が分かる。

　次に、武道の問題を見てみよう。1931（昭和6）年の剣道と1932（昭和7）年の柔道の予備試験問題である。

　昭和6年度剣道科予備試験問題
　第1日（3時間）
　1　剣道に於ける精神鍛錬に就いて述べよ
　2　上段中段下段の構えを説明し其各の特徴を述べよ
　第2日（3時間）
　1　筋肉の構造を概説し且つ筋肉運動の力源に就いて記述せよ
　2　左の各項を簡単に説明せよ
　　イ、生活条件　ロ、アドレナリン　ハ、努責　ニ、反射　ホ、トリプシン[6]

　昭和7年度柔道科予備試験問題
　第1日（2時間）
　1　柔道の修業は吾々の実際生活に如何なる用をなすか
　2　横捨身技の種類をあげその代表的な技を詳説せよ
　第2日
　1　関節の標型的構造を図示し、関節の主なる種類をあげよ
　2　呼吸運動について知れるところを記せ

3 次の各項を説明せよ。
 イ、僧帽筋濶背筋 ロ、組織液 ハ、脊髄神経 7

　剣道及び柔道の試験内容は第 2 日目の解剖生理衛生分野の問題を共通にしている。1930（昭和 5）年から 1939（昭和 14）年の間、2 科目は交互に試験が実施されたが、同時開催の時は共通問題であった。剣道、柔道の予備試験問題は第 1 日目がそれぞれの科目の特性や技能の解説等を答えさせるもので、時期によって変わるという事はなかった。

（2）本試験
　本試験の内容は実地（実技）試験、教授法、口述試験であり、体操の他、剣道、柔道でも同様である。検定委員の構成は実地試験では体操（器械体操・徒手体操）の分野で 2 名、遊戯・競技の遊戯（球技）の分野から 1 名、競技（陸上）の分野で 1 名、遊戯・ダンスの分野で女子 1 名のようである。口述試験では解剖生理衛生分野が 1 名、体操全般について 4 ないし 5 名が質問している。1932（昭和 7）年までの「文検体操科」の試験には教練も含まれていたが、その時には東京高師の教練担当の教官 2 名も検定委員となっている。
　実技試験の問題に移る前にその背景となっている「学校体操教授要目」の変遷について簡単に触れておく。1913（大正 2）年 1 月 28 日初めて「学校体操教授要目」が制定された。その内容は、「はじめの姿勢」が示され「号令」で一斉に行う体操が中心である。1921（大正 15）年 5 月 27 日に 1 回目の改正があり、第二次改正が 1936（昭和 11）年になされた。第一次の「改正学校教授要目」ではスポーツの発達と武道が重視されている。依然として体操中心の要目でありながらスポーツ教材の比重が大きくなった。特に走、跳、投のいわば陸上競技的教材と球技が入ってきている。女子体育への言及も見られる。第二次改正では当時のスポーツ普及の実情を反映し遊戯、スポーツが重視されるようになり、これにともない教授から指導への語句の変化も見られる内容となった。
　次に試験の内容について見てみる。表 2-3 から表 2-7 は、1925（大正 14）年度から 1939（昭和 14）年までの本試験の内容を、受験雑誌『文検世界』誌上に掲載された記事及び受験参考書『文検各種独学受験法：体操・音楽の部』[8]（以下、『独学受験法』と略記する）をもとに整理したものである。

「第二次改正学校体操教授要目」の制定に動き始めたころは、戦時下へ向かう時期と重なっているが、まだ試験内容にその影響は見られない。本試験では、体操、遊戯競技、教練の実地試験と教授法及び口述試験とを行っている。ここでは実地試験の中の体操、遊戯競技及び教授法について整理した。出典によって表現に多少の差異が見られるが同種目と見られるものは統一した。

① 体操科の内の体操
　体操の中の徒手についてまとめた種目内容が表 3-3 である。

表 3-3　体操　徒手

1925	1、臂左右上下伸　脚側出挙踵半屈膝（交互2回）　2、臂立伏臥（床上にて2回） 3、平均台　屈膝行進（左右両足1回ずつ臂側上挙、他は徐歩行進）
1926	1、臂各方伸2回　2、臂立伏臥臂屈伸2回、　（女子）腰掛上臂立伏臥2回 3、平均台上徐歩途中屈膝挙股2回姿勢自由
1927	1、屈膝足側出　2、臂側上挙　3、平均台　片脚屈膝・片脚後挙体前倒・徐歩
1928	1、臂側上伸（屈臂直立）　2、挙踵半屈膝　3、体側屈（臂上挙・閉脚直立） 4、臂立側臥　5、体側転（手胸開脚直立）　6、開脚体前倒臂上下伸
1929	1、臂各方伸　2、臂側上伸（屈臂）　3、挙踵半屈膝 4、胸後屈（臂上挙閉足直立）　5、臂立伏臥臂屈伸　6、開脚体前倒臂上下伸
1930	32名（72名中）一緒に行う。
1931	不明
1932	1、屈膝足側出臂側上挙
1933	（準備運動として行い、これ以降しばらくは試験種目としては見られない。）

『文検世界』・『独学受験法』から作成

　1931年は確認できなかった。1936（昭和11）年の「学校体操教授要目」の第二次改正に向けて球技が増え、形式的な徒手体操が見直されたためか、徒手の試験は1930年以降1932年を除いてしばらく実施されない。
　体操の中の懸垂運動についてまとめた種目内容が表 3-4 である。

表3-4 体操 懸垂運動（鉄棒）

年	内容
1925	1、蹴上り連続2回・振り跳び　2、伸臂振上り・後下り
1926	1、逆上り・後下り　2、蹴上り・脚懸上り・振り跳び
1927	1、蹴上り・脚懸け上り・俯せ下り　2、懸垂振上り・振り跳び
1928	1、蹴下り・俯せ下り　2、巴・蹴上り・俯せ下り 3、巴・脚懸け上り・俯せ下り　4、屈臂振上り・後下り
1929	1、蹴上り・脚懸け上り・俯せ下り　2、巴・蹴上り・後下り
1930	1、懸垂振り上り・後下り　2、蹴上り・脚懸け上り・振り跳び
1931	1、巴・蹴上り・俯せ下り　2、巴・脚懸け上り・俯せ下り
1932	1、懸垂振り上り・巴・蹴上り・振り跳び　2、巴・脚懸け上り・後下り 3、（横木）半屈臂（両側懸垂）
1933	1、懸垂姿勢・懸垂振り上り・振り跳び 2、臂立懸垂・斜め後下り・蹴上り・巴・脚懸け上り・後下り
1934	1、逆上り・臂立懸垂姿勢・懸垂振り上り・巴・振り跳び
1935	1、懸垂姿勢・右（左）脚懸け上り・斜め後下り・左（右）脚懸け上り 2、懸垂姿勢・屈臂振り上り 3、自由選択問題
1936	1、懸垂姿勢・懸垂振り上り・後下り 2、懸垂姿勢・蹴上り・巴・脚懸上り・俯せ下り
1937	1、脚懸け上り・前廻り下り　2、自由選択
1938	不明
1939	1、巴・蹴上り　2、自由選択

『文検世界』・『独学受験法』から作成

　1938年は確認できない。実施された種目は鉄棒に上がる技は脚懸け上り、振り上り、蹴上りである。回転技は巴だけである。下りる技は俯せ下り、後下り、振り跳びである。前廻り下りは俯せ下りから名称が変更になったものである。また1935年から自由選択が入っているのも、形式的な体操からの変化の表れと言えよう。

　跳躍運動及び倒立・転回運動についてまとめた種目内容が表3-5である。

表 3-5　体操　跳躍運動及び倒立・転回運動

1925	1、垂直開脚跳び（跳び箱）　2、臂立て倒立（逆立ち）転回（跳び箱）
1926	1、垂直開脚跳び（バック）、　2、垂直跳びまたは水平、斜跳び（跳び箱）
1927	1、水平開脚跳び（跳び箱）　2、斜め開脚跳び（跳び箱） 3、垂直閉脚跳び（バック）
1928	1、斜め開脚跳び（跳び箱）　2、垂直閉脚跳び（バック） 3、臂立て前方転回（跳び箱）
1929	1、水平閉脚跳び（跳び箱縦）　2、垂直開脚跳び（バック） 3、臂立て前方転回（跳び箱）
1930	1、水平閉脚跳び（跳び箱横）　2、垂直閉脚跳び（バック） 3、倒立・正面下り（跳び箱）
1931	1、垂直開脚跳び（跳び箱）　2、斜め跳び（跳び箱） 3、垂直開脚跳び（バック）　4、倒立・側下り（跳び箱）
1932	1、水平跳び（跳び箱）　2、垂直閉脚跳び（バック） 3、臂立て前方転回（跳び箱）　4、倒立・側下り（跳び箱）
1933	1、垂直閉脚跳び（バック）　2、水平開脚跳び（跳び箱6段縦） 3、倒立・側下り（踏切板約1m）　4、臂立て前方転回（同）
1934	1、垂直閉脚跳び（バック）、　2、水平開脚跳び 3、倒立・正面下り（跳び箱6段。踏切板は密着）
1935	1、水平開脚跳び（跳び箱縦）、　2、前方転回（跳び箱2段縦）、 3、臂立て前方転回（跳び箱5段横）
1936	1、水平開脚跳び（跳び箱6段縦、踏切板約80cm） 2、倒立・側下り（跳び箱5段横、踏切板密着）
1937	1、水平開脚跳び（跳び箱5段縦、踏切板なし） 2、臂立て前方転回（跳び箱2段、踏切板なし）
1938	1、斜め開脚跳び
1939	1、垂直開脚跳び（跳び箱7段縦、踏切板なし） 2、倒立・側下り（跳び箱5段横、踏切板なし）

『文検世界』・『独学受験法』から作成

　1927, 1938年の倒立回転の種目は確認できない。跳躍種目では脚は閉脚跳びか開脚跳び、姿勢は水平跳びか斜め跳びか垂直跳びの組み合わせである。

跳び箱の高さ、踏切板の有無、使用する時は離す距離も決められている。倒立回転の種目では臂立て前方転回または倒立から側下りか正面下りであった。跳躍系と同じように跳び箱の高さ、縦横の置き方、踏切板の使用条件で年度により違いがある。

競技遊戯についてまとめた種目内容が表3-6である。

表3-6 遊戯競技（陸上、球技）

年	内容
1925	1、短距離走50m　2、砲丸投げ　3、三段跳び
1926	1、走り高跳び（正面跳びまたはロールオーバー）、（女子）三段跳び 2、低障害走　（女子）クラウチングスタート 3、砲丸投げ　（女子）バスケットボール投げ 4、籠球　ドリブル・シュート
1927	1、走り高跳び（ロールオーバー）　2、砲丸投げ　3、籠球　フリーシュート
1928	1、短距離走　2、三段跳び　3、走り幅跳び（鋏跳び）　4、砲丸投げ 5、籠球　ドリブル・シュート　6、排球　サーブ
1929	1、短距離走50m、　2、走り幅跳び（鋏跳び）　3、槍投げ（ホップステップ型） 4、排球　サーブ
1930	1、走り高跳び（ロールオーバー130cm）　2、低障害走（2台ハードル間7歩で） 3、槍投げ　4、籠球　ドリブル・ロングシュート
1931	1、円盤投げ　2、短距離走　3、三段跳び 4、蹴球　ドリブル・ゴールシュート 5、籠球　ドリブル・ストップ・ピヴォット・パス
1932	1、低障害走　2、走り高跳び（ロールオーバー）　3、円盤投げ 4、籠球　キャッチ・ドリブル・シュート 5、蹴球　ドリブル・ゴールシュート
1933	1、低障害走　2、槍投げ　3、棒高跳び 4、籠球　ドリブル・ワンハンドシュート・ジャンプキャッチ・ドリブル・ピヴォット・ロングシュート。 5、排球　サーブ、　三角パス

年	種目
1934	1、2人組スタート・50mスプリント・ロングストライドでトラック1周 2、三段跳び　3、砲丸投げ 4、蹴球　ドリブル・ストップ・フライキック 5、籠球、ロングシュート・ドリブル・シングルショット。 6、排球　三角パス、トス・スマッシング
1935	1、走り高跳び　2、低障害走　3、槍投げ 4、蹴球　ジグザグドリブル・シュート 5、籠球　ドリブル・シュート・キャッチ・シュート
1936	1、40m短距離走から約160mの中距離走　2、三段跳び（助走6m） 3、砲丸投げ 4、蹴球　ドリブル・シュート 5、排球　パス（4人組） 6、籠球　ランニングパス・シュート（2人組）
1937	1、低障害走　2、槍投げ　3、三段跳び 4、籠球　ランニングキャッチ・シュート 5、排球　円陣パス5人組 6、ラグビー　ランニングパス（5人組）
1938	1、短距離走　2、砲丸投げ　3、三段跳び　4、2000m走 5、排球　パス　6、籠球　フリースロー、ドリブル・シュート
1939	1、低障害走　2、三段跳び（助走12,3m） 3、2000m走（9分以内） 4、排球　直上トス、ゲーム（サーブ1廻りまで） 5、籠球　ドリブル・シュート、ゲーム4分間

『文検世界』・『独学受験法』から作成

　陸上は走・跳・投の3種目である。走種目は50mの短距離走、または低障害走でハードルは2, 3台。1934（昭和9）年から中距離まで距離が延び、1938（昭和13）年からは2000m走も入ってきた。戦時体制への移行期で体力章検定の影響と見る事ができ、制限タイムは初級合格の9分以内であった。投種目は砲丸投げ、槍投げ、円盤投げのいずれかであった。円盤投げは20,25,30mのライン、25m位を標準。砲丸投げは12£砲丸使用、9,10,11,12mとラインを引き、10m位を標準。槍投げは竹槍で40mを標準

としていた。跳種目は走り高跳び、走り幅跳び、三段跳びであり、棒高跳びが一回実施された。走り幅跳びは鋏跳び、走り高跳びはロールオーバーと跳び方が指定されて、当時の新しいフォームを要求された。走り高跳びは130cm を標準、しかし 1935 年においては 1m45 を合格ラインとしフォームは要求せずと検定委員の野口源三郎は解説している。[9] 棒高跳びは 2m から 2m40 まで競技規則に則って行われた。三段跳びが最も頻繁に出題された。投擲、跳躍はいずれも試技は 2 ないし 3 回で記録とフォームをもとに評価している。

　球技は 1926（大正 15）年からバスケットボールが採用された。その後バレーボール、サッカーも入り、1937（昭和 12）年にはラグビーも実施されている。試験内容はいずれも基本的な技能テストと言える。

　最後に教授法についてまとめた種目内容が表 3-7 である。

表 3-7　教授法

1925	前半、跳び箱：跳び上り跳び下りの新教授　　　後半、バック：開脚跳び
1926	前半、手胸直立姿勢より「屈膝足側出体側倒」運動を教授せよ
	後半、体前倒開脚直立姿勢に於ける「臂上下伸」運動を教授せよ
1927	前半、臂立て跳び越しを教授せよ　　　後半、斜め高跳びを教授せよ
1928	前半、開脚臂前屈前倒より臂側開を新教授せよ
	後半、平均台上の側歩を教授せよ
1929	前半、臂立跳び越しを指導せよ
	後半、ローハードルの跳び越しを新教授せよ
1930	前半　バックを使用して跳躍運動を教授せよ　但し中学 1 年生
	後半　跳び箱を使用して跳躍運動を教授せよ　但し中学 1 年生
1931	前半、水平開脚跳び（跳び箱）を新教授せよ　但し中学 3 年生
	後半、垂直開脚跳び（跳び箱）を新教授せよ　但し中学 3 年生
1932	前半、蹴上りの要領を新教授せよ　中学 2 年程度
	後半、臂立て前方転回を新教授せよ　中学 2 年程度
1933	前半　短距離走に於いて最も重要なる補助運動を一つ教授せよ
	後半　平均台上の徐歩を教授せよ

1934	前半	臂前屈開脚姿勢より臂側開体側転を新教材として教授せよ
		短距離競走に於けるスタート後数歩の動作の要領を新教材として教授せよ
	後半	片臂側開体側転（臂前屈開脚直立）を新教材として教授せよ
		籠球に於けるドリブルよりシングルショット（斜より）の要領を教授せよ
1935	前半	跳び箱を障碍物として跳躍運動を指導せよ
	後半	跳び箱を使用して転回運動を指導せよ
1936		10人一組、1人ずつ交代で指導者となり、口頭で指示された課題を指導する
1937		臂脚側挙振　1人に指導
1938		不明
1939		午前　懸垂跳躍教材、　午後遊戯及び競技教材

『文検世界』・『独学受験法』から作成

　受験者を 2 班に分け午前と午後に分かれて実施。3～5 分サイクルで問題を見て考え、その後受験者 3～5 人を生徒役にして指導する。指導が終わった者は生徒役に交代する。ただし 1936（昭和 11）年以降試験方法が変わり、一人ずつ課題が変わっているようである。

　「体操科体操」の本試験のおおよその日程は、天候、グラウンドの状態により年度によって順番が入れ替わったりしているが、第 1 日目は体操・懸垂運動・跳躍運動つまり鉄棒、跳び箱の実技試験、第 2 日目は競技、球技、第 3 日は教授法、第 4 日目が口述試験。兵式体操が課されていた時期は兵式体操の筆記試験と口述試験、実技試験とでさらに 2 日間を要した。

　徒手体操は 1930（昭和 5）年から試験の種目としては行われていないようである。しかしながら、戦後に再開した「文検体操科」において、男女に徒手体操が課されていた記録もある[10]。

　鉄棒はおおよそ 2 種目位である。跳び箱は跳躍 1 種目、倒立・転回 1 種目のようである。競技は走・跳・投それぞれ 1 種目、球技はバスケットボール・バレーボール・サッカーの基本技能が多い。

　教授法では徒手体操、鉄棒、跳び箱の他、陸上、球技の場合もある。言葉を代えれば教材すべての中から出題されている。

② 体操科の内の剣道及び柔道
　1931（昭和 6）年度の剣道及び 1932（昭和 7）年度の柔道の本試験問題

は以下のような内容であった。

　　昭和6年度　剣道　本試験
　1　教授法　切り返しの指導について
　2　口述　　懸中待とはどんな事か、　木太刀で籠手技の説明
　3　帝国剣道形　　太刀の形7本、小太刀の形3本の計10本
　4　地稽古　相手を代えて2回　[11]

　　昭和7年度　柔道　本試験
　1　形　　　投、固、極、柔の形を全て受けと取りとを交代して行う（約3時間）
　2　乱取り　受験者同志1回ずつ約3分位。
　3　口述　　（イ）初心者に柔道修行の心得を説き聞かせるについてその要項を箇
　　　　　　　条的に述べよ。　（ロ）受身の段階的指導法　[12]

　剣道、柔道の本試験は試験検定が行われている約30年間、同じ形式で行われている。現在、それぞれの統括団体が実施している昇段審査の内容、形式にも似ている。
　検定の程度については、それぞれの昇段審査で3〜4段の実力が目安であると、検定委員は述べている。（第5章参照）

（小括）
　「文検」は予備試験と本試験とで行われた。予備試験は出願した道府県の地方庁で実施し、その合格者だけが東京で本試験を受験できた。
　予備試験はすべて筆記試験である。1920（大正10）年までは試験時間は普通体操が4時間、兵式体操が3時間であり、それぞれ1日ずつ、計2日間にわたって行われた。1922（大正11）年以降は、これに解剖生理衛生が加わり、3日間にわたって実施されるようになった。1933（昭和8）年に兵式体操が教練という科目として独立すると、体操、解剖生理衛生、遊戯競技の内容で2日間にもどった。
　本試験は1933（昭和8）年教練が独立するまでは普通体操、兵式体操の双方について、それぞれ実技、教授法、及び口述試験があった。試験時間は、本試験受験者が増え始めた1922（大正11）年以降、2日から3、4日に増

えた。試験会場は、兵式体操は大正 6 年まで陸軍戸山学校で実施され、その後は東京高師が会場となった。普通体操は大正 6 年まで東京女高師で実施されたが、その後東京高師も会場となり、大正 10 年以降は東京高師が体操科のすべての試験会場となった。

　1922（大正 11）年から「文検」は年 2 回実施されるようになったが、「文検体操科」は年 1 回のままであり、春の「文検」に合わせて実施されている。

　検定委員は 1919（大正 8）年まではほぼ 3 人体制であった。1920（大正 9）年からは 4 名、1929（昭和 4）年からは 6 名となった。予備試験の問題に解剖生理衛生の内容は以前から含まれていたが、1923（大正 12）年から文部省学校衛生官であった吉田章信が検定委員に加わり解剖生理衛生の問題数も増え、独立する事になった。体操担当として最多の時は 6 人体制であり、体操分野が 2、遊戯競技分野が女子を入れて 3 名、解剖生理衛生分野が 1 名というものである。

　検定委員の所属先は東京高師と東京女高師、文部省体育研究所の教員で占められている。武道に関しては東京高師と武専の所属であった。

　予備試験問題の形式が定まったのは第 40 回 1924（大正 13）年からと見られ、解剖生理衛生、体操、遊戯競技の 3 分野及び兵式体操であった。

　本試験のおおよその日程は天候、グラウンドの状態により年度によっても順番が入れ替わったりしたが、第 1 日目は体操・懸垂運動・跳躍運動つまり鉄棒、跳び箱の実技試験、第 2 日目は競技、球技、第 3 日目は教授法、第 4 日目が口述試験。兵式体操が課されていた時期は兵式体操の筆記試験と口述試験、実技試験とでさらに 2 日間を要した。

　鉄棒はおおよそ 2 種目位である。跳び箱は跳躍 1 種目、倒立・転回で 1 種目のようである。競技は走・跳・投それぞれ 1 種目、球技はバスケットボール・バレーボール・サッカーの基本動作が多い。

　教授法では徒手体操、鉄棒、跳び箱の他、陸上、球技の場合もある。言葉を代えれば教材すべての中から出題されていた。

　剣道、柔道は検定試験が始まった 1916（大正 5）年から形式は変わっていない。むしろ、本試験の内容、形式はそれぞれの統括団体が行っている昇段審査と同内容とも言える。これらの科目について実技の能力については 3, 4 段が目安と検定委員が述べている事からも伺える。

第3章　註

1 船寄俊雄（1989）「中等教員試験検定制度史研究（第2報）：試験検定の日程について」『大阪教育大学紀要Ⅳ38（2）』pp. 111-140
2 国民教育会編集部編（1926）『文検中等教員各科問題集』国民教育会 pp. 291-324
3 細見豊秀、南波九一編（1926）『最近六箇年間文検体操科問題解答集』木下製作所出版部（国立国会図書館デジタルライブラリー）pp.45-47
4 同上書：pp.103-106
5 同上書：pp.194-198
6 『文検世界：18巻6号 S7.6.1』pp.109-111
7 『文検世界：19巻2号 S8.2.1』pp.26-28；『文検世界：19巻3号 S8.3.1』p.90,p.94、
8 大明堂編（1926）『文検各種試験独学受験法：体操・音楽科の部』大明堂書店（国立国会図書館デジタルライブラリー）
9 野口源三郎（1935）「今年はフリースタイルで」『文検世界：21巻9号』pp.2-4
10 小澤久夫（1949）「文検本試験参観記」『新体育：14巻5号』pp.45-47
11 『文検世界：18巻6号 S7.6』pp.109-111
12 『文検世界：19巻3号 S8.3』p.90,p.94

第4章
「文検体操科」合格者の傾向

第4章 「文検体操科」合格者の傾向

　本章では「文検体操科」合格者の一般的な傾向を明らかにする。はじめに、『文部省年報』から、「文検体操科」の出願者数、合格者数、合格率を科目ごとに分けて年次変化を見てみる。次に文検受験者向けの月刊誌『文検世界』に載った受験記をもとに、「文検体操科」合格者の一般的特性を検討する。

第1節　出願者数及び合格者数、合格率

　『文部省年報』に試験検定の結果が掲載されるのは1895（明治28）年度から1940（昭和15）年までである。数字は複数の学科目を併せて出願、合格する者もあり、その延べ人数である。1899（明治32）年の体操は普通体操と兵式体操の双方を合わせた免許状である。その後、1901（明治34）年を最後に普通体操と兵式体操の免許状は体操に統一された。

表4-1　体操科合格者数及び合格率（男子）

文検回	年度	科目	出願者数	合格者数	合格率
8	1895(明治28)	普通体操	19	5	26.3%
9	1896(明治29)	普通体操	48	10	20.8%
10	1897(明治30)	普通体操	30	14	46.7%
11	1898(明治31)	普通体操	46	10	21.7%
12,13	1899(明治32)	普通体操	57	24	42.1%
12,13	1899(明治32)	体操	47	1	2.1%
14	1900(明治33)	普通体操	25	15	60.0%
15	1901(明治34)	普通体操	115	14	12.2%
16	1902(明治35)	体操	88	20	22.7%
17	1903(明治36)	体操	143	18	12.6%
18	1904(明治37)	体操	100	22	22.0%
19	1905(明治38)	体操	128	20	15.6%
20	1906(明治39)	体操	130	16	12.3%
21	1907(明治40)	体操	101	20	19.8%

22	1908(明治41)	体操	140	18	12.9%
23	1909(明治42)	体操	81	16	19.8%
24	1910(明治43)	体操	83	13	15.7%
25	1911(明治44)	体操	74	10	13.5%
26	1912(明治45)	体操	77	5	6.5%
27	1913(大正2)	体操	69	6	8.7%
28	1914(大正3)	体操	91	8	8.8%
29	1915(大正4)	体操	106	14	13.2%
30	1916(大正5)	体操	133	11	8.3%
31	1917(大正6)	体操	161	10	6.2%
32	1918(大正7)	体操	186	12	6.5%
33	1919(大正8)	体操	187	15	8.0%
34	1920(大正9)	体操	207	17	8.2%
35	1921(大正10)	体操	396	45	11.4%
36	1922(大正11)	体操	372	30	8.1%
38	1923(大正12)	体操	362	42	11.6%
40	1924(大正13)	体操	189	56	29.6%
42	1925(大正14)	体操	409	33	8.1%
44	1926(大正15)	体操	483	36	7.5%
46	1927(昭和2)	体操	380	55	14.5%
48	1928(昭和3)	体操	685	45	6.6%
50	1929(昭和4)	体操	361	34	9.4%
52	1930(昭和5)	体操	305	24	7.9%
54	1931(昭和6)	体操	270	22	8.1%
56	1932(昭和7)	体操	253	21	8.3%
58	1933(昭和8)	体操	260	14	5.4%
60	1934(昭和9)	体操	232	22	9.5%
62	1935(昭和10)	体操	249	47	18.9%
64	1936(昭和11)	体操	224	29	12.9%
66	1937(昭和12)	体操	203	56	27.6%
68	1938(昭和13)	体操	214	56	26.2%

70	1939(昭和14)	体操	260	45	17.3%	
72	1940(昭和15)	体操	365	80	21.9%	

『文部省年報』から作成

　出願者数が200名を超えたのは1920(大正9)年からである。最も多かったのは1928(昭和3)年の685名である。1921(大正10)年と1928(昭和3)年と2つのピークが見られる。1928(昭和3)年度の出願者急増の原因は昭和経済恐慌による教職志願者の増大のためと言われている。[1]

　合格者数が30名を超えるのは1921(大正10)年以降である。最も多いのは1940(昭和15)年の80名であり、50名以上の年は大正13年、昭和2、12、13年である。つまり、1921～28(大正10～昭和3)年にかけてと、1935(昭和10)年以降との二つの山が見られる。これは1919～27(大正8～昭和2)年にかけてと、1938～43(昭和13～18)年にかけて見られた全国の中等学校数の増加と一致している。これらの結果から、文部省としては養成学校の拡大というよりも、経費のかからない安易な手段に頼ったという事ができるであろう。

　合格の倍率を見ると、1900(明治33)年の60%は例外として、全体の平均でも12.6%という合格率であり、難関な検定であったと言えよう。

表4-2　剣道科合格者数及び合格率

文検　回	年　度	科　目	出願者数	合格者数	合格率
30	1916(大正5)	撃剣	33	2	6.1%
31	1917(大正6)	撃剣	32	7	21.9%
32	1918(大正7)	撃剣	35	3	8.6%
33	1919(大正8)	撃剣	28	4	14.3%
34	1921(大正10)	撃剣	24	5	20.8%
35	1922(大正11)	撃剣	28	8	28.6%
38	1923(大正12)	撃剣	21	5	23.8%
40	1924(大正13)	撃剣	15	5	33.3%
42	1925(大正14)	撃剣	24	4	16.7%
44	1926(大正15)	撃剣	39	5	12.8%

46	1927(昭和2)	撃剣	44	5	11.4%
48	1928(昭和3)	撃剣	33	3	9.1%
50	1929(昭和4)	撃剣	36	3	8.3%
54	1931(昭和6)	撃剣	16	2	12.5%
58	1933(昭和8)	剣道	36	5	13.9%
62	1935(昭和10)	剣道	33	3	9.1%
66	1937(昭和12)	剣道	33	5	15.2%
70	1939(昭和14)	剣道	25	10	40.0%
72	1940(昭和15)	剣道	24	7	29.2%

『文部省年報』から作成

　剣道と柔道の免許状が独立したのは1916(大正5)年度の検定からである。それぞれの特徴を見てみると、出願者数、合格者数の少ない事が指摘できる。教員供給数不足の解消にまでは至らなかったと言えよう。

　剣道の合格率は全体の平均で16.3%である。柔道では16.7%であり、ほぼ同様の倍率である。

表4-3　柔道科合格者数及び合格率

文検回	年度	科目	出願者数	合格者数	合格率
30	1916(大正5)	柔術	16	1	6.3%
31	1917(大正6)	柔術	13	2	15.4%
32	1918(大正7)	柔術	7	2	28.6%
33	1919(大正8)	柔術	8	1	12.5%
34	1921(大正10)	柔術	20	2	10.0%
35	1922(大正11)	柔術	24	2	8.3%
38	1923(大正12)	柔術	18	1	5.6%
40	1924(大正13)	柔術	16	2	12.5%
42	1925(大正14)	柔術	11	3	27.3%
44	1926(大正15)	柔術	17	3	17.6%
46	1927(昭和2)	柔術	14	1	7.1%
48	1928(昭和3)	柔術	7	0	0.0%

文検 回	年度	科目	出願者数	合格者数	合格率
50	1929(昭和4)	柔術	8	1	12.5%
52	1930(昭和5)	柔術	10	2	20.0%
56	1932(昭和7)	柔術	11	3	27.3%
60	1934(昭和9)	柔道	12	4	33.3%
64	1936(昭和11)	柔道	12	6	50.0%
68	1938(昭和13)	柔道	4	1	25.0%
72	1940(昭和15)	柔道	18	4	22.2%

『文部省年報』から作成

女子だけの「文検体操科」の受験結果をまとめたものが表4-4である。教員検定制度が確定したと言われる1908（明治41）年以降では30人を超える出願者数が見られない。1933（昭和8）年以降は一桁の数である。掛水通子（1987）[2]は「検定を必要としない者、試験検定による者の減少に対して、無試験検定による者が飛躍的に増大した」と指摘した通りである。

合格者が0名の年が5回、1名の年も8回ある。合格倍率は全体の平均で11.4％である。

表4-4 女子合格者数及び合格率

文検 回	年度	科目	出願者数	合格者数	合格率
21	1907(明治40)	普通体操	48	3	6.3%
22	1908(明治41)	普通体操	61	3	4.9%
23	1909(明治42)	普通体操	28	3	10.7%
24	1910(明治43)	普通体操	24	5	20.8%
25	1911(明治44)	普通体操	21	3	14.3%
26	1912(明治45)	普通体操	22	5	22.7%
27	1913(大正2)	普通体操	25	1	4.0%
28	1914(大正3)	普通体操	29	3	10.3%
29	1915(大正4)	普通体操	25	6	24.0%
30	1916(大正5)	体操	24	0	0.0%
31	1917(大正6)	体操	19	2	10.5%
32	1918(大正7)	体操	27	3	11.1%

33	1919(大正8)	体操	11	3	27.3%
34	1920(大正9)	体操	15	2	13.3%
35	1921(大正10)	体操	21	4	19.0%
36	1922(大正11)	体操	26	2	7.7%
38	1923(大正12)	体操	18	0	0.0%
40	1924(大正13)	体操	10	1	10.0%
42	1925(大正14)	体操	11	1	9.1%
44	1926(大正15)	体操	14	3	21.4%
46	1927(昭和2)	体操	14	1	7.1%
48	1928(昭和3)	体操	15	3	20.0%
50	1929(昭和4)	体操	11	2	18.2%
52	1930(昭和5)	体操	23	2	8.7%
54	1931(昭和6)	体操	19	3	15.8%
56	1932(昭和7)	体操	12	0	0.0%
58	1933(昭和8)	体操	6	0	0.0%
60	1934(昭和9)	体操	3	0	0.0%
62	1935(昭和10)	体操	6	1	16.7%
64	1936(昭和11)	体操	6	0	0.0%
66	1937(昭和12)	体操	5	1	20.0%
68	1938(昭和13)	体操	3	1	33.3%
70	1939(昭和14)	体操	3	1	33.3%
72	1940(昭和15)	体操	9	2	22.2%

『文部省年報』から作成

第2節　「文検体操科」合格者の一般的特性

　『文検世界』に掲載された受験記を資料として、「文検体操科」受験者の属性と受験動機の一般的な傾向を見てみる。『文検世界』は国民教育会から1915（大正4）年に創刊された「文検」の受験専門誌である。『教育関係雑誌目次集成　第Ⅲ期・人間形成と教育編』第17巻に、『文検世界』第7巻第7号（1921（大正10）年7月）から第27巻第1号（1941（昭和16）年

2月）までの目次が掲載されている。体操科に関するタイトル記事は466編あった。分析対象となったのは国立国会図書館及び関西大学図書館で入手できた第12巻第1号（大正15年1月）から第27巻第1号（昭和16年2月）までの16年間、延べ300名分の受験記である。その中で検定委員の巻頭言やシリーズの受験講座、予備試験や本試験の模範解答とか、予想問題、準備対策及びページの欠落などを除いた受験体験記は224名分（延べ281名）である。受験科目の内訳は体操が138名、剣道が26名、柔道が12名、教練が50名であり、体操と教練の両方に合格している者が2名いた。受験記の掲載時期から、合格者は1925（大正14）年（第42回文検）から1940（昭和15）年（第72回文検）までと見られる。その間の検定合格者数は862名で、その内訳は体操626名、剣道が52名、柔道が28名、教練が158名である（2科目合格者が2名）。剣道と柔道では合格者数が少ない事もあって、約半数が受験記を公開している事になる。

（1）属性
① 出身地・性別・年齢

受験記を書いた224名中36名は出身県の記載がなかった。記載のあった188名中、10名を超えた県は兵庫県13名、茨城、埼玉の11名、東京の10名である。この結果は「文検体操科」合格者を多数出している県と重なる傾向にあった。

女子は関芳枝の1名だけで、残りの223名は男子であった。

表 4-5 合格時の年代

	20代前半	20代後半	30代前半	30代後半	40代	計
人数	24	44	24	6	2	100

年齢について生年月日まで記入しているものは皆無であり、現在の年齢を書いている者も多くはない。そのため師範を出て何年とか、受験を志して何年とか、転勤して何年とかというような表現からおおよその推測をして20代前半、後半、30代前半、後半、40代の5区分に分けて集計した。年齢を推定できる記述のあった者は224名中100名であった。その結果20代前半は24名、20代後半は44名、30代前半は24名、30代後半は6名、40代

が 2 名であった。つまり、20 代後半をピークに 20 代から 30 代前半までで 90％を超えていた。

　家族構成について記している者は、家族の不幸や、子育てに追われるなど受験勉強の時間を確保するのに苦労した話の中で話題として登場する程度で、統計を取るほどの数にはならなかった。

② 修学歴

　師範卒が 84 名、さらに専攻科を修了している者は（師範を卒業せず、小本正の資格での入学 1 名を含む）8 名であった。専門学校卒が 5 名、中学卒は 11 名、実業学校卒は 5 名、農業教員養成所や青年学校教員養成所の卒業生が 2 名、高小卒は 9 名であった。修学歴の判明した 116 名の中で師範学校卒は 7 割を超えていた。

表 4-6　修学歴

最終学歴	師範学校	師範学校専攻科	専門学校	中学校	実業学校	農業学校・青年学校教員養成所	高等小学校	計
人数	84	(8)	5	11	5	2	9	116

③ 職業

　職業が判明した者は 154 名である。その中で 122 名が小学校教員であった。小学校教員の占める割合は 8 割に近い。他には師範学校、中学、高女、実業学校等は 26 名、その他青年学校に勤務している者が 7 名である。

（2）受験動機・合格までの年数
① 受験動機

　受験の動機と見られる記載があったのは 224 名中 126 名であった。先行研究の菅原亮芳（2003）[3] は「文検」全体の受験者を対象に受験の動機を大きく①自己修養・自己研鑽、②資格取得・現状からの脱却、③恩師・友人等の影響、④その他、の 4 つに分け、またそれを時期区分に分けて整理している。それにならって分類してみたものが表 4-7 である。

表 4-7 受験の動機

項　　目	人	%
自己修養・自己研鑽	26	20.6
資格取得・現状からの脱却	56	44.4
恩師・友人等の影響	40	31.7
その他	4	3.2
計	126	

　「文検」合格者全体を対象としている菅原の集計と時期的に重なっているのは、第2期（1921-1932）から第3期（1933-1943）である。そこで見られた傾向は第2期から第3期にかけて資格取得・中等学校教職希望者が半数近くあったところから約3割に減少し、代わって自己修養・自己研鑽が半数近くまで増加しているというものであった。つまり、背景には全体的な傾向として無試験検定合格者の中等学校教員への進出も多くなり、中等教員への道が狭くなった事を意味していると推察している。しかしながら、具体的な記述を見る限り、「受験動機は上昇志向にウェイトがかけられ、地位の安定・経済的理由・立身出世の諸要素が大きいといわざるをえない。」[4]と述べている。

　それに対して、体操科受験者に限った本研究の集計結果では、受験の動機としては資格取得・現状からの脱却が 44.4％と最も多かった。体操科では無試験検定合格者の進出により中等学校の需要がないという窮屈な状況になっているとはいえず、そのため、上昇志向に根ざし地位の安定・経済的理由・立身出世等の動機から受験の道を歩み始めた者が多かったと言えよう。

② 合格までの年数
　合格するまでの期間はどれ位であったのか。受験勉強をスタートしてからという記録はあいまいで集計が困難であった。そのため、予備試験を初めて受験した後、本試験に合格するまでの年数でまとめた結果が以下の集計である。年数が推定できた人数は 153 名分である。

表 4-8　合格までの年数

受験年数	1	2	3	4	5	6	7	8	9〜	計
体操科全体	68	45	18	10	4	2	2	1	3	153
体操	21	37	17	10	4	2	2	1		94
剣道	12	4	1						3	20
柔道	5	2								7
教練	30	2	1		1					34

　全体としては1年目で合格している者が半数近くに達している。しかし、これは剣道、柔道、教練の結果を強く反映しているからである。剣道、柔道では1年目で合格が77%を占めている。また、第58回文検1933（昭和8）年から実施された教練は陸軍の軍人優遇の影響で、下士官経験者の小学校教員免許所持者は口述試験のみでよかったので、多くの受験者が1年で合格を決めている。それに対して、体操の場合は2年目での合格が最も多く、次いで、1年目、3年目と続き、3年目までで8割方合格している。予備試験合格後2回まで本試験を受験できる特典を十分に利用し、実技試験対策に集中した結果とも考えられる。

　試験準備の対策に関わる記事を見ても、予備試験を受ける決意をかためてから、準備して出願するまでに相当の期間を要している事を考えれば「文検」の合格までには数年間を要する取り組みであった事は明らかである。

（小括）

　本章では出願者数、合格者数、合格の倍率、合格者の一般的傾向を見た。その結果以下のような結果を得た。

　体操科男子の出願者数の推移を見ると1921（大正10）年と1928（昭和3）年と2つのピークが見られる。

　合格者数では、1921（大正10）年から1928（昭和3）年にかけてと、1935（昭和10）年以降との二つの山が見られる。これは1919（大正8）年から1927（昭和2）年にかけてと、1938（昭和13）年から1943（昭和18）年にかけて見られた全国の中等学校数の増加と一致している。つまり、文部省としては養成学校の拡大に向かわず、経費をかける事なく安易な手段で合

格者を増やし、学校増に対処したという事もできるであろう。

合格の倍率は全体の平均で12.6%という合格率であり、難関な検定と言えるであろう。

剣道、柔道では、出願者数、合格者数ともに少なかった事が指摘できる。教員供給数不足の解消には至らなかったと言えよう。剣道の合格率は全体の平均で16.3%、柔道では16.7%であり、ほぼ同様の倍率である。

女子について見てみると、教員検定制度が確定したと言われる1908（明治41）年以降では、30人を超える出願者数の年は見られない。1933（昭和8）年以降は一桁の数である。合格者が0名の年が5回、1名の年も8回ある。合格倍率は全体の平均で11.4%であった。

また、「文検体操科」合格者の一般的傾向は次の通りであった。

受験記を書いた224名中出身県の記載があった者は188名である。この中、10名を超えた県は兵庫県13名、茨城、埼玉の11名、東京の10名である。この結果は「文検体操科」合格者を多数出している県と重なるものであった。女子は1名だけで、残りの223名は男子である。

合格時の年齢を推定できる記述のあった者100名をさらに分類すると、20代前半が24名、20代後半は44名、30代前半は24名、30代後半は6名、40代が2名であった。つまり、20代後半をピークに20代から30代前半までで90%を超えていた。

修学歴は判明した116名中、師範卒が84名、さらに専攻科を修了している者は（師範を卒業せずに、小本正の資格での入学1名を含む）8名であった。専門学校卒が5名、中学卒は11名、実業学校卒は5名、農業教員養成所や青年学校教員養成所の卒業生が2名、高小卒は9名である。師範学校卒は7割を超えていた。

職業が判明した者は154名いた。その中で122名の者が小学校教員であった。小学校教員の占める割合は8割に近かった。

受験の動機は自己修養・自己研鑽という要素が20.6%、資格取得・現状からの脱却という理由が44.4%、恩師・友人等の影響が31.7%であった。つまり、上昇志向に根ざし、地位の安定・経済的理由・立身出世等の動機から受験の道を歩み始めたと言えるであろう。

合格までの年数を見ると、体操科では2年目での合格が最も多く、次いで、1年目、3年目と続いて、3年目までで8割方合格している。試験準備

の対策の記事を見ても、思い立ってから準備を始め実際に出願するまでの期間も含めれば「文検」の合格までには数年間を要する取り組みであったと言える。

第4章　註

[1] 寺崎昌男・「文検」研究会編（1997）『「文検」の研究：文部省教員検定試験と戦前教育学』学文社 p.43
[2] 掛水通子（1987）「昭和期旧制度における中等学校体操科（体錬科）教員免許状女子取得者について」『東京女子体育大学紀要22』pp.1-10
[3] 菅原亮芳（2003）「受験記にあらわれた文検受験者・合格者」寺崎昌男・「文検」研究会編『「文検」試験問題の研究：戦前中等教員に期待された専門・教職教養と学習』学文社 p.317
[4] 同上書：pp.325-326

第5章

「文検体操科」の受験対策

第5章 「文検体操科」の受験対策

第1節 検定合格の目安と受験準備

　「文検」の試験内容は、東京高師卒業程度、女子においては東京女高師卒業程度とされてはいたが、「文検体操科」での合格の目安はどうであったのか。また、検定委員はどんなレベルを求めていたのかをまとめてみよう。

　競技遊戯の実地試験において、記録の目安は、陸上では 100m12 秒位の走力、跳躍は、走り幅跳び 5m50 以上、走り高跳び 1m45 以上、三段跳び 11m以上、棒高跳び 2m50 以上。投擲では、砲丸投げ 10m以上、槍投げ（竹）40m以上、円盤投げ 25m以上を目標の標準記録としている合格体験談が多い。記録として残る種目はその記録が大きな要素とはなっているが、そこのところを検定委員の野口源三郎は円盤投げの実地試験をモデルにして次のように述べている。

> …20m 線、25m 線、30m 線と三つの円弧を描いて、その投擲力を見た。自分は此れを距離の方から見ると 25m位を標準としていた。尤もこれは体格の大小によっても差異を見るのが公平であるから、これは普通の体格の所有者を標準としたもので、立派な体格能力をもつものは、25m 投げても感心はしないのである。又一方体格小さく、非力のものが 25m 線に達すればそれは相当に感心してよい。何れにしてもこれは実際は距離即ち投擲力其のものよりは如何に全体の力を円盤に集中する技にマスターしているかを見るのが主眼点なのであったのだ。[1]

　以上のように単純に記録を出せばよいというのではなかった事が分かる。とはいえ次のように続けている。

> しかし、とはいってもノー・ターンでは問題にならないのである。でまた、いかに非力だといっても 20m 線にも達しないようなのは体育指導者として甚だ適当していないと言ってよい。[2]

　つまり中等学校の指導者としての場面を強く意識しているわけである。また一方で、同じく検定委員の二宮文右衛門は記録という数字の表れにくい技

術の評価については次のように述べている。

> 技術の評価は正確な形と確実性と精錬の程度とによってきまる。先づ要求せられた運動を正確に実行出来なくてはならぬ。しかもフロックであってはならぬ。少なくとも三回に二回位の確実さを持たなくてはならぬ。
>
> 然しそれだけでは充分でない。少なくとも、中等学校の指導者たる以上素人離れのした技術を持たなくてはならない。即ち精錬された技術を持たなくてはならない。更に注意すべきは、技術は一つの流れであって、そのうちで、何処から何処までが整っていれば良いというのではない。例えば跳躍に就いて云っても、助走、踏切、空間姿勢、着陸、の四つが連続した一つの運動として、一定のリズムを持ち、見て少しの無理がなく、気持ちの良いものでなくてはならない。空間の姿勢のみに重きをおいて助走、着陸の不完全、不恰好を意としないのは全く間違った考方である。正しい着陸は正しい空間姿勢を、正しい空間姿勢は正確な踏切を、正確な踏切りは正しい助走を前提として導き出されなくてはならない。[3]

すなわち技術には正確な事、確実にできる事と、洗練されている事が求められている。そのためのアドバイスとして次のようにも言う。

> 一度条件が少しでも変ってくると忽ちその正確さを失って来る。練習の効果はあらゆる条件内に於いて行う事によって増すものである。故に高低、遠近、遅速夫々条件をかえて練習するがよい。[4]

跳び箱を使った跳躍の試験は年度によって条件が変化している。跳び箱の高さ、縦置きか横置きか、踏切板を使用するかしないのか、使う場合には跳び箱からどのくらい離しているのかによって跳び方は変わってくる。ちょっとした条件の違いが受験者のテスト結果に大きく影響してくる。どのような条件で試験が実施されるか決まっていない中で受験者は準備をする事になる。また、フォームの矯正や体操の演技、表現の仕方については、次のように努力もしている。

> 勿論実技は時につれ、折にふれて、相当出来るようにするのである。高師の講習会にはこの決心がつくと同時に出席して指導を受けて、所謂、高師型の体操や、指

導の出来るように努力する。5

　このため、試験に要求される技術を見極めるためにも、東京高師で夏冬年2回開催されている体育講習会に出席して細かな点を練習するよう受験の先輩や受験雑誌は勧めるのである。

第2節　受験者の不安

　ここでは、体操科受験者の置かれている状況を理解するために、剣道や柔道の受験者と比較して検討しよう。
　1913（大正2）年1月制定の「学校体操教授要目」において、剣道と柔道は、4つの教材群（①体操、②教練、③遊戯、④撃剣及び柔術）の一つに位置付けられた。1916（大正5）年3月には、教員検定に関する規程も改正され、教員免許状は体操、撃剣、柔術の3種類となった。これに伴い「文検体操科」の試験は、同年から3種類に分かれて実施され、この年、剣道及び柔道はそれぞれ2名ずつの合格者を出した。
　剣道、柔道の試験内容を見ると、予備試験の筆記試験には、いずれも解剖生理を含み、それと剣道あるいは柔道に関する鍛練や修行などの武道独特の文化に関する語句の言い回しや、技の解説を内容とする設問とで2日間行われた。剣道の本試験は、帝国剣道形10本を「打太刀」、「仕太刀」と双方をそれぞれ行い、「地稽古」は相手を代えて2回実施し、それに口述試験があった。柔道の本試験は、「投の形」、「固の形」、「極の形」、「柔の形」をそれぞれ「受け」と「取り」で行い、「乱取り」は相手を代えて2回実施した。それに加えて口述試験があった。
　剣道、柔道ともに、いわゆる町道場や警察署での稽古が地方においても一般化しており、それぞれの演技の形についても、体操の実技ほどには迷う事はなかったであろう。本試験を受験するために上京した受験者は、剣道においては、東京高師の教官で、検定委員でもあった高野佐三郎の道場である修道学院に通ったり、試験場となる高等師範の道場に行ったりして直前の準備を整えた。6　また柔道においては、講道館に通ったりしたという。
　実力の目安について、柔道の検定委員の永岡秀一（1926）7は、講道館3段以上を必要とすると言い、また剣道の検定委員である高野佐三郎

（1926）[8]は、4段以上（高等師範）の力を持たねば、中等学校の生徒を指導する事はできないと述べている。

　以上のように、剣道、柔道ともに、目標は比較的明瞭であり、しかも地方においても練習環境は比較的整っていたと言えよう。

　一方、体操科ではどうか。1926（大正15）年度の受験者が、受験記において体操の実地について次のように述べている。[9]　本試験の第1日午前8時集合、人員点呼の後、体操の実地がある事を知らされる。教材は1、臂各方伸2回、2、臂立伏臥臂屈伸2回、3、平均台上徐歩途中屈膝挙股2回姿勢自由と発表があった。

> 　さて問題となっているのは、臂の各方伸であった。如何なる順序に行うべきかということであった。側上前下伸とすべきか、側前上下伸とすべきか、要目には臂側前上下伸等と示してある。この順に行はねばならぬと誰かが言う。否果たしてこの（　　）中はその順を示したものであるか？と誰かが又口を出す。その間にも三人々々と順次自分等の番に近づきつつある。如何なる順に行うべきか。この場合に於いては、非常に重大な問題の様に思われて仕方がなかった。そして遂体育科の方に尋ねて「私どもは其の順にしています。」というので、やっと其の気になった。[10]

　受験者の不安な状況をよく示している。このようにおおよその動きとかやり方は分かっていても、検定の場で、どの程度の表現を求められているのかが分からないと不安は付きまとう。受験者のほとんどはこのような状況であったであろう。

　「文検体操科」の実技対策として、官立で体操科の教員を養成していた東京高師の動向をつかんでおく必要性は、剣道や柔道と比較にならないほど格段に高いものであったと考えられる。

第3節　東京高師の体育講習会

　体育学会は、1921（大正10）年12月、体育の改善進歩を図る事を目的に、東京高師の体育関係教官を創立委員として結成された。主な事業は、毎月1回、雑誌『体育と競技』を発行し、体育に関する講習会並びに講演会

の開催を掲げた。『体育と競技』はその第 1 巻第 1 号を 1922 (大正 11) 年 3 月に発刊した。第 1 回の体育運動講習会は同年夏 7 月 22 日から 27 日までの 6 日間、東京高師で開催された。

それ以前にも「学校体操教授要目」作成の中心人物であった東京高師の永井道明らによって講習会は開催されている。要目の制定や改正に関わった関係者は東京高師の教官が多く、そこでの講習会は当然ながら全国に向かって発信する伝達講習の意味合いの強いものであった。

表 5-1 は『体育と競技』に掲載された開催要項をまとめたものである。名称はその都度変わっている。開催期日はほぼ一定している。特徴的な講習会を以下に詳しく見てみたい。

表 5-1　体育学会主催体育講習会

回	年度		月　日	名　称
1	1922	大正 11	7/22-27	體育科夏季講習会
2	1922	大正 11	12/25-29	第 2 回体育運動冬期講習会
3	1923	大正 12	8/2-6	體育夏期講習会
4	1923	大正 12	8/20-24	兵庫縣體育講習会（東京高師内體育学会主催）
5	1923	大正 12	12/	
6	1924	大正 13	7/25-29	體育学会主催第 6 回体育講習会
7	1924	大正 13	12/25-29	體育学会主催冬季體育講習会
8	1925	大正 14	7/25-29	體育学会夏季體育大講習会
9	1925	大正 14	12/25-29	體育学会體育特別講習会
10	1926	大正 15	7/25-31	新要目準拠夏期体育大講習会
11	1926	昭和元	12/25-29	體育学会冬季特別講習会
12	1927	昭和 2	7/25-30	最新クラス組織夏季體育大講習会
13	1927	昭和 2	12/25-29	最新クラス組織冬季體育大講習会
14	1928	昭和 3	7/25-29	クラス組織夏季體育大講習会
15	1928	昭和 3	12/25-29	冬季體育大講習会
16	1929	昭和 4	7/25-29	夏季體育大講習会
17	1929	昭和 4	12/25-29	冬季體育大講習会
18	1930	昭和 5	7/25-29	第 18 回夏季體育講習会

19	1930	昭和5	12/25-29	第19回冬季體育大講習会
20	1931	昭和6	7/25-29	第20回夏季體育大講習会
21	1931	昭和6	12/25-29	第21回冬季体育講習会

『体育と競技』から作成

註）第5回について詳細は不明である。

(1) 第1回体育講習会

　その開催要項は1922（大正11）年6月に発行された『体育と競技』第1巻第4号に掲載された。会員資格として中等学校小学校教師及び青年団指導者が対象でこの時は男子に限られていた。それによれば講習科目及び定員は体操及び遊戯100名、競技及び遊戯100名、柔道20名、剣道20名。会費は4円であった。この時の『体育と競技』はまだ1冊50銭であった。次の年から40銭に値下げとなった。

　講師及び担任科目は以下の通りであった。

　　性教育：講演者未定、

　　運動生理：吉田章信、

　　体育概論：大谷武一

　　体操及び遊戯：大谷武一、津崎亥九生、可児　徳、二宮文右衛門、廣井家太、
　　　　　　　　下津屋俊夫、廣瀬　清、齋藤薫雄、富永堅吾、

　　競技及び遊戯：野口源三郎、金栗四三、可児　徳、佐々木　等、

　　柔道：村上邦夫、櫻庭　武、長畑　功、

　　剣道：佐藤卯吉、森田文十郎

　富永堅吾は後に東京高師に異動するが、この時点での所属先はまだ府立一中である。森田文十郎は青山師範の教官で、それ以外の講師は東京高師の教官である。[11]

　その年9月に発行された『体育と競技』第7号に体育講習の概況レポートが「一記者」のペンネームで掲載されている。[12] それによれば参加者は総勢300有余名。未定だった「性教育について」の講演は下田次郎博士とある。講師の可児徳は急用で、野口源三郎は発熱で半ば出席できなかった。連日午前8時から午後3時まで6時間の講習である。8時から10時までの2時間は理論である。実地は体操遊戯、競技、柔道、剣道の四つの分

野に分かれ、体操遊戯と競技はさらに三組ずつに分けて、各主任と数名ずつの助手がつき、大谷武一がそのまとめ役となっていた。午前10時から午後3時迄の暑い時間帯が実地に当てられた時間配当であった。

　昼休みの1時間には少しの時間も惜しんで槍投げやバックの練習に走る者もいるようで、槍投げの模範によく頼まれていたのは、廣井、下津屋、村上の各講師や高野助手などであり、自主的な練習にも講師はよく付き合ってくれたようである。昼休みのみならず、3時の講習終了後にも特に熱心な者40名程は、さらに一時間追加練習していた。さすが特にやるだけあって技術も一段すぐれて見えたという内容の記事から、参加者の意欲の高さと講習会参加者に対する記者のまなざしが見て取れる。

（2）第2回体育講習会

　「第二回体育運動冬期講習会」は、開催要項（『体育と競技』第1巻第8号、1922年10月発行）によれば、1922（大正11）年12月25日から29日までの5日間であった。（第2回体育講習会の実技内容については資料編を参照。）講習科目及び定員は300余名を集めた第1回から、体操男100名、女50名、競技男120名、女30名、遊戯男100名、女50名に変更となった。夏にあった柔道と剣道は参加者が少なかったためか削除されている。会費は前回同様4円であった。また会員資格は男女教員及び青年処女指導者とし、男女を対象としている。[13]　翌年2月発行の『体育と競技』第2巻第2号に掲載された、「破荷生」のペンネームのレポートによれば女子の参加者は定員までは埋まらず50余名であった。[14]

　体操講習会の雰囲気はどのようなものであったろうか。参加者は次のように感想を伝えている。

　　理論を終えて一度運動場に足を染めるや、其処には12月の厳冬の寒さもなく、男女の性別もない。各が自々、其の求める処により、与えられるものにより、走り、跳び、集い、競い、そして躍って居る。我を忘れ、大地を忘れ、時を忘れ、暮るるを忘れて居る。実に此処のみは体育国とは思われて心地よしとも快し。[15]

　参加者は冬の屋外での実習でありながら、寒さも何もかも忘れ目標に集中し運動する事に快感を覚え満足しきっていると、主催者の一員と見られる記

者は感想を述べている。

(3) その後の体育講習会

　第3回体育講習会は、1923(大正12)年8月2日から6日までの5日間開催された。講習科目は、体育理論、体操、遊技、競技、新たにダンスを加えている。またほぼ同内容の講習会を8月20日から24日の5日間、兵庫県姫路師範学校を会場として開催している。

　第6回体育講習会は、1924(大正13)年7月25日から5日間開催している。「玄洋生」のペンネームの記事によれば、極めて盛況であり、体育学会つまり東京高師の体育教官らの意気込みを以下のように述べている。

　　其の首脳が、日本に於ける体育研究の最高機関たる東京高師の体育科教官であり、其の研究部員には、新進気鋭の同科卒業生及び文検合格者中の多くの俊秀を持ち、多士済々、若い新興の気運に満ち溢れて、(中略)　而も学会が常に執れる正々堂々たる行動と、斬進にして公正穏健なる理論は、流石に日本体育界の照明台であり、羅針盤たるの権威を恥かしめないものにして、当局識者の期待と一般の仰望を受くるに至っている事は此処に喋々する必要もない。[16]

　東京高師の体育は日本に於ける体育研究の最高機関であり、日本体育界を照らし出す灯りであり航海の羅針盤でもあり、その事を自覚し期待もされているというわけである。

　特記すべき点として、この第6回からは、特別指導と称して、全体講習の終了後、午後4時から5時までを、その日の教材について特に主要なもの、または、各自の不得手なものを練習する時間として設定している。

　　講師は全員総出で、質問に応じ指導し訂正する。この熱心な講習生の中には文検第一次試験合格者や、又今より始めんとする人もありて、其の練習の熱心は正課の講習以上と云ってもよい。[17]

　以上のように、当初、時間外の自主的な練習であったものが参加者の希望を取り入れて、講師も付いた特別の練習時間という形に変更となったようである。

第8回体育講習会は、1925（大正14）年7月25日から5日間、全国から500有余名、さらに30名近くの女子の参加を得て開かれた。参加者の小学校教員は、この時の印象を次のように述べている。

　　他の学科の講習では迚も見る事の出来ない緊張味と真剣さは講師及び会員の赤胴さながらの面に踊り、血と肉との高鳴りの中に高師（ママ）の照会（ママ）があり斯道の権威者をほとんど網羅し尽した歓びと輝きとは会員総ての真如なる魂の躍動であった。斯かる大家の面影に接する事それのみが既に霊感の泉である。完全なるフォーム、心身一致の境地にある師範…それ丈でも会員の力を陶冶し啓発する上に偉大なる衝動を恵まれた。偉丈夫な体躯、力と熱とに溢れた輝かしい強壮美…私は唯羨望と憧憬の中に体育のみが持つ感激と異常なる勇躍とに燃え上がった。[18]

　このように、体育界の権威者が勢ぞろいし、そのデモンストレーションに圧倒され羨望のまなざしで眺め感激に浸っている。このような感激を味わいながら、また一方で、次のようにも述べている。

　　一流の大家と親しく膝を交え手を取り交わして、日頃の疑問を質し御抱負を承る所に何一一つ（ママ）の隔たりもなく真の学究の友として胸襟を開いての親しみの籠った態度──体育家でなくてはあれ丈の平民振りと親密振りを何のこだわりもなく発露する事はできないであろう。これも今講習に与えられた快い印象の一つであった。[19]

　受講者は技能を身につけるだけにとどまらず、体育界の権威者と膝を突き合わせ親しくなれる機会を貴重な体験であったと受け止めている。さらにその講師が「文検体操科」の検定委員であればなおさらの事であったろう。
　このように、東京高師で開催された体育講習会は文部省の方針や体操科に関わる知識技能の伝達講習の意味合いがあったが、受験者にとっては検定委員でもある講師が総出で理論と実技の両面から指導しているかけがえのない予備講習会となっていた。講習中に暗示を受ける事もあるし、体育の新思潮を知り教材の研究並びに指導法の勉強になる事はもとより、実技に関しては理想的なフォームを目の当たりにし、自分の欠点も矯正してもらっている。受験者にとってはこれ以上ない大切な試練の場であった事が伺える。

第4節　日常の取り組みと体育講習会

　地方における「文検体操科」受験者は、どのように練習を進めていたのか。合格者の受験記を集めてみると、多くの受験者は勤務校において、仕事の後に一人黙々と運動したと述べている。砲丸、円盤を自前で購入するのみならず、自宅に鉄棒を設置する者もいる。合格者の誰もが共通して述べている事は、計画的に、継続的に実践するという事である。次に、仲間を作っての合同練習を挙げている。合格者である先輩の学校や、師範学校に定期的に出かけて練習するのである。第7章で詳述する押田勤は、毎週土日に、師範学校の寄宿舎に泊まり込んで練習に励んだと述懐している。[20]

　「文検体操科」合格者はまた、口をそろえて東京高師で開催される体育講習会への参加を勧めている。体育講習会は、受験者にとってどのような意義を有していたのであろうか。最大の理由は本試験の検定内容、会場、検定委員が体育講習会のそれらとほぼ同じである事があげられる。もちろん、体育講習会は教員対象の学校体育全般にわたる講習会であり、「文検体操科」受験のためのものではなく、検定対策として全領域をカバーしているわけではない。例えば教練は、1933（昭和8）年に学科目として独立するまでは、体操科の中に含まれており、「文検」においても、兵式体操の内容を試験に含んでいたが、体育講習会においては実施されなかった。教授法についても、どの程度実習できたか不明である。しかしながら、実施した講習内容は、実技試験の内容やポイントについてはほぼ網羅していたと言え、遊戯の内容として籠球、排球、蹴球などが取り入れられれば、これらの種目も取り込んでいる。講師を囲んでの茶話会も予定に組まれ、また1924（大正13）年の第6回体育講習会では、その年に開催されたオリンピック・パリ大会での選手のフォームの技術映像の上映もあり、当時の体育界の最先端の情報を得る事ができた。参加者の特に受験希望者は検定種目の練習をしながら、目指すフォームを確認し、さらに検定委員に直接指導を受ける事ができた。本番と同じ試験会場において、同じ施設設備を使い、いわば本試験のリハーサルを兼ねて経験できる貴重な場となっていた事に大きな意義があったと言える。国内はもとより樺太、朝鮮、台湾からの参加者もあり、一人孤独に受験勉強に取り組む受験者にとって、盛大な講習会は晴れやかな場であり、心の支えとなっていたと言えよう。

(小括)

「文検体操科」の試験のレベルは非常に高かった。競技遊戯の実地試験において、記録の目安は、陸上では 100m12 秒位の走力、跳躍は、走り幅跳び 5m50 以上、走り高跳び 1m45 以上、三段跳び 11m 以上、棒高跳び 2m50 以上。投擲では、砲丸投げ 10m 以上、槍投げ（竹）40m 以上、円盤投げ 25m 以上を目標と具体的な数字を挙げている。その上、単純に記録を出せばよいというのではなかった。中等学校の体操の指導者として示範場面を想定し、フォームや技術も要求している。記録の表れにくい技術面では正確な事、確実にできる事、洗練されている事が求められている。受験者は 1 種目でも失敗すれば不合格と思い、準備に取り組んでいる。

そのための実質的な予備講習会の役割を担ったのが東京高師で開催された「体育講習会」であった。そこでは、当時の体育界の最先端の情報を得る事ができた。受験希望者は検定種目の練習をしながら、目指すフォームを確認し、さらにそこでの講師は検定委員を兼ねている事が多く、彼らから直接指導を受ける事ができた。本番と同じ試験会場において、同じ施設設備を使い、いわば本試験のリハーサルを兼ねて経験できる貴重な場となっていた事に大きな意義があったと言える。

第 5 章　註

[1] 野口源三郎（1931）「体操科本試験所感（一）」『文検世界：17 巻 10 号』p.2
[2] 同上書：p.2
[3] 二宮友右衛門（1930）「体育の文検受験について」『文検世界：16 巻 4 号』p.12
[4] 同上書
[5] 『文検世界：22 巻 1 号 S11.1』p.138
[6] 『文検世界：13 巻 1 号 S2.1』pp.83-89、他多数
[7] 永岡秀一（1926）「文検柔道科試験に就いて」『文検世界：12 巻 6 号』pp.4-5
[8] 高野佐三郎（1926）「文検撃剣科試験に就て」『文検世界：12 巻 11 号』pp.2-3
[9] 『文検世界：13 巻 8 号 S3.8』p.78-86
[10] 同上書 p.83
[11] 『体育と競技：1 巻 4 号 1922.6』目黒書店（復刻版）
[12] 『体育と競技：1 巻 7 号 1922.9』pp.130-134、
[13] 『体育と競技：1 巻 8 号 1922.10』
[14] 『体育と競技：2 巻 2 号 1923.2』pp.109-114
[15] 同上書 p.110
[16] 『体育と競技：3 巻 8 号 1924.10』p.82

[17] 同上書 p.85
[18] 『体育と競技：4巻9号 1925.9』p.87
[19] 同上書 p.88
[20] 『文検世界：13巻5号 1927.5』pp.77-80

第 6 章
埼玉県における「文検体操科」合格者の概要

第6章　埼玉県における「文検体操科」合格者の概要

第1節　埼玉県の「文検体操科」合格者

　『教員免許台帳』に記載のある第15回「文検」1901（明治34）年度から戦後の第81回1948（昭和23）年度までの合格者延べ2,757名の中で、本籍が埼玉と記載されている者は延べ148名であった。さらに、埼玉師範の同窓会名簿と照合すると、『教員免許台帳』に本籍の記載の抜けている第36回1922（大正11）年度合格者、男子40名のうちの2名（青木顕壽、嶋田万吉）及び、第70回1939（昭和14）年の中畝（野口）義男（群馬）、第72回1940（昭和15）年度の山浦直心（長野）が同窓会名簿の氏名と一致し、埼玉師範出身者と推定された。野口義男は『教員免許台帳』をよく見ると、埼玉で合格した後に姓が中畝に変わり、本籍を埼玉から群馬に変更しているのが分かった。また、戦後の第80回1947（昭和22）年度、第81回1948（昭和23）年度に本籍地埼玉と記載のある合格者の連続した免許状発行番号の途中に入っていた青山フミ（新潟）、杉田和子（神奈川）、小松緑（東京）の女子3名は埼玉に在職し、男子の小松崎兵馬（茨城）、池田久（長野）、長谷川和男（茨城）の3名は埼玉師範出身と確認できたので追加した。以上の者が願書進達庁である埼玉県から予備試験を受験し合格した者と見られ、延べ158名という事になる。（158名の名簿については資料編を参照。）

（1）学科別及び性別からみた合格者

　「文検」第15回以降、実施された「体操科」免許の科目は計4種類である。体操、剣道、柔道の3科目になったのは1916（大正5）年第30回の「文検」からであり、体操、剣道、柔道、教練の4科目になったのは1933（昭和8）年第58回「文検」からである。

　埼玉県における合格者数はそれぞれ、剣道が12名（7.6％）、柔道は1名（0.6％）、教練は9名（5.7％）である。残りは体操で136名（86.1％）である。全国の平均でも剣道は4.7％、柔道2.6％、教練8.1％であり、体操は84.7％を占めている事からほぼ同じ傾向と見られる。合格者数を年度ごとに表したものが表6-1である。

　合格者は大正期前半の1913（大正2）年から1918（大正7）年までと

1920（大正 9）年と合格者のない年はあったが、それ以前の明治後期と、1920（大正 10）年以降は毎年数名ずつの合格者を出している。

1938（昭和 13）年第 68 回「文検」から合格者数が急増してくる。戦後の第 81 回の 46 名は無資格者にとって何か一斉に受験する必要が生じたものと見られ、例外的なものと考えられるが、それは別として、戦前に 10 名を超える年度が 1938（昭和 14）年、1943（昭和 18）年と 2 回あった。

剣道は 1919（大正 8）年第 33 回「文検」で埼玉県としては初めて合格者を出したが、その後も飛躍的な増加は見られず、1942（昭和 17）年第 76 回「文検」まで計 12 名の合格者に過ぎない。柔道は 1940（昭和 15）年「文検」第 72 回の山浦直心だけである。教練は 1933（昭和 8）年「文検」第 58 回以降 1943（昭和 18）年「文検」第 78 回までに計 9 名の合格者であった。剣道、柔道は全国でも受験者は伸びなかったためか、1930（昭和 5）年から 1939（昭和 14）年までの検定は交互に 1 年おきに実施されている。

表 6-1　埼玉県における「文検体操科」合格者数

年度	文検　回	体操	剣道	柔道	教練	計
1907（明治 40）	21	1				1
1908（明治 41）	22	1				1
1909（明治 42）	23	1				1
1910（明治 43）	24	2				2
1911（明治 44）	25	1				1
1912（明治 45）	26	1				1
1913（大正 2）	27					0
1914（大正 3）	28					0
1915（大正 4）	29					0
1916（大正 5）	30					0
1917（大正 6）	31					0
1918（大正 7）	32					0
1919（大正 8）	33	1	1			2
1920（大正 9）	34					0
1921（大正 10）	35		1			1

年						
1922（大正11）	36	2				2
1923（大正12）	38	1	2			3
1924（大正13）	40	2	1			3
1925（大正14）	42		1			1
1926（大正15）	44	4	1			5
1927（昭和2）	46		1			1
1928（昭和3）	48	2				2
1929（昭和4）	50					0
1930（昭和5）	52	2				2
1931（昭和6）	54		1			1
1932（昭和7）	56	2				2
1933（昭和8）	58				2	2
1934（昭和9）	60	3			1	4
1935（昭和10）	62	5			1	6
1936（昭和11）	64				2	2
1937（昭和12）	66	2	1			3
1938（昭和13）	68	6			1	7
1939（昭和14）	70	10				10
1940（昭和15）	72	7	1	1		9
1941（昭和16）	74	4			1	5
1942（昭和17）	76	5	1			6
1943（昭和18）	78	12			1	13
中断						
1947（昭和22）	80	13				13
1948（昭和23）	81	46				46
計		136	12	1	9	158

『教員免許台帳』から作成

　女子の合格者について、『教員免許台帳』には男女の性別の記載はない、姓名から判断し、その数は10名と見られる。1939（昭和14）年第70回の渡邊江津、1941（昭和16）年第74回の野村なつ子、1943（昭和18）年第78回の中島きん、戦後の第80回青山フミ、鯨井澄、杉田和子、第81回の

石井嘉江、黒田邑子、小松緑、田島タカである。埼玉県においては、戦前の合格者は少なく、戦後実施された2回で複数の合格者を出している。

（2）「文検体操科」合格者の出身学校

「文検体操科」合格者の出身学校はどうすれば把握できるのであろうか。試験検定の受験資格は中学校、高女の卒業生、専門学校入学者検定合格者の他、小学校教員免許所持者となっている。女子の「文検体操科」合格者は数少ないので、男子に限って検討してみる。文部省体育研究所の1937（昭和12）年の調査報告 [1] では、全国の「文検体操科」合格者の出願資格の分類で見ると、小学校教員免許状所持者が約8割を占めている。「文検体操科」を受験しようとする小学校教員免許状所持者は、当然、現職の小学校教員と予想される。そうすると、埼玉県においては埼玉師範の出身者が多いと予想され、同時に、「文検体操科」合格者の出身学校として多数を占めるのも埼玉師範出身者と考えられる。そこで実際はどうであったのか埼玉県関係の合格者を埼玉師範同窓会名簿と照合してみた。その結果、埼玉県関係の「文検体操科」合格者158名中104名（65.8％）が埼玉師範出身者である事が明らかになった。女子を除けば140名中7割を超える数字であった。

表6-2 埼玉師範出身の文検体操科合格者

No	文検 回	学科	氏名	卒業年月	No	文検 回	学科	氏名	卒業年月
1	25	体操	島村 隆吉	M39	13	44	体操	白石 武司	T13
2	33	体操	新井 誠治	T4.3 本一	14	44	体操	出牛 福蔵	T5.3 甲
3	35	撃剣	利根川 孫一	T5.3 本一	15	44	撃剣	酒井 八重朔	T8.3 本一
4	36	体操	青木 顕壽	T2.3 本二	16	46	撃剣	金杉 松次	T3.3 本二
5	36	体操	嶋田 万吉	T7.3 本一	17	48	体操	岩田 巳代治	T15.3 本一
6	38	体操	石川 正一	T4.3 本一	18	48	体操	古川 美亀雄	T14.3 本一
7	38	撃剣	原口 多一	T5.3 本二	19	52	体操	青木 勝	T9.9 本二
8	38	撃剣	茂木 豊次郎	T7.3 本一	20	52	体操	竹本 禮三	T13.3 本一
9	40	体操	今井 忠太郎	T6.3 本一	21	54	撃剣	藤﨑 榮春	T13.3 本二
10	42	撃剣	森田 與喜	T5.3 本一	22	56	体操	島崎 平二	T15.3 本一
11	44	体操	押田 勤	T13.3 本一	23	56	体操	田中 博	S3.3 本一
12	44	体操	岡村 正一	T9.3 本一	24	58	教練	吉野 勝文	S3.3 本二

No	文検 回	学科	氏名	卒業年月	No	文検 回	学科	氏名	卒業年月
25	60	体操	加藤　貞治	S3.3本一	55	72	柔道	山浦　直心	S6.3本一
26	60	体操	寺﨑　長太郎	S2.3本一	56	74	体操	鈴木　良三	S13.3本一
27	60	体操	横塚　林次	S4.3本一	57	74	体操	長島　敏男	S8.3本一
28	62	体操	浅海　公平	S8.3本一専	58	76	体操	富田　林治	S3.3本一
29	62	体操	狩野　喜好	S9.3本一	59	76	剣道	大川　晃次	S8.3本一
30	62	体操	齋藤　一郎	S5.3本一専	60	78	体操	淺香　久	S14.3本一
31	62	体操	澁谷　宏三	T13.3本二	61	78	体操	石川　又一	S4.3本一
32	62	体操	吉川　正雄	S4.3本一	62	78	体操	北郷　佐吉	S6.3本一
33	66	体操	岩﨑　敏夫	S8.3本一	63	78	体操	島田　秋一	S8.3本一
34	66	体操	坂西　恒吉	S4.3本一	64	78	体操	関根　幸夫	S14.3本二
35	66	剣道	櫻井　榮	S2.3本一	65	78	体操	中村　正行	S14.3本一
36	68	体操	加藤　隆次	S11.3本一専	66	80	体操	井上　一	S19.9本科
37	68	体操	関口　昌助	S9.3本二	67	80	体操	伊藤　明	S20.9本科
38	68	体操	中村　由蔵	S4.3本一	68	80	体操	岡田　操	S15.3本一
39	68	体操	犬竹　正雄	S7.3本一専	69	80	体操	小松崎　兵馬	S13.3本二
40	68	体操	井田　萬三郎	S11.3本一	70	80	体操	小林　徳之助	S20.9本科
41	70	体操	網野　三一	S10.3本二専	71	80	体操	鈴木　廣伺	S13.3本一
42	70	体操	安藤　松壽	S8.3本一	72	80	体操	長谷川　隆三	S15.3本一
43	70	体操	石川　正男	S6.3本一専	73	80	体操	邊見　健八郎	S16.3本二
44	70	体操	金子　堅太郎	S9.3本二	74	80	体操	矢内　正義	S11.3本一
45	70	体操	須﨑　泰次	S11.3本一専	75	80	体操	山口　利通	S12.3本二専
46	70	体操	中畝　義男	S11.3本一	76	81	体操	青木　勝也	S19.9本科
47	70	体操	峯　友直	S11.3本一専	77	81	体操	秋葉　晟	S11.3本二
48	72	体操	内田　喜作	S4.3本二	78	81	体操	池田　久	S13.3本一
49	72	体操	加藤　一	S3.3本一	79	81	体操	石井　富次	S8.3本一専
50	72	体操	黒田　清次	S11.3本一	80	81	体操	猪野　勇	S15.3本一
51	72	体操	須田　浩三	S11.3本一	81	81	体操	今井　清市	S18.9本科
52	72	体操	長谷川正之助	S8.3本一	82	81	体操	大江源左衛門	S23.3本科
53	72	体操	渡邊　正	S10.3本一	83	81	体操	大海渡清三郎	S8.3本一
54	72	剣道	横溝　貞三	S5.3本一専	84	81	体操	小鹿野　隆次	S16.3本一

No	文検回	学科	氏名	卒業年月	No	文検回	学科	氏名	卒業年月
85	81	体操	小高 敬弘	S9.3本一	95	81	体操	長谷川 和男	S22.3本科
86	81	体操	加島 一郎	S20.9本科	96	81	体操	原田 豊助	S7.3本一
87	81	体操	木下 義助	S22.3本科	97	81	体操	細井 多	S19.9本科
88	81	体操	倉本 辰次	S12.3本二	98	81	体操	三ツ木 實	S12.3本二
89	81	体操	小山 賢司	S23.3本科	99	81	体操	宮原 善三郎	S17.3本二
90	81	体操	齋藤 秀雄	S18.9本科	100	81	体操	村田 眞平	S11.3本一
91	81	体操	塩田 禎男	S13.3本一	101	81	体操	持田 千代吉	S11.3本一
92	81	体操	進藤 俊雄	S10.3本一	102	81	体操	矢島 春信	S9.3本二専
93	81	体操	戸野倉 久男	S18.9本科	103	81	体操	吉田 倉治	S17.3本二
94	81	体操	野中 宏	S23.3本科	104	81	体操	吉田 利雄	S13.3本二

『教員免許台帳』及び『埼玉師範同窓会名簿』から作成
註）M、T、Sはそれぞれ明治、大正、昭和の略、本一は本科一部、本二は本科二部、専は専攻科修了を、甲は講習科修了を表す。

　埼玉師範出身の合格者104名中、92名が体操の合格であり、剣道は10名、柔道1名、教練が1名である。柔道では県内唯一の合格者が埼玉師範出身者であったし、剣道では埼玉県合格者全12名の中、10名が埼玉師範出身者であったから、そのほとんどを占めていたと言えよう。逆に教練では9名中、埼玉師範出身者は1名に過ぎず、それ以外の出身者で占められていた。体操合格者男子では126名中92名を埼玉師範が占めている。
　埼玉師範の卒業年度順に合格者数を並べ直したものが、表6-3である。各年度2、3名程度が多く、5名を超える年は7回あり、その最も多くの合格者を出している年度は1935（昭和10）年度卒業生の11名である。11名の中3名が専攻科まで進んでいる。次章で検討する浅海公平は文検受験の為、専攻科に進学している事から、在学中から文検受験の希望を持っていたのではないかと考えられる。実際、1935（昭和10）年度卒業生の中で専攻科を修了している3名の中の加藤隆次は1938（昭和13）年度に合格、翌1939（昭和14）年度には須﨑泰次と峯友直が合格している。須﨑泰次は1939（昭和14）年すなわち、「文検体操科」合格の年度は戸田尋常高小休訓と『埼玉県学事関係職員録』に記してある事から、専攻科在学中と考えられる。

表 6-3　埼玉師範卒業年度別合格者数

卒業年度	人数	卒業年度	人数
1905（明治 38）	1	1930（昭和 5）	3
1912（明治 45）	1	1931（昭和 6）	2
1913（大正 2）	1	1932（昭和 7）	9
1914（大正 3）	2	1933（昭和 8）	5
1915（大正 4）	4	1934（昭和 9）	3
1916（大正 5）	1	1935（昭和 10）	11
1917（大正 6）	2	1936（昭和 11）	3
1918（大正 7）	1	1937（昭和 12）	6
1919（大正 8）	2	1938（昭和 13）	3
1920（大正 9）	0	1939（昭和 14）	3
1921（大正 10）	0	1940（昭和 15）	2
1922（大正 11）	0	1941（昭和 16）	2
1923（大正 12）	5	1942（昭和 17）	
1924（大正 13）	1	1943（昭和 18）	3
1925（大正 14）	2	1944（昭和 19）	3
1926（大正 15）	2	1945（昭和 20）	3
1927（昭和 2）	5	1946（昭和 21）	2
1928（昭和 3）	6	1947（昭和 22）	3
1929（昭和 4）	2	計	104

『教員免許台帳』及び『埼玉師範同窓会名簿』から作成

註）1942（昭和 17）年 3 月の後、1943（昭和 18）年 9 月に卒業生を出しており、1942（昭和 17）年度の卒業生はいない。

　他の 8 名についても 1938（昭和 13）年度に 1 名、1939（昭和 14）年度に 1 名、1940（昭和 15）年度に 2 名、戦後の 1947（昭和 22）年度に 1 名、1948（昭和 23）年度に 3 名が合格している。結局、埼玉師範を 1935（昭和 10）年度卒業生の「文検体操科」合格者 11 名のうち、1940（昭和 15）年度までの 4 年間で 7 名の合格者を出している。この時期に埼玉師範の体操科担当教員として勤務し、「文検体操科」受験対策に中心的役割を果たしていたとされるのが押田勤であり、彼については次章で検討する。

第2節　合格時の勤務校

　次に、「文検体操科」合格者は合格時にどこに勤務していたのかについて見てみたい。小学校、中等学校の双方の職員が掲載されている職員録は『埼玉県学事関係職員録』だけである。調査可能な年度は明治43、大正2、4、10、14、15、昭和3～17年度版だけで、他は欠落している。そのため小学校の教員については年度がとびとびになるが、中等学校については『埼玉県職員録』で補う事ができた。また、合格年度の少なくとも翌年の動向についても追跡が必要であるため、分析対象を1912（明治45、大正元）年度から1941（昭和16）年度までの合格者74名に限定した。他県で合格し、埼玉県の中等学校の体操科教員となった者は海老原房吉（茨城）、原八朗（兵庫）の2名がともに1924（大正13）年、「文検体操科」に合格しているが、合格時の実態を特定できないため対象から外した。

　「文検体操科」に合格した年度とその後の状況等をまとめたものが表6-4である。勤務する学校と勤務の形態によって次の3つに分けられる。第1は合格年度に小学校の名簿に名前があり、中等学校の名簿にはない者。もっぱら小学校だけに勤務が限られる者である。第2は小学校の名簿にはなく、中等学校の名簿にだけ名前が見出せた者。すなわち合格年度には中等学校に所属し、小学校とは兼務していない者。第3は小学校と中等学校と双方の名簿に名前が見いだされた者。小学校と中等学校との勤務割合は無視し、双方を多少とも兼務している者である。

　なお、氏名に付けた番号は表6-4のNoである。

（1）合格時に小学校にのみ勤務している者
　合格の年に、中等学校の名簿には見られずに小学校訓導と確認できた者は43名で、以下の通りである。

4 利根川孫一、7 石川正一、13 森田與喜、14 押田勤、16 白石武司、
17 出牛福蔵、18 酒井八重朔、19 金杉松次、20 岩田己代治、21 古川美亀雄、
22 青木勝、23 竹本禮三、24 藤崎榮春、30 寺崎長太郎、31 横塚林次、
32 岩田章、33 浅海公平、35 齋藤一郎、39 髙田卓彌、41 岩崎敏夫、
42 坂西恒吉、44 加藤隆次、45 関口昌助、46 中村由蔵、48 井田萬三郎、
49 岡野文吉、54 安藤松壽、55 石川正男、56 金子堅太郎、57 須崎泰次、

58中畝義男、59峯友直、　60渡邊江津、　63加藤一、　64黒田清次、65須田浩三、66長谷川正之助、67渡邊正、　68横溝貞三、　69山浦直心、70金室博、　71鈴木良三、　72長島敏男。

表6-4 合格時及びその後の状況

NO	氏名	合格年度	合格時勤務先、職名、俸給	合格後勤務先、職名、俸給
1	秋山　英一	T.1		T4忍実科高女教諭26、T10所澤小訓導67
2	新井　誠治	T.8	T4埼玉尋高小訓導8下(合格時は不明)	T9埼師教諭兼訓導83、T14本師、S12大砂土小校長
3	今井　慎五郎	T.8	T9.4.21熊谷中勤務	T11熊谷中8級93
4	利根川　孫一	T.10	T10川越小訓導7下	
5	青木　顕壽	T.11	T11久喜高女8級、T4別府尋小訓導8下	T12久喜高女教諭7級、S4熊谷高女S13松山中
6	嶋田　万吉	T.11	T10柏原小訓導57	T13松山中嘱託教師95、T14松山中教諭5級
7	石川　正一	T.12	T12埼師訓導87	T13埼師教諭兼舎監107+5、S6越谷女S7視学
8	原口　多一	T.12	T12川越中教諭兼舎監87	T14川越中教諭兼舎監5級102
9	茂木　豊次郎	T.12	T10本庄尋高小訓導	T15～S3本庄中武道教師26、尋高小訓導77
10	今井　忠太郎	T.13	T10杉戸農業嘱託5 (T11の2年間)、杉戸小訓導7級上	
11	原田　隣造	T.13	T10入間郡霞ヶ岡尋高小訓導9級下	T14から粕壁中教諭(原田清造)
12	関山　久行	T.13	T10篠津小訓導50	
13	森田　奥喜	T.14	T14松山第一尋高小訓導65、松山公民学校助教年24	T15松山実科高女教諭8級
14	押田　勤	T.15	T15鳩ケ谷小	S3埼師嘱託60、鳩ケ谷小休訓6、S4本師教諭
15	岡村　正一	T.15	T15久喜高女嘱託85、久喜尋高小専訓5	S2久喜高女嘱託95、小学校なし
16	白石　武司	T.15	T15平方尋高小訓導	S3埼師嘱託60、休訓0
17	出牛　福蔵	T.15	T15本庄尋高小訓導69	S2浦和中教諭2級
18	酒井　八重朔	T.15	T15中山尋高小訓導65	S2南吉見尋高小訓導、南吉見青年訓練所教員12、S12伊奈小訓導
19	金杉　松次	S.2	S2大宮西尋小訓導	S2-5大宮西尋小訓導88、S9浦和原嘱託年80、S11.15、S12まで
20	岩田　巳代治	S.3	S3市田尋高小訓導 (T15市田小48)	S4休訓52、(S4.5高師研究科)、S10-13秩父高女
21	古川(天野)美亀雄	S.3	S3児玉尋高小訓導 (T15児玉小51)	S4休訓59、S5鴻巣実科高女嘱託60
22	青木　勝	S.5	S5加須尋高小訓導69	S6川越高女9級-S11、S12久喜高女、S15-16不動岡
23	竹本　禮三	S.5	S5竹澤尋高小訓導57	S6竹澤高小訓導57、S9-13大同小(比企郡)、S14-16秩父高女
24	藤崎　榮春	S.6	S4北吉見尋高小訓導84、北吉見公民学校助教、年41、北吉見青年訓練所教師、年83	s9松山中嘱託14、北吉見尋高小訓導
25	島崎　平二	S.7		
26	田中　博	S.7		S15.16熊谷高女教諭
27	名野　沖一	S.8	S8熊谷商書記兼教練58	S9熊商教諭兼書記58、～15熊商教諭
28	吉野　勝文	S.8	S5-7熊谷男子小、8.9.10?	S11熊谷中教諭8級、S12深谷商配属将校
29	加藤　貞治	S.9		
30	寺崎　長太郎	S.9	S9幸松尋高小訓導54、幸松公民学校助教、年24	S10幸松尋高小、幸松公民学校、S13不動岡中嘱託助教、S14嘱託67
31	横塚　林次	S.9	S9秦尋高小訓導12級、秦公民学校助教	S10、12大宮高嘱託60、大宮西尋小専訓、S13.14嘱託女教諭
32	岩田　章	S.9	S9寄居尋高小訓導57	S10寄居尋高小57、寄居公民学校助教年60、S11用土小
33	浅海　公平	S.10	S10第一飯能尋高小訓導	S11児玉高女嘱託・児玉小訓導
34	狩野　喜好	S.10		S11埼師訓導48
35	齋藤　一郎	S.10	S10大宮南尋小訓導51	S11異動
36	澁谷　宏三	S.10		
37	吉川　正雄	S.10		
38	栗原　文之進	S.10	S10中部実業教諭70	S11中部実業教諭70

No.	氏名		年		
39	高田	卓爾	S.11	S11大里郡御正尋高小専訓43、	S12御正尋高小専訓43、青年学校指導年67、S14-16不詳
40	田中	幸作	S.11	S11東武実業教諭72	s12東武実業教諭
41	岩崎(大塚)	敏夫	S.12	S12与野尋高小訓導48	S13異動
42	坂西	恒吉	S.12	S12坂戸尋高小訓導	S13浦和商教諭9級
43	櫻井	榮	S.12	S12本庄中武道教師7、本庄尋常高小訓導59	S13本庄中嘱託7、本庄尋高小訓導61、-S14
44	加藤	隆次	S.13	S13小手指尋高小訓導52	S14小手指尋高小訓導
45	関口	昌助	S.13	S13東児玉尋高小訓導12級	S14東児玉尋高小訓導52
46	中村	由蔵	S.13	S13松山第一尋小訓導54	S14.15小川高女教諭8級
47	犬竹	正雄	S.13		S15粕壁中教諭8級
48	井田	萬三郎	S.13	S13六辻第二尋高小訓導48、女師兼務訓導	S13六辻第二尋高小訓導53、女師兼務訓導、S13女師副嘱託訓諭7級
49	岡野	文吉	S.13	S13入間部高麗尋高小訓導56	S14熊谷高女教諭、S15.16久喜高女教諭8級、杉農嘱託
50	小暮	豊男	S.13		S16不動岡中教諭65
51	青木	一三	S.14		
52	内田	恭作	S.14		
53	網野	三一	S.14	S14加須尋高小訓導57、加須実科高女嘱託	S15加須尋高小訓導60、加須実科高女嘱託5
54	安藤	松壽	S.14	S14伊草尋高小訓導54	S15伊草尋高小訓導57、S16異動
55	石川	正男	S.14	S14比企郡野本尋高小訓導57	S15所沢商教諭80
56	金子	堅太郎	S.14	S14大宮北尋小訓導52	S15大宮北尋小訓導57
57	須崎	泰次	S.14	S14戸田尋高小休訓	S15不詳、S16浦和商教諭8級
58	中森(野口)	義男	S.14	S12日進高小訓導、校長は金山誠人	S15.16越谷高女教諭8級
59	峯	友直	S.14	S14与野尋高小訓導57	S15与野尋高小訓導60
60	渡邊	江津	S.14	S14松山第一尋高小専訓40	
61	内田	喜作	S.15		
62	茂木	義男	S.15		
63	加藤	一	S.15	S15与野尋高小訓導64	S16粕壁中教諭80
64	黒田	清次	S.15	S15小手指尋高小訓導60	S16小手指国民学校訓導61
65	須田	浩三	S.15	S15入間部吾妻尋高小訓導11級	S16吾妻国民学校訓導59
66	長谷川	正之助	S.15	S15川口第一尋高小訓導58、川口第一青年学校助教、年60	S16川口第一国民学校訓導60
67	渡邊	正	S.15	S15柳瀬尋高小訓導60	S16志木国民学校訓導63
68	横溝	貞三	S.15	S15大宮高小訓導62、大宮青年学校助教年60	S16不明
69	山浦	直心	S.15	S15与野尋高小訓導59、S10-14与野商嘱託	S16熊谷中教諭8級+柔5
70	金室	博	S.16	S16川口第五国民学校訓導56	S17川口第五国民学校訓導57
71	鈴木	良三	S.16	S16大宮南国民学校訓導60	S17大宮南国民学校訓導60
72	長島	敏男	S.16	S16桶川国民学校訓導63	S17川口高女教諭8級
73	長谷部(野村)	なつ子	S.16	S16浦一女嘱託55、S12大宮尋高小訓導14級	S17鴻巣国民学校訓導10級
74	吉澤	喜一	S.16	S16熊谷商嘱託(教練)70	S17熊谷商教諭8級

『教員免許台帳』及び『埼玉県学事関係職員録』他と照合し作成

註) 空欄は不明である。数字は俸給の月額を表し、級は俸給表の級である。

さらに、合格年度の勤務校は確認できないが、合格前から中等学校に籍を置いている可能性は低く、引き続き小学校勤務と見られる者が4名いる。2 新井誠治、6 嶋田万吉、9 茂木豊次郎、11 原田隣造である。

2 新井誠治は1919（大正8）年の合格であり、1915（大正4）年に小学校訓導であった事が確認できた。合格の翌年、1920（大正9）年には埼玉師範の教諭兼訓導に着任した。中等学校勤務は合格後である。

6 嶋田万吉は合格する前年は入間郡柏原尋常高小訓導であった。合格の翌々年松山中の嘱託として1年をすごし、合格から3年目の春に同校の教諭となった。

9 茂木豊次郎は合格した翌々年の1926（大正15）年から1928（昭和3）年までの3年間、本庄中の武道教師を兼務した。しかし、茂木はその前後を通して本庄尋常高小訓導を継続している。

11 原田隣造は合格の2年前、入間郡霞ヶ岡尋常高小の訓導であった。合格翌年の1925（大正14）年から粕壁中教諭となっている。

以上の結果、合格時に中等学校との兼務はしていないと考えられる小学校教員は74名中47名（63.5％）であった。

（2）合格時に中等学校にのみ勤務している者

嘱託、或いは教諭を問わず中等学校に在職し、小学校との兼務が見られない者は以下の7名である。

5 青木顕壽、8 原口多一、27 名野沖一、38 栗原文之進、40 田中幸作、73 野村なつ子、74 吉澤喜一。

5 青木顕壽と8 原口多一は「文検体操科」の体操あるいは撃剣にそれぞれ合格した年にすでに前者は久喜高女教諭、後者は川越中教諭兼舎監である。免許状を持たない無資格の教員が教諭となるのは考えにくい事や、後年の名簿では体操の他に博物や生物を担当している事から、「文検体操科」合格以前に他の学科目の有資格者であった可能性が高い。[2]

38 栗原文之進と40 田中幸作はともに教練に合格した年には組合立の中部実業、東武実業学校のそれぞれ教諭であった。実業学校の教諭の特色として複数の学科目を担当しており、すでに他の学科目の有資格者であった可能性は否定できない。

73 野村なつ子は合格した 1941（昭和 16）年に浦和第一高女の嘱託として月額 55 円の給料を得ている。付近の小学校にも見当たらず、給料額は訓導に匹敵する程度である事から兼務はなかったと考えられる。

27 名野沖一と 74 吉澤喜一はそれぞれ 1933（昭和 8）年、1941（昭和 16）年の合格の年に熊谷商業学校で書記兼務あるいは嘱託として教練を担当している。二人とも合格後の翌春、教諭となっている。

つまり、この 7 名の中でも、合格時には教諭であった者（青木、原口、栗原、田中）と、まだ教諭になっていない者（野村、名野、吉澤）とに分ける事ができる。体操科合格の年にすでに教諭であった者は、他教科の免許状をすでに持ち、重ねて体操科の免許を取得した可能性が考えられる。

（3）合格時に小学校と中等学校を兼務している者

合格の年度に、小学校訓導でありながら中等学校で嘱託として勤務している者は、15 岡村正一、43 櫻井栄、53 網野三一の 3 名がいる。

15 岡村正一は久喜尋常高小の専訓であり、久喜高女の嘱託でもあった。給料はそれぞれ月額 5 円と 85 円であったので高女を中心に勤務していたものと考えられる。合格の翌年は同じ嘱託ながら給料は 95 円と上り、小学校勤務は見られない。その後、同高女の教諭となっている。

43 櫻井榮は本庄尋常高小訓導で、同時に本庄中の武道教師であった。訓導で月額 59 円、武道教師として月額 7 円の給料である。櫻井の場合は小学校訓導が主で、中等学校の武道教師は担当する時間も少なかったのであろう。

53 網野三一は加須尋常高小の訓導であり、同時に加須実科高女の嘱託を務めていた。合格の翌年も訓導で月額 60 円、実科高女嘱託で同 5 円の給料を得ていた。この給料から見ても小学校訓導が本業と見てよいであろう。

（4）その他

上記（1）～（3）に入らない者は 17 名である。合格年度の資料が不足していて確定はできないがその前後から推定し、さらに分類してみる。

合格年度での確認はできなかったが、合格する以前には訓導だった事が確認でき、小学校と同時期の中等学校には見当たらなかった者が 4 名いる。

3 今井慎五郎、10 今井忠太郎、12 関山久行、28 吉野勝文である。

3 今井慎五郎は合格の年は所属不明であるが、翌年には熊谷中勤務を始めている。熊谷中出身であり、「文検体操科」受験は小学校教員免許状所持者

ではなく、中学校卒業としての受験資格で出願と見られるので、小学校勤務はなかったと考えられる。(次章、中学校体操科担当教員の有資格者を参照)

10 今井忠太郎は合格する前の 2 年間、新設となった杉戸農業の嘱託をしている。1921(大正 10)年については杉戸尋常高小訓導だった事が確認できた。県内の小学校、中等学校のどこに所属していたか確定できていない。

12 関山久行は合格の 3 年前に南埼玉郡篠津尋常高小訓導であった。その後 1929(昭和 4)年には鳥取師範学校で習字と剣道を担当しているのが確認できた。

28 吉野勝文は教練合格の前年まで熊谷男子小の訓導であったが、合格の年を含めて 3 年間、小学校および中等学校の名簿には見つける事ができなかった。教練の教員でもあり、陸軍に配属の可能性もある。合格から 3 年後、熊谷中教諭となって現れる。

以上の 4 名については合格時の所属先は不明である。

その他に合格時、あるいはそれ以前の状況がまったく確認できなかった者は以下の 13 名である。

1 秋山英一、25 島﨑平二、26 田中博、29 加藤貞治、34 狩野喜好、36 渋谷宏三、37 吉川正雄、47 犬竹正雄、50 小暮豊男、51 青木一三、52 内田恭作、61 内田喜作、62 茂木義男。

第 3 節　合格後の状況

分析対象とした 1912(大正元)年度から 1941(昭和 16)年度までの埼玉県の「文検体操科」合格者 74 名中、合格した翌年以降の異動の有無、状況からまとめると以下のようになる。なお、前節と同じく氏名に付けた番号は表 6-4 の No である。

(1) 中等学校の教員となった者

1942(昭和 17)年度までに中等学校教員となった者は 39 名で、以下の通りである。

1 秋山英一(忍実科高女)、2 新井誠治(埼玉師範)、3 今井慎五郎(熊谷中)、5 青木顕壽(久喜高女、熊谷高女)、6 嶋田万吉(松山中)、

7 石川正一（越谷高女）、8 原口多一（川越中）、

11 原田隣造（粕壁中、浦和中）、13 森田與喜（松山実科高女）、

14 押田勤（埼玉師範）、15 岡村正一（久喜高女）、

16 白石武司（栃木女子師範）、17 出牛福蔵（浦和中）、

20 岩田巳代治（秩父高女）、22 青木勝（川越高女、久喜高女、不動岡中）、

23 竹本禮三（秩父高女）、26 田中博（熊谷高女）、27 名野沖一（熊谷商業）、

28 吉野勝文（熊谷中、深谷商業）、30 寺崎長太郎（忍高女）、

31 横塚林次（越谷高女）、33 浅海公平（児玉高女、川口工業）、

37 髙田卓彌（熊谷農業）、38 栗原文之進（中部実業）、

40 田中幸作（東武実業）、42 坂西恒吉（浦和商業、川越中）、

46 中村由蔵（小川高女）、47 犬竹正雄（粕壁中、川越高女）、

48 井田万三郎（女子師範、浦和第二高女）、

49 岡野文吉（熊谷高女、久喜高女、飯能高女）、50 小暮豊男（不動岡中）、

54 安藤松壽（粕壁中）、55 石川正男（所沢商業）、57 須﨑泰次（浦和商業）、

58 中畝（野口）義男（越谷高女）、63 加藤一（粕壁中）、

69 山浦直心（熊谷中）、72 長島敏男（川口高女）、74 吉澤喜一（熊谷商業）。

39 名を着任した順に並べた表が 6-5 である。中等学校の教諭となる以前に、嘱託である場合は、中等学校の給料が小学校の給料を上回った年を着任した年とした。

表 6-5　中等学校体操科教員として着任した者

	氏　名	学科	授与年月日	着任年度	着任校、職名
1	秋山　英一	体操	T1.12.13	T4	忍実科高女教諭
2	新井　誠治	体操	T8.11.27	T9	埼師教諭兼訓導
3	今井　慎五郎	撃剣	T8.11.27	T9	熊谷中教諭
4	青木　顕壽	体操	T11	T11	久喜高女教諭
5	原口　多一	撃剣	T12	T12	川越中教諭兼舎監
6	石川　正一	体操	T12	T13	埼師教諭兼舎監
7	嶋田　万吉	体操	T11	T13	松山中嘱託
8	原田　隣造	体操	T13.7.26	T14	粕壁中教諭
9	森田　與喜	撃剣	T14.7.27	T15	松山実科高女教諭
10	岡村　正一	体操	T15.8.10	S2	久喜高女嘱託

11	出牛 福蔵	体操	T15.8.10	S2	浦和中教諭
12	押田 勤	体操	T15.8.10	S4	埼師教諭
13	白石 武司	体操	T15.8.10	S4	栃木女子師範
14	青木 勝	体操	S5.7.30	S6	川越高女教諭
15	名野 沖一	教練	S8.8.23	S9	熊谷商教諭兼書記
16	栗原 文之進	教練	S10.8.5	S10	中部実業教諭
17	岩田 巳代治	体操	S3.8.1	S10	秩父高女教諭
18	吉野 勝文	教練	S8.8.23	S11	熊谷中教諭
19	浅海 公平	体操	S10.8.5	S11	児玉高女嘱託
20	田中 幸作	教練	S11.8.7	S11	東武実業教諭
21	寺﨑 長太郎	体操	S9.7.28	S13	不動岡中嘱託
22	横塚 林次	体操	S9.7.28	S13	越谷高女教諭
23	坂西 恒吉	体操	S12.8.20	S13	浦和商教諭
24	竹本 禮三	体操	S5.7.30	S14	秩父高女教諭
25	中村 由蔵	体操	S13.8.9	S14	小川高女教諭
26	岡野 文吉	体操	S13.8.9	S14	熊谷高女教諭
27	石川 正男	体操	S14.8.10	S15	所沢商教諭
28	中畝 義男	体操	S14.8.10	S15	越谷高女教諭
29	田中 博	体操	S7.7.25	S15	熊谷高女教諭
30	犬竹 正雄	体操	S13.8.9	S15	粕壁中教諭
31	井田 萬三郎	体操	S13.8.9	S16	女師訓導兼教諭
32	小暮 豊男	教練	S13.8.9	S16	不動岡中教諭
33	須﨑 泰次	体操	S14.8.10	S16	浦和商教諭
34	山浦 直心	柔道	S15.8.10	S16	熊谷中教諭
35	加藤 一	体操	S15.8.10	S16	粕壁中教諭
36	高田 卓爾	教練	S11.8.7	S17	熊谷農嘱託
37	安藤 松壽	体操	S14.8.10	S17	粕壁中教諭
38	長島 敏男	体操	S16.8.28	S17	川口高女教諭
39	吉澤 喜一	教練	S16.8.28	S17	熊谷商教諭

『埼玉県学事関係職員録』他と照合し作成

着任した年から見た特徴を挙げてみると、1931(昭和6)年以前では、

着任した中等学校は実科高女、師範学校、中学、高女であり、実業学校は一人もいなかった。1920（大正 9）年から 1931（昭和 6）年までの間に着任した人数は 13 人で、平均 1.2 人／年ほどであった。その後増加し始め、多い年は 1941（昭和 16）年の 5 名、1940（昭和 15）、1942（昭和 17）年が 4 名、3 名ずつが 1936（昭和 11）、1938（昭和 13）、1939（昭和 14）年となった。埼玉県において学校数の増加は 1931（昭和 6）年以降、師範学校、中学校、高女の増加は止まり、実業学校の増加に転じた。甲種実業学校では 1926（大正 15）年から 1935（昭和 10）年までの 10 年間で 10 校増え、1942（昭和 17）年までの間にさらに 10 校増えている。1934（昭和 9）年に名野沖一が熊谷商業に教練の教諭兼書記となって以来、新たに着任した 25 名中 3 分の 1 に当たる 8 名が実業学校へ進出するようになった。

この他、1943（昭和 18）年以降については資料不足のため詳細は不明であるが、戦後の 1949（昭和 24）年までに新制の高等学校に勤務している者は 9 名いた。（NO は表 6-4 を参照）

35 齋藤一郎（川口女子高）、37 吉川正雄（児玉農高）、43 櫻井榮（本庄高）、
45 関口昌助（本庄高）、64 黒田清次（浦和高）、65 須田浩三（川越女子高）、
66 長谷川正之助（都立城北高）、68 横溝貞三（大宮女子高）、
73 堀越（野村）なつ子（大宮女子高）。

合計で 48 名、すなわち埼玉県の 1912（明治 45、大正元）年から 1941（昭和 16）年度までの「文検体操科」合格者 74 名中 64.9％の者が中等学校「教諭」への異動を果たす事ができたと言えよう。

（2）中等学校の教員とはならなかった者及び詳細不明の者
一方、小学校勤務を継続したのは次の通りである。この者たちは合格時もその後も中等学校の名簿には見当たらない。

18 酒井八重朔、32 岩田章、41 岩崎敏夫、44 加藤隆次、56 金子堅太郎、
59 峯友直、67 渡邊正、70 金室博、71 鈴木良三。

以上の 9 名（74 名中 12.2％）である。埼玉県の中等学校職員名簿に一度も見当たらない者たちで、「文検体操科」に合格はしたけれども、県内では

中等学校教員にはならなかった者である。

　この中で、18 酒井八重朔、44 加藤隆次、56 金子堅太郎の 3 名は戦後には新制の中学校の勤務を確認できた。

　また、次の 11 名は合格後の勤務先等の動きがつかめず、追跡できなかった者である。

　　4 利根川孫一、10 今井忠太郎、25 島﨑平二、29 加藤貞治、34 狩野喜好、
　　36 澁谷宏三、51 青木一三、52 内田恭作、60 渡邊江津、61 内田喜作、62 茂木義男。

　この 11 名は、埼玉県の中等学校職員録では見いだせなかったので、中等学校の教員とはならなかったものの中に含めると合計で 74 名中 20 名（27.0％）となる。

（3）一時的に中等学校勤務が見られた者
　これとは別に次の 6 名は「文検体操科」合格後に一時的に中等学校勤務が見られる者である。しかし小学校と兼務のない教員として異動したかは資料不足もあり詳細は不明である。
　9 茂木豊次郎は撃剣合格後、本庄尋常高小の訓導をしながら本庄中で武道教師を 3 年間受け持った。
　12 関山久行は 1929（昭和 4）年に鳥取師範学校で剣道を担当しているのが確認できた。職名は不明である。
　19 金杉松次は 1934（昭和 9）年から 1937（昭和 12）年まで浦和商業の剣道の嘱託教師となっている。その後 1942（昭和 17）年には浦和中に併設された定時制の敬和中の嘱託を務めている。
　21 古川美亀雄は前述のように合格後、東京高師の研究科に進み、その間、鴻巣実科高女の嘱託となって、月額 60 円の俸給を得ている。しかし「教諭」とならずに徳島県に移っている。その後の詳細は不明である。
　24 藤﨑榮春は「撃剣」合格後、北吉見尋常高小に勤務しながら松山中の嘱託となり、剣道を担当した。埼玉師範同窓会名簿によれば昭和 25 年 1 月の発行時には死去となっているので、詳細は不明である。
　53 網野三一は合格時に加須尋常高小訓導であり、同時に加須実科高女の嘱託をしていた。小学校訓導を継続し、戦後は新制の中学校に勤務した。
　関山の職名は確認できず、他の網野以外はいずれも「剣道」の嘱託であり、

武道教師の教諭採用は少なかった当時の事情が考えられる。網野の場合には勤務先が加須近辺地域に限られている。地域から離れないとすれば中等学校の数も限られてしまい、異動の機会は少ないと想像されるが詳細は不明である。すなわち、合格後一時的な中等学校勤務が見られたものは 74 名中 6 名（8.1％）である。

（4）小学校教員から中等学校教員へのキャリアアップ

以上見たように、中等学校の教員となった者 48 名（64.9％）、一時的な中等学校勤務をした者 6 名（8.1％）、ならなかった者 20 名（27.0％）という結果であった。つまり、埼玉県において「文検体操科」合格者の約 65％が中等学校教員へのキャリアアップを果たした事になる。こうして見てみると官立の養成学校、無試験検定に該当する指定学校、許可学校と並んで「文検体操科」は免許状の供給源のみならず、実質的な体操科教員の供給源として十分に機能したと言えるのではないだろうか。

次に、小学校教員から中等学校教員へ異動の仕方についてまとめておこう。「文検体操科」を受験し、中等学校の教員となろうとしたものの多くを小学校教員が占めていた。合格者の中には小学校教員でありながら中等学校教員を兼務する者もいた。さらに、兼務の状態から中等学校だけの教員になる者もいれば、ならなかった者もいる。

対象は中等学校教員となった中で、その経過を検討できる者、つまり合格の前とその後の実態について判明した者であり、28 名のケースである。

第 1 は小学校教員から合格後その翌年、遅いものは戦後になって異動した者。そこには小学校と中等学校との兼務の実態がなく、小学校から中等学校の教員へと所属の異動となっている者。第 2 は小学校教員が中等学校教員となるまでの間に小学校と中等学校との兼務の実態が見られる者である。兼務は「文検体操科」に合格する前からの場合と、合格後に兼務教員となる場合とが見られ、他にも、同一校で教諭となる者と兼務したところとは別の中等学校に移って教諭となる者とがあった。第 3 は合格後、さらに東京高師研究科に進学し、中等学校の教員を目指した者である。第 1 のグループは 17 名、第 2 のグループは 7 名、第 3 のグループは 4 名である。

一つめに該当する 17 名は次の通りである。NO はいずれも表 6-4 と同じである。

2 新井誠治、7 石川正一、11 原田隣造、13 森田輿喜、17 出牛福蔵、
22 青木勝、23 竹本禮三、42 坂西恒吉、46 中村由蔵、48 井田萬三郎、
49 岡野文吉、54 安藤松壽、55 石川正男、57 須﨑泰次、58 中畝義男、
63 加藤一、72 長島敏男。

この中で、合格の翌年に異動した者は以下の 13 名である

2 新井誠治、7 石川正一、11 原田隣造、13 森田輿喜、17 出牛福蔵、
22 青木勝、42 坂西恒吉、46 中村由蔵、49 岡野文吉、55 石川正男、
58 中畝義男、63 加藤一、72 長島敏男。

残った 4 名の中、57 須﨑泰次は 2 年後、48 井田萬三郎、54 安藤松壽の二人は 3 年後、遅かったのは 23 竹本禮三の 9 年後の異動であった。
　このグループでは、7 石川正一が埼玉師範付属の訓導から埼玉師範の教諭になったほか、13 森田輿喜は松山第一尋常高小から同じ町内の松山実科高女へ、46 中村由蔵が松山の小学校から小川高女への異動という事で距離が比較的近いほかは、多くが地域外への異動である。
　また、48 井田萬三郎は、合格時には北足立郡六辻第二尋常高小訓導であり、同時に埼玉女子師範の附属小に兼務訓導として勤務していた。その状態で 3 年後に同女子師範の訓導兼教諭となった。
　二つめは小学校と中等学校との兼務の経験を持ちながら異動したケースで、7 名が該当する。

6 嶋田万吉、15 岡村正一、30 寺崎長太郎、31 横塚林次、33 浅海公平、
69 山浦直心、73 野村なつ子。

6 嶋田万吉は 1922（大正 11）年に合格後、1924（大正 13）年に松山中の嘱託教師となっている。合格する以前に勤務した入間郡柏原小（現狭山市）からの転勤であった。1 年間の嘱託教師を経て翌年、1925（大正 14）年から同校の教諭となっている。
　15 岡村正一は合格前年から久喜高女嘱託となった。合格する年の 1926（大正 15）年には嘱託として月 85 円の俸給を得ており、同時に勤務する久喜尋常高小の専訓としての月 5 円の俸給をはるかにしのいでいる。合格の

翌年は小学校との兼務がなくなり、久喜高女嘱託のみで給料は月 95 円となった。その後同校の教諭となっている。

　30 寺崎長太郎は合格後の 1938（昭和 13）、1939(昭和 14)年と不動岡中嘱託、1941（昭和 16）年は熊谷高女嘱託を経験し、1942（昭和 17）年に初めて忍高女で教諭となっている。1941（昭和 16）年と 1942(昭和 17)年では嘱託と教諭の違いがあるが、給料はともに月 90 円であった。1939（昭和 14）年の不動岡中嘱託の時は月 67 円であった事から、1940（昭和 15）年から 1941(昭和 16)年にかけて待遇が変化したと見られる。

　31 横塚林次は合格の年は大里郡秦尋常高小訓導であり、同時に併設されている秦公民学校の助教も兼任していた。翌 1935（昭和 10）年から 2 年間、大宮西尋常小の専訓となり、主たる勤務は大宮高女の嘱託へと転じた。

　33 浅海公平については、次章で詳述する。

　「文検体操科」に合格する以前に中等学校嘱託を経験し、合格時には中等学校の兼務をしていなかった者もいる。69 山浦直心と 73 野村なつ子の二人は合格する前年までにそれぞれ与野農商嘱託、浦和第一高女嘱託に勤務の経験を持つ。

　以上の 7 名が兼務の経験を持ちながら、中等学校に任用されていった「文検体操科」合格者である。

　三つ目として東京高師研究科に進学した 4 名は中等学校への赴任については別にみる必要があろう。中等学校免許状の取得事由は「文検体操科」合格であるが、さらに採用については東京高師出身者同様、地方の中等学校へ赴任している者もいる。

　14 押田勤、16 白石武司、20 岩田巳代治、21 古川美亀雄の 4 名は文検合格後、東京高師の研究科に進学している。押田、白石は終了後、埼玉師範、栃木女子師範にそれぞれ赴任した。岩田は数年の間をおいて秩父高女に着任。古川は在学中に鴻巣実科高女嘱託となっているが、修了後は 1937（昭和 12）年に徳島県に転じていた記録がある。

（5）剣道、柔道の合格者について

　埼玉県における「文検体操科」合格者 158 名の中で剣道は 12 名、柔道は 1 名である。この中で中等学校教員となった者は剣道で今井慎五郎、原口多一、森田與喜、横溝貞三である。関山久行は県外の鳥取師範で教員となっている。また柔道では山浦直心である。合わせて 6 名（46.2％）である。体

操科全体では 64.9%であったので、18.7 ポイントも低い。個々の担当教科を見てみると、今井慎五郎は熊谷中で剣道と生物を担当している。原口多一は剣道の免許状を取得する以前に他の科目を持っている可能性が高い。森田與喜は剣道科合格の翌春、開校と同時に松山実科高女（1 年 50、2 年 50 の 2 学年 2 クラスの規模である）に赴任して、博物、体操、国語を担当している。女学校のため、剣道の科目はない。とすると、森田の採用は取得している免許状とは関係なく行われた事になる。横溝貞三は戦前の中等学校勤務はなく、1949（昭和 24）年の高校勤務が判明した。したがって、剣道の担当教師としての勤務はない。関山久行は鳥取師範で剣道と習字の担当をしている。山浦直心は熊谷中（学級数 22、生徒数は 1,000 人を超える大規模校であった）で体操と柔道を担当している。大規模校の熊谷中でも柔道だけというわけにはいかなかったのであろうか。

こうして見てみると、埼玉県における剣道、柔道の合格者は中等学校での採用率は体操よりも低く、採用となっても、他の学科目と複数担当し、武道を専門的に担当する事は少なかったと言えよう。

（小括）

『教員免許台帳』に記載のある 1902（明治 35）年度第 15 回文検から戦後の 1948（昭和 23）年度第 81 回「文検」までの合格者の中で、埼玉県関係者述べ 158 名中、埼玉師範の卒業生は 104 名（65.8%）であった。埼玉県における「文検体操科」合格者の多くを埼玉師範卒業生が占めていたと言えよう。

この中で『埼玉県学事関係職員録』などの職員録を使って「文検体操科」合格の前後について調査できたのは欠落期間を他の職員録で補っても、1912（明治 45）年度から 1941（昭和 16）年度までであった。その間の埼玉県における合格者は 74 名であった。

74 名中、中等学校の教員となった者は戦後に新制の高校教員となった者も含めて 48 名（64.9%）、一時的な中等学校勤務をした者 6 名（8.1%）、ならなかった者 20 名（27.0%）という結果であった。

この結果から、「文検体操科」合格者の約 65%が中等学校教員へのキャリアアップできた事になり、官立の養成学校、無試験検定に該当する指定学校、許可学校と並んで免許状の供給源のみならず、実質的な体操科教員の供給源として十分に機能したと言えよう。

また、74名中、1942（昭和17）年度までに中等学校教員となった者は39名であった。彼らの中等学校教員に着任した年度順に整理した結果から埼玉県においては次のような事が言える。

　1931（昭和6）年以前では、着任した中等学校は実科高女、師範学校、中学、高女で実業学校はなかった。1920（大正9）年から1931（昭和6）年までの間に着任した人数は13人で、平均1.2人／年ほどであった。その後増加し始め、多い年は1941（昭和16）年の5名、1940（昭和15）、1942（昭和17）年が4名、次いで3名ずつが1936（昭和11）、1938（昭和13）、1939（昭和14）年である。1934（昭和9）年に名野沖一が熊谷商業に教練の教諭兼書記となって以来、新たに着任した25名中3分の1に当たる8名が実業学校へ進出するようになった。

　小学校教員から中等学校教員へ「文検体操科」合格を経て、異動した者について詳細に見てみると次の3つに分けられた。

　第1は小学校教員から合格後その翌年、遅いものは戦後になって異動したもの。そこには小学校と中等学校との兼務の実態がなく、小学校から中等学校の教員へと直接的に所属の異動となっている者。

　第2は小学校教員が中等学校教員となるまでの間に小学校と中等学校との兼務の実態が見られる者である。兼務は「文検体操科」に合格する前からの場合と、合格後に兼務教員となる場合とが見られるほか、同一校で教諭となる者と兼務した学校とは別の中等学校に移って教諭となる者とがあった。

　第3は合格後、さらに東京高師研究科に進学し、中等学校の教員を目指した者である。

　第1のグループは17名（60.7％）、第2のグループは7名（25.0％）、第3のグループは4名（14.3％）である。

　以上のように、「文検体操科」合格から中等教員への過程は一様ではなかった事が伺える。同時に、中等学校の嘱託や武道教師として一時在職しながら、結果的にはならなかった者の存在も明らかになった。

第 6 章　註

[1] 永田進（1938）「師範学校中学校高等女学校体操科教授担任教員の資格に関する考察」体育研究協会『体育研究 6（1）』p.60
[2] 原口多一は 1921（大正 10）年に博物科の内「生理及び衛生」に合格、青木顕壽は体操科合格後に博物科の内「生理及び衛生」にも合格している。

第7章
埼玉県にみる合格者のライフヒストリー

第7章 埼玉県にみる合格者のライフヒストリー

　本章では、前章で明らかになった合格者の異動前後の状況から、さらに広げて合格者のその後の半生について検討してみたい。対象は合格者の多数を占める埼玉師範の卒業生であり、戦前から戦時期、戦後を通して埼玉県で体操教師を勤めた2名である。1926（大正15）年度に合格した押田勤と1935（昭和10）年度合格の浅海公平である。一概に彼らをもって全ての合格者の特性を説明するには当然無理であるが、一般的な特徴を先行研究と比較しながら明らかにしたい。そのために、彼ら2人の人物像を浮き彫りにし、「文検体操科」が彼らにとってどんな意味を持っていたのか、合格後の生き方や姿勢に着目し検討する。

　押田勤は1926（大正15）年、「文検体操科」合格である。この年には埼玉県では実科高女が新たに2校開校するなど、中等学校の教員需要が増してきた時期である。埼玉師範を卒業して小学校教員3年目に本試験合格となるが、合格の翌春から東京高師研究科に進む。研究科を修了後、埼玉師範に赴任する。埼玉師範で昭和4年から昭和16年春まで体操科担当教員を務め、浅海公平はその時の教え子である。押田の事例からは彼にとっての「文検体操科」の意義を始め、個人的な受験準備、グループで行う受験対策なども明らかにし、検討を行う。

　浅海公平は1935（昭和10）年、1回目の受験で「文検体操科」に合格した。この時期は実業学校が増加し始めた頃と重なり、中等学校教員が一段と需要を増してきた時期でもある。合格後、小学校教員から高女との兼務を経て、小学校との兼務がなくなるのは川口工業学校に異動した1941（昭和16）年からである。浅海の事例からは、彼にとっての「文検体操科」の意義や、合格後のキャリアアップの実態も明らかにし、検討を加えたい。

第1節　押田勤にとっての「文検体操科」

　表7-1は押田勤の略歴をまとめたものである。押田は「文検体操科」合格後、東京高師研究科に進み、修了後、埼玉師範の体操科担当教員となった。受験記をもとに押田にとって「文検体操科」はどんな意味を持っていたのか検討する。史料は押田勤による『文検世界』13巻5号1927（昭和2）年5

月号に掲載の「文檢體操科受験記」(以下、第一の受験記という) 及び、『学徒体育2』昭和17年3月号、5月号に掲載の「捨身」と題された受験記 (以下、第二の受験記という) を使用する。

表7-1　押田勤の略歴

年	月　日	記　　　事	年令
1905（明治38）	1/28	北足立郡新郷村（現川口市）の農業、押田英太郎の三男として生まれる。	0
1919（大正8）	4/	埼玉師範本科第一部に入学、陸上競技部に入部。	14
1923（大正12）	11/	全国中等学校陸上競技選手権で走高跳びに優勝、走幅跳び、三段跳びに準優勝。	18
1924（大正13）	3/	埼玉師範を卒業、鳩ヶ谷尋常小の訓導となる。	19
	10/	県陸上選手権で走高跳び、走幅跳び、三段跳びの三種目に優勝	
1925（大正14）	5/18-20	文検予備試験　合格	20
	7/11-17	文検本試験　不合格	
		全国陸上競技選手権大会走高跳び第6位（1m70）	
	10/	県陸上選手権で走高跳び、走幅跳び、三段跳びの連続三種目優勝	
1926（大正15）	7/17-21	文検本試験　合格	21
1927（昭和2）	4/	東京高師研究科入学 埼玉師範嘱託	22
1929（昭和4）	3/	東京高師研究科修了、埼玉師範着任	24
	9/14.15	全国中等学校陸上選手権大会（神宮）埼玉師範総合優勝	
1932（昭和7）	6/10	小学校教員　関根静（しず）と結婚	27
1937（昭和12）	11/	第1回県下器械体操選手権大会開催に尽力	32
1939（昭和14）	10/	関東集団徒手体操競技大会（明治神宮外苑陸上競技場）　埼玉師範生徒約200名　指揮押田勤・・文部大臣賞	34
	11/1	埼玉師範OB体操チーム「フェニックス」監督として 第10回明治神宮大会集団体操（大日本青年体操）第2位	
1940（昭和15）	9/29	第2回関東集団徒手体操競技大会　埼玉師範連続優勝	35
	11/1	「フェニックス」監督として第11回明治神宮大会集団徒手（大日本青年体操）第3位	

1941(昭和16)	4/	新設の川口市立川口中学へ転任	36
	10/30	「フェニックス」監督として第12回明治神宮大会団体徒手(大日本青年体操)第3位	
1942(昭和17)	12/8	東京日日新聞主催第3回男女中等校自校体操競技大会 川口中監督として優勝	37
	11/	「フェニックス」監督として第13回明治神宮大会団体徒手(大日本青年体操、自由創作による体操)第3位	
1947(昭和22)	3/	埼玉県中等学校体育連盟設立準備委員に任命され、規約起草委員を務める。	42
	4/	6.3.3制が始まり新制の川口市立青木中学に転任	
	5/	埼玉県体操協会設立 会長梅根悟、理事長押田勤	
	11/	「フェニックス」監督として第2回国民体育大会(金沢) 徒手体操第3位	
1948(昭和23)	11/	「フェニックス」監督として第3回国民体育大会(戸畑) 徒手体操優勝	43
1949(昭和24)	3/	青木中学校長に就任	44
	11/	「フェニックス」監督として第4回国民体育大会(横浜) 徒手体操第5位	
1952(昭和27)	11/	「フェニックス」監督に復帰し第7回国民体育大会(山形)団体徒手第3位	47
1955(昭和30)	4/	元郷中学校長に転任 埼玉県中体連会長に就任	50
1963(昭和38)	3/	病気入院	58
	10/8	死去	

押田記念体育賞資料及び『埼玉県体育史』から作成

(1) 第一の受験記

「文検体操科」合格後ほどなく書かれた受験記を『文検世界』に掲載している。少し長くなるが引用してみよう。

1. 文検に志した決意

貴い紙面を私のために御与え下さる厚意に対して私の全精力を盡して有りの儘を述べさせていただきます。私は体育道には本当にほれていると言ってよい位自己の全力を投げ込んで没頭し得られる。（ママ）最も気に入っている仕事です。だから体育道のために一身をささげ何にか仕事を為し得たいと考えた。そのためには是非とも或る程度の学識の必要を感じたので文検に志した。
　一匹の男が頭を入れた以上、最後まで貫徹せずば止まぬ堅い決意を抱いて、苦しみを建設創造の世界へと現実の大地に突っ立って臥薪嘗胆の歌を歌いつつ、一切創造の大精神を抱いて彼岸に輝く光明の世界を目標として勇敢なる銀のカブトの勇者とならんと欲して、血みどろ汚（ママ）みどろの奮闘努力を続けた。
（中略）
　５．本試にのぞむ迄
　本試は実地が大切であるから、総ての講習会や研究会に出席した。それだけでは充分でなかったので友達と毎土曜日には母校まで練習に出かけた。
　土曜　午後二時より五時迄　その晩は寄宿舎に宿った。
　日曜　午前九時より午後四時迄
　雨の日は体操場で、如何なる日でも実行した。花も酒もビールも頭中には無かった。ただ鉄棒とバックと跳箱と円盤と砲丸槍が一番仲のよい友達だった。その姿を見るのがこの上ないよろこびだった。跳び箱と心中するなら本望だと考えていた。倒立転回で落ちて臀部をいやという程打っても平気でとびおきてすぐまた初めた（ママ）。六十回位続けざまにやって出来た時は鬼の首でも取ったよりうれしかった。万物がよろこびに満たされた。鉄棒にぶらさがって度々手の皮をむいた。赤い血がサットほとばしってちくりちくりいたむが、それでも尚続け様としたこともあった。赤い血を見なければ止めないという練習だった。赤い血をみればよろこんだ。これが努力のしるしとなって表現されたのだと考えた。汗に、しっ通り（ママ）むれた身体を湯場に運んできれいに洗い流す愉快さはまたとない味だった。来る土曜日は本当に私に与えられた尊いうれしい日だった。或る時は受け持った公童全部を前に並べてお前は脚お前は腕お前は頭お前は上体を見てもらった（ママ）。そうして批評をさせて練習を励んだ。人が十日で行うのを三十四位（ママ）続けざまにやってどうしても出来る迄がん張った。この様に愉快に元気で奮闘努力を続けた。本試が迫って来た時には或る程度の自信を抱いていた。
　６．本試にのぞんだ精神
　試験は真剣だった。自己の力を発揮して振い落されるなら詮方ない。ただ自己の

真の力が発揮されるか否か不安だった。試合とか、試験とかになると、或る不思議な力が働いて頗る悪く出来る時と上手に出来る時がある。しかし自分は自己の力を信じた、自己の実力で押し進んだ決して実力以上のことは欲しなかった。精一ぱいの奮闘を続けて満足した。労苦と努力とを続けて来た自己を神は守ってくれた実力以上の力が不思議に試験に表現された。

　(以下略)[1]

　「文検に志した決意」では、決意を熱く語る。「体育道」という語句は、後の1939 (昭和14) 年ころから国防戦技が重んじられ、武道振興が盛んになり西洋のスポーツ観に対抗する言葉として「日本の体育道」[2] というような使い方が一時見られた。押田は体育の世界に一生を賭けようと思い始めた表現であろう。

　「本試にのぞむ迄」では、すべての講習会、研究会に意欲的に参加し、しかも毎週末、師範学校の寄宿舎に泊まり、計画通りのスケジュールをこなしたという。その結果、受験直前には自信にあふれているように見える。

　「本試にのぞんだ精神」では、不安を口にし、実力以上の力は期待しなかったといいながらも、神が実力以上の力をくれたといって感謝している。

　押田の体験談は一般的に見られる苦労話や、やりくりの実践記録とは少し趣を異にしている。不合格になった試験には一切触れず、マイナス面まですべてをさらけ出すというよりも、プラス面を前面に表現している印象である。この体験談は1927 (昭和2) 年5月号に掲載された。その時にはすでに、押田は東京高師の研究科に進学していた。

(2) 第二の受験記

　押田は1925 (大正14) 年「文検体操科」予備試験には合格したけれども本試験には不合格、そして翌1926 (大正15) 年本試験に合格しているのである (表7-1参照)。押田はそれから15年後、『学徒体育』にもう一つの受験体験記[3]を発表している。そこには『文検世界』の体験記にはない本試験合格までの約2年間について述べている。この受験体験記に基づいて、押田の受験の動機、予備試験への準備、本試験への準備、本試験の失敗から1年後への試験に向けてどんな事をやっていたのか等を見る事ができる。合格から10数年後に振り返った「文検体操科」を押田はどう位置付けている

のか見てみたい。

この資料が掲載されている『学徒体育』は大正時代後期に東京高師内に設置された体育学会の機関紙『体育と競技』の後継雑誌である。1922（大正11）年3月創刊の『体育と競技』は1941（昭和16）年1月に幾種類かの体操に関する雑誌と統合し『学校体錬』となり、その翌年1942（昭和17）年に『学徒体育』へと名称変更したものである。

① 受験の動機

1924（大正13）年3月埼玉師範を卒業した押田は4月から鳩ヶ谷尋常小学校に赴任した。新卒者としては珍しく6年生の担任となった。とは言っても学力別に学級編成された一番下のクラスの担当であった。着任して3度目の職員会議で「押田君は在校当時競技をやっていたのだから体操は得意だろう。一つ体操の研究授業を5月27日にやってもらおう。」という突然の校長の命令。これをきっかけに、その晩から「体操」に関する書物を読み始めた。1ヶ月くらいの勉強でしっかりした仕事はできるとは考えなかったが全力を尽くした。研究授業の結果はあまり芳しいものではなかった。押田にとって、この機会こそ自分に反省材料を与えてくれると同時に「やるべき仕事に自信を持てない程さびしい生活はない」という事を強く感じさせた貴重な試練の時であったという。研究授業を通して考えていた体操の仕事も問題も一層深く掘り下げられ、その結果体操の仕事に興味と生きがいとを見つけ出す事につながった。

受験の直接のきっかけを作ってくれたのは、翌1925（大正14）年正月、恩師（新井誠治か？筆者註）からの手紙による呼び出しであった。「君の持っている能力を存分発揮してご奉公するのも一つの道だ。文検でもやってみたらどうだ。」との話があり、有無も言わせずその場で願書を書かされ、すぐ県庁に提出するよう命ぜられた。このようにしていやでも受験せねばならない境地に立ってしまったと押田は言う。受け身の表現をしているけれども押田にとっては、時期は早まったものの「体操」を生涯の仕事と思い始めていた事から、いずれ進む道と考えていたのであろう。予想以上に早まっただけであり、このような経過をたどり卒業後1年もたたないうちに「文検体操科」受験に取り組む事になった。押田は「体操」の授業の実践経験を通して受験を志すようになったとも言えよう。

② 予備試験の準備

　県庁に出願した帰途さっそく神田の古本屋に廻って必要な本を買い求めている。まず取り組んだのは運動生理衛生学の勉強だった。毎日 50 ページ読破を目標に、朝 4 時起床、洗面後直ちに読書を続ける。この時間こそ自分に与えられた貴重な時間であり、登校途中は読んだ事項の反復練習の時間であった。日曜日こそはまとまった時間の取れる最大の日で夢中になってひたむきに読み続けた。分からないところは丸暗記をする。何ページの何行目には何が書いてあるというほど徹底して読み込んだという。このような生活を 4 月まで続けた。以上のように押田の場合も他の多くの受験者と同様、早朝に勉強時間を確保し、参考書を何冊か決めそれを徹底して読み込んでいたようである。他の受験者の体験談でよく登場する「ノートの整理法」などについて、押田の受験勉強の中には出てきていない。

　予備試験では体操、遊戯及び競技は余裕でできたが、苦手の生理衛生については難行苦行のようであった。あとは結果を待つのみであった。一ヶ月後官報の合格者発表欄に自分の氏名があるのを確認した。発表のあったその晩恩師を訪ねる。正月に訪問した時は無理な事を言う先生だと思われたが、しかし今になってみれば実にありがたい言葉をかけていただいたと感謝の意を表し、本試験についていろいろ指導を受けた。本試験までは残り一ヶ月しかなかった。

③ 本試験の準備

　どんな事があってもやり抜くぞという覚悟を固め猛練習を続ける。しかしながら、競技については師範学校当時から相当やっていたので自信を持っているものの、懸垂運動すなわち鉄棒運動はほとんどできなかった。学校時代についた「針金」というあだ名のように脚部の筋肉は発達しているものの上半身は貧弱でまったくの針人形のようであったという。鉄棒を眺め、細い腕を見つめながら泣きたくなる事は幾度もあった。

　放課後子どもたちを鉄棒の周りに集め、腕、腰、脚、頭とそれぞれ分担を決めて観察をさせ 1 回毎批評をさせて練習に励んだ。それを何度も繰り返したという。

　土、日曜には埼玉師範に出かけて練習。練習相手は一緒に予備試験を合格した白石武司だった。彼とは後に東京高師研究科進学も一緒であった。恩師

も時々顔を出してくれたので、指導を受ける事ができた。埼玉師範には卒業生の宿泊できる記念館があったのでそこで寝泊まりし翌日の英気を養った。帰りはいつも真っ暗になっていた。

④ 本試験の失敗

一ヶ月の猛練習の結果、本試験の時には疲労のピークであった。跳躍運動は普通にできたけれど、懸垂運動と倒立転回運動はものの見事に失敗に終わった。押田は次のように述べている。

> 臂立前方転回では（中略）何でもいいからやればいいんだという考えで、要領とか注意とか考える余裕さえ無く夢中で行った。廻った、と思った瞬間目から火が出た。背中を厭という程跳び箱に打ちつけて倒れていたのだった。（中略）呼吸がつまって何だかさっぱり判らなかった。我に返った時始めて失敗だったと気が付いた。（中略）「大振り」（伸臂振り上がり）では強く腹を打ちつけて、上がることも出来ず鉄棒の下で赤面しながら頭を上げて引き下がった苦しさは今でも忘れられない。[4]

教授法の試験では順番を待っている時間が長く、今さら焦っても仕方がないと思いつつも平静を取り戻す事ができなかった。顔はほてる、心臓はますます高鳴る。今まで考えていた事など宙に跳んでしまってやるべき事も忘れて夢中で時間は過ぎ去った。平静に戻ってああすれば良かった、こうすれば良かったと思うがすべて後の祭りだった。このようにさんざんな本試験であり、結果はもちろん不合格であった。

⑤ １年後に向けてのスタート

発表に期待をかけるまでもなく、もう１年の修行だと腹を決めて、本試験が終わってまもなく開催予定の体育学会主催の夏期学校体育講習会にさっそく申込書を発送した。受験後まだ日もなく、疲れが取れているわけではなかったけれどもそんな事は言っていられない。受験の結果が何か奥歯にものの挟まっているような、じっとしていられないという気持ちで受講に駆り立てたからだった。講習会は盛会だった。そんな中で練習ではどうしても身体が思うようには動かなかったし、無理に落ち着かせ幾度も続けるけれども失

敗に終わる事が多かった。5日間の講習会は案外短く感じられ終了した。
　本試験の結果はその後まもなく発表され、結果の報告のために恩師を訪ねた。何と言われるか不安だったところ、「やあ、おめでとう。錬るのは若い時だ。今年合格することは君の不幸だ。人生50年、1年間死んだ気持ちで練習してみろ。きっと尊い1年間になる。人間試練の絶好の機会だ。」と恩師に激励され、1年間の練習方針や方法についてていねいに指導を受けた。夏休み中は講習という講習は必ず出席した。そして夏休みが終わる頃から明治神宮大会の県下の予選が各郡一斉に開始された。
　勤務していた鳩ヶ谷町は北足立南部の中心地であったため予選会の開催地でもあった。地元青年団は毎晩練習を続けていた。青年達の指導も兼ねて自分の練習にも力を注いだので記録は次第に向上した。体育主事の勧めもあり800mリレーの選手として県予選に出場した。県予選も通過し、本大会でも決勝まで進む事ができた。8月末から11月の明治神宮大会が終わるまでは専ら選手として、それに加えて本試験の陸上競技の準備を兼ねて猛練習に終始した。その結果、200m24秒、走り高跳び1m70、走り幅跳び6m60、三段跳び13m10、砲丸投げ10m50、円盤投げ27mと記録は向上した。まだ若さに任せ、力でやっている傾向があったので常にフォームの研究を行なった。フォームについては「アサヒスポーツ」やその他の優秀選手の写真を切り抜き、アルバムを作って鑑賞材料とした。競技の要領については運動雑誌の記事をノートし、練習の際は常にその要領を練習と一致するよう努めた。写真の得意な仲間にフォームを撮影してもらい反省材料とした事もあった。
　競技方面の練習はこうして一段と進歩したけれど、苦手の体操方面は並行して伸びたわけではなかった。そのため神宮大会も終わった11月から土、日曜を練習日と決め埼玉師範に行って白石君とともに練習を開始した。土曜日は主として懸垂運動・転回運動に充てた。最も苦手の跳び箱は見るのさえ悪寒を覚えていた。それでも命がけの心境で、幇助をしてもらい挑んでいると偶然成功する事が出てきた。その時はうれしさのあまり跳び箱を撫で回すほどであった。鉄棒も同様に苦手ではあったが、次第に手の皮がむける回数とともに技の方も心の方にも余裕ができてくるように思われた。
　12月末、2学期の終了と同時に25日から5日間体育学会主催の体育講習会に出席した。7月の講習の際はだれを見ても自分より立派な技術の所有者のように映っていたのに対して、今度の講習会では幾分自分の力にも自信が

持てるようになっていた。本試験の会場の器具に慣れておく事と、もう一つはたくさんの人に見ていただく事も技を磨く事につながると考え、講習の終了後にも本試験不合格の同志5、6名と猛練習をした。5日間では物足りず、正月早々水戸に移動し、このメンバーでの合宿も組んだほどだった。

その後も土、日曜の練習は続け、4月に入ると月に一度は東京高師に行って練習をした。昨年失敗した自分と、今年の自分とを見比べた時、わずかにどこかに余裕が生まれ力がこもってきている事を実感していた。昨年のあわて方に比して今年は落ち着いた心持ちで試験に臨む事のできる自分が何よりもうれしかったという。

押田は練習仲間の白石とともに合格した。「自信の持てないさびしい生活」からわずかに一歩を踏み出す事ができた瞬間であったという。

（3）合格後

1929（昭和4）年3月、修了と同時に埼玉師範着任、24歳の時であった。1936（昭和11）年には「学校体操教授要目」の改正があった。徒手体操の集団指導に力を入るようになり、各中学校は「自校体操」を構成しその学校独自の指導をした[5]。押田は集団体操の指導に励み、関東大会では1939（昭和14）年、1940（昭和15）年と連続優勝を果たした。現役の生徒だけでなく卒業生を中心とした「フェニックス」という体操チームを結成し、「大日本青年体操」においても各種大会で入賞する。そのメンバーもまた「文検体操科」受験に関わってくる。

集団体操で優勝を目指す者もいる。一方で「文検体操科」を目指す者も押田の下に集まり、月々指導を受けていた。1939（昭和14）年度第70回「文検体操科」合格の石川正男は次のように記す。

　　自ら苦境を拓いた押田先生は県下教育の本部にどっかと腰をすえ、其の求むる所深く授くる事強く、先生の片言隻句にも常に教育愛が満ち満ちているのであります。特に後輩の指導鞭撻に就いては真に一身一家を忘れ尽瘁されています。先生の気魄、熱烈燃ゆるが如き教育愛と徹せざれば止まぬ実践力は、卓絶せる人格と相俟って茲に埼玉教育の輝かしい行進譜が奏でられたのであります。真に儒夫をも起たしむるの先生の犠牲的努力は幾多の後輩への反映となり、同志の糾合となり、我が埼玉体育のレベルの向上は勿論文検志望者も年と共に増加し、その結果合格者も前述の如

き成績となったのであります。即ち体育精進へのよき刺激とよき指針が与えられ環境に恵まれているのであります。（以下略）[6]

　埼玉師範の教員となった押田は、絶大な信頼と尊敬を持って慕われる存在であり、県内体育のリーダーであった。埼玉師範在任中に「文検体操科」合格者は増加している（第6章参照）。押田を範として追随し、「文検体操科」を目指した卒業生の存在と、その輪の広がりは、引いては埼玉県全体の体育のレベル向上に繋がったと慕うのは石川だけではない。（次節の浅海公平を参照）
　押田の埼玉師範の在職期間は1929（昭和4）年3月～1941（昭和16）年4月の12年間であった。1937（昭和12）年の約1年間、師範学校教頭として在職した梅根悟が新設の川口中学校長に就くや、彼に請われ埼玉師範を転出する事になる。その時の事を梅根は次のように回顧している。

　　押田勤君という埼玉師範の体操の主任教諭で県下に有名な押田体操と言われていた人。（中略）川口中学なんかにこなければ、県に入って、今で言えば教育委員会の指導主事になって、県下の体育界を牛耳っていたはずの男を、引っぱってきたんだ。[7]

　梅根は押田の指導力を高く評価していた。それに応えるように、開校2年目には川口中学は集団体操演技（明治神宮プールに板を張った会場で行われた自校体操の関東大会）で優勝している（1942.12.8　東京日日新聞主催第3回男女中等校自校体操競技大会）。1946（昭和21）年7月に梅根は川口市助役となって離れて行く。一方残った押田は新制の中学校がスタートすると同時に川口市立の中学に異動し、川口中学から代わった県立川口高校には残らなかった。その後、病気に倒れ亡くなるまで川口市内の中学校に勤務している。
（4）押田勤と「文検体操科」
　月刊誌『学徒体育』には「文検体操科」受験後17年が過ぎてから振り返った押田の受験記が掲載されている。『文検世界』のそれとの違いは本試験失敗からの立ち直りについて詳しく述べている点である。合格直後には合格の高揚感にあふれた受験記で、不合格となった件については一切触れず、受

験準備の苦労をリアルに記録している。10 数年の歳月が過ぎ、その間埼玉師範の教え子たちにも「文検体操科」受験を志す者が数多く現われ、指導し経験を重ねるに従い、押田は自分の失敗も公表しそこから学んだ事を語る事ができるようになっていたという事であろう。

　第二の受験記発表時は新設の川口市立川口中学に赴任したばかりであった。経験を積んだ教員生活 20 年になろうとする時、新任から 2 年目、3 年目に体験した「文検体操科」受験は大きな節目の一つとなっていた事が自覚されている。新任の時、研究授業に挑んでいた時の「自信の持てないさびしい生活」から抜け出そうと努力し、自分の仕事に自信を持って生きていけるようになるまでのターニングポイントとなった事が読み取れる。努力すれば願いは叶うという成功体験は、自信とともに向上心も生まれ新たな課題に挑戦する契機となったと見る事もできよう。押田にとって「文検体操科」は単に中等教員資格を得るという事ではなく、以後の半生を自身の研鑽のため、後輩育成のための原点として位置付けられよう。戦後、中等学校体育連盟設立に関わり、続いて新制の中学校長として中学校体育連盟設立を押し進め、体操協会設立後は理事長も務めた。学校内の指導に留まらず、卒業生や外部団体の組織化まで精力的に働きかけ、定年まで数年を残して短い生涯を終えた。

第 2 節　浅海公平にとっての「文検体操科」

　浅海公平は埼玉師範専攻科修了後、その年の「文検体操科」に合格した。使用する史料は本人の記した履歴書、及び浅海が晩年病に倒れ不自由な身体でワープロを打ってまとめ、親しい人に配った自叙伝『軈て灯りが見えてくる』(以下、「自叙伝Ⅰ」という)、『軈て灯りが見えてくる　Ⅱ』(以下、「自叙伝Ⅱ」という)である。そこから、浅海にとっての「文検体操科」とは何だったのか検討しながら、「文検体操科」合格者の姿を浮き彫りにし、また、異動の実態についても明らかにしたい。

(1) 文検受験まで
浅海公平は 1913 (大正 2) 年正月、当時はまだ秩父郡に属していた吾野村
　(現飯能市吾野) に小学校教師浅海代亮の長男として生まれた。下に妹と

表7-2　浅海公平の略歴

年	月日	記事	年令
1913（大正2）	1/3	入間郡吾野村（現　飯能市吾野）において、小学校教頭浅海代亮の第一子、5人兄弟の長男として生まれる。	0
1919（大正8）	4/	入間郡吾野村立北川小学校尋常科入学	6
1925（大正14）	3/	同上　卒業	12
	4/	入間郡吾野村立吾野小学校高等科入学	
1927（昭和2）	3/	同上　卒業	14
	4/	入間郡飯能町立第一飯能小学校高等科入学	
1928（昭和3）	3/	同上　卒業	15
	4/	埼玉師範本科一部入学	
1933（昭和8）	3/	同上　卒業	20
	4/1	入間郡第一飯能小学校訓導に補す	
	4/	短期現役兵　海軍横須賀管区	
	9/1	同上　退団、　入間郡飯能第一小着任	
1934（昭和9）	3/31	同上　休職	21
	4/	埼玉師範専攻科入学	
1935（昭和10）	3/	同上　修了	22
	3/31	復職　入間郡第一飯能小学校訓導	
	5/	文検体操科予試合格	
	7/	本試合格	
1936（昭和11）	10/	児玉郡児玉小学校訓導（12円）	23
		及び県立児玉高女嘱託（70円）	
1937（昭和12）	6/30	浦和市立第一小学校専訓及び県立浦和商業学校嘱託	24
	10/31	願により嘱託を解く	
		専科正教員を免じ本科正教員勤務を命ず	
1939（昭和14）	3/31	浦和市立第一小学校訓導及び第一青年学校兼務	26
	11/	明治神宮大会	
1940（昭和15）	3/31	浦和市立第一小学校訓導及び浦和市立高女嘱託	27
	4/17	星野喜美代（22歳）と結婚	
	11/	明治神宮大会	

年	月日	事項	歳
1941（昭和16）	3/	長女誕生	28
	3/31	願により嘱託を解く	
	4/	埼玉県立川口工業学校教諭	
		グライダー訓練	
	10/30	第12回明治神宮大会団体徒手（大日本青年体操）選手第3位	
1943（昭和18）	1/47	長男誕生	30
1944（昭和19）	12/20	召集令状　横須賀海兵団	31
1945（昭和20）	1/	土浦海軍航空隊へ転勤	32
	1/24	弟　浅海邦平　ニューギニア・ソロンにて戦死	
	3/9	義弟　星野忠三　ボーゲンビルにて病死（戦死の広報は昭和21.1)	
	3/	奈良海軍航空隊へ転勤	
	3/1	東京大空襲	
	7/31	二男誕生	
	8/15	終戦	
	9/2	浦和に帰る	
	9/30	埼玉県立川越高等女学校教諭	
1946（昭和21）	4/3	浦和市立中学校勤務を命ずる	33
1949（昭和24）	3/31	浦和市教育委員会事務局体育主事	36
1950（昭和25）	3/31	浦和市立高等学校（新設）教諭	37
1952（昭和27）	3/31	兼指導主事	39
	6/3	浦和市立北浦和小学校長事務取扱	
1953（昭和28）	4/1	北足立郡土合村教育委員会指導主事	40
1954（昭和29）	4/1	浦和市立商業高等学校教諭	41
		東京教育大に県外派遣	
1956（昭和31）	3/31	浦和市立高等学校教諭	43
	9/16	浦和市立木崎中学校教頭	
1957（昭和32）	11/1	教材等調査委員会（中学校、高等学校保健体育小委員会）委員を嘱託	44

1958（昭和33）	12/1	教材等調査委員会（中学校、高等学校保健体育小委員会）委員を嘱託	45
1962（昭和37）	4/1	浦和市立針ヶ谷小学校長	49
1963（昭和38）	4/1	埼玉県教育委員会体育課長補佐	50
1964（昭和39）	4/1	国民体育大会埼玉県準備事務局総務課第一係長	51
		兼オリンピック東京大会埼玉県事務局企画部副部長	
	9/15	大宮蹴球場事務所副所長	
	11/1	国民体育大会埼玉県準備事務局連絡調整課長	
1965（昭和40）	4/1	国民体育大会埼玉県事務局連絡調整課長	52
1968（昭和43）	4/1	戸田市立戸田第一小学校長	55
1971（昭和46）	4/1	埼玉県立越谷北高等学校長	58
1973（昭和49）	3/31	退職	61
1996（平成8）	1/2	死去	83

『自叙伝』及び『履歴書』から作成

弟 4 人がいる第一子だった。実家は曽祖父が寺子屋で、祖父は明治の最初の校長、父は日露戦争の頃に師範を出て長い間校長をしていた三代続いての教師の家系であった。

埼玉師範卒業を前に、専攻科を受験している。その時の事を「自叙伝Ⅰ」に次のように書いている。

　　師範を卒業して、海軍へ入団する直前、郷里で一通の手紙を受けとった。
　　押田先生からである。昭和八年三月二十七日。
　　「お手紙拝見、君の心情が一日も早く、今日のくるのを待っていた、という書出しで師範生活の一年から三年まで、純情のスポーツマンで、四、五年は余りにも見苦しい行動で覆われていたように思われた。
　　運動会終了後の夜の外出　　「大海渡、浅海、猪野、黒沢、黒沢（ママ）」
　　卒業前の寄宿舎騒動　寮長　「黒沢、浅海、安藤、小林、猪野」
　　君の魂の覚醒を促そうとしたが駄目だった。
　　専攻科に入学を進めて、おおいに鍛えてやろうと思って進めたが、教官の三十一対一で反対された。人生五十年だ。一年ぐらい足踏みしてもなんでもありはしない。

それ以上のことを俺が与えてあげる。先のことはおれにまかせろ。
　　体育で伸びるなら、かならず路を開いてあげる。安心して海軍生活をしてくれ。」
　　激励のことばだった。私の一年入学の時から見守って、卒業したらこの方面に伸ばしてやろうという激励のことばだった。[8]

　専攻科進学の希望は、この時は叶わなかったが1年後には実現する事になる。試験の内容について詳細は不明であるが、判定が31対1で不合格という真偽も定かではない。少なくとも、この頃から専攻科進学、その後の設計もできていたのではないだろうか。結婚話のいきさつの中でも次のようなやり取りがある。

　　海軍から帰ったときで、「結婚しない。」と話し掛けられた。「あるお店の娘さんで、きれいなひとよ。」突然なので驚いた。私の目標は、専攻科―文検―高師を狙っていたので、当分おあずけと断った。[9]

　以上のように「専攻科―文検―高師を狙っていた」と述べている事から、浅海は師範学校卒業時、あるいは短期現役兵から戻った頃は、東京高師に進みたいという希望を持っていた。東京高師の研究科に進むために必要な受験資格が「文検体操科」合格であり、そのために埼玉師範の専攻科に入って「文検体操科」の受験勉強をしようという考えであった。そして、再び専攻科受験に踏み出す。

　　私は海軍からかえると、時をえて再度専攻科入学を決意した。
　　父と校長より許可をえて、押田先生に相談した。昨年失敗しているので推薦入学にしてもらった。我儘この上ない。昨年の入試で落ちたものが面接だけでいい。その面接がやってきた。校長室に呼び出された。有元（久五郎、筆者註）校長が中央に、右に金田（福次、筆者註）先生、左に押田先生がおられた。昨年の失敗の原因が舎監の立場で何がでるかわからない。
　　部屋の緊張を破ったのは、カン高い金田先生の声だった。それも投げ付けるように「君、人生観はかわったかね」
　　咄嗟に私は「変わりました」と答えた。
　　それ一つで終りである。真実変わりました。

横須賀管区の師範卒業生が水兵として訓練に入り、五月、大演習のため横須賀をでる。山口の油谷湾―佐世保―上海―馬安群島―台湾・台北―馬公―其隆―南洋群島―大演習「一月」―観艦式木更津沖―海兵団、九月一日退団、厳しい海軍生活、続いて飯能第一小学校に着任、三年生の担任となり緊張が続いた。
　「人生観は変わったか」「変わりました」禅問答で試験はおわった。１０

　試験はパスした。引き続き、入学した後について文は続く。

　　専攻科に入って、体育二時間、週二回学ぶ。仲間は柳沢、矢島、高橋、浅海（本人、筆者註）の四人だった。目標を文検において励んだ。昭和九年のことである。私の人生の方向が徐々に定まっていった。１１

　専攻科在学中は文検を受験せず、初めての受験は専攻科修了時の春であった。

（２）「文検体操科」合格後
　専攻科の１年を「文検体操科」受験準備に当て、次の年予試、本試とも１回の受験で合格した。押田の指導で、この頃には「文検体操科」合格の者は、次年度受験者の面倒を見るというシステムができていたようである。「押田先生の組織的な勉強法が成功して、合格を数多く出す県として認められている。その結果、県内の中等学校の体育指導者は押田先生の弟子といっていい。」１２　と浅海が述べ、他の埼玉県の合格者の体験談でもよく言われている事である。（前節、押田勤の項を参照）
　合格後の東京高師研究科進学は実現しなかった。浅海の合格後について見てみよう。合格の知らせを受け取った時の事が、自叙伝の中で同じ内容の文章で場所を変えて何回か出てくる。つまり、これが浅海にとって、「文検体操科」合格と同時に強く自覚させられた使命感なのであろう。

　　文検をめざして十年かかる人もいるというのに、私は早かった。高師をでるより二年早い。これから先、これでいいと満足するまで、体育学会の講習を受けて実力をつけよう。１３

昭和10年8月、文検合格の祝電を押田から受取り、喜びを感じるとともに、何度受験しても合格しない人もいるのに申し訳ないと考え、次の研修計画を立てる。これから先、これでいいと満足するまで、体育学会の講習を受けて実力をつけよう。年2回ある学会の体育講習に出席する計画を立てる。
　講師は「文検」の委員と同じで、代表的な著作もある。それが勉強の中心にもなる。続けていると、講師とも顔見知りとなり、すべて好都合になる。県の体育講習会にはほとんど呼び出され、実技の示範を命ぜられた。そのため県下の先生の中に名が通り、仕事もやり易くなった。また、講習会に見えた中央の講師の接待をよく命ぜられた。昼間の指導も大切だが、夜の接待も出過ぎないように間をよく見て事を処理する事を押田には教わった。[14]

（3）転機
　昭和11年9月のある日、県立児玉女学校の足立（武樹、筆者註）校長の来訪を受ける。浅海君を体育教師として迎えたいと用件を切り出し、30分ばかりの話で校長室を出た。浅海は2人に相談する。飯能第一小学校の小林校長は武者修行もいいだろうと快諾し、押田は「私が推薦したのだ、しっかりやれ」と激励する。これで進路は決定した。[15] このような年度途中でしかも小学校から高等女学校への異動が簡単にできたのか詳細は不明である。履歴書によれば児玉郡児玉小学校訓導（月12円）及び県立児玉高女嘱託（月70円）とある。つまり、形の上では小学校訓導が本務であり、児玉高女が嘱託という兼務の職であるが、給料は高女がはるかに高い。したがって、兼務ではあるが実質的には高女の勤務時間が長く、ほぼ高女の教員という状態であったのであろう。第6章で見た岡村正一の1926（大正15）年、久喜尋高小専訓（月5円）と久喜高女嘱託（月85円）と同様である。
　また、指導法について模索している頃に指導を受けた三浦ヒロとの出会いについて、次のように記している。

　　この頃から、生涯の体育は号令をかけるだけのものに終わってはならないと考えた。もっと感動のあるものでなければならない。それがなんであるかは分からない。
　　（中略）
　　昭和11年12月27日、体育研究所の講習会の帰り路、神田三省堂に立ち寄って、本探しに夢中になった。赤い表紙に、「女性とダンス　三浦ヒロ」とある。目次を明

けて≪これだ≫と思った。早速求めて帰り、児玉の下宿で読んだ。これは感動の深い授業ができるかもしれないと思い、考えを強くした。[16]

　三浦ヒロを師と仰ぎ、授業参観に行き、ともに研修に参加するようになるきっかけはこのような彼女の著作との出会いからであった。
　児玉高女の前任者は県の体育研究会を引き受けていた。近くの本庄中や埼玉師範の押田に様子を聞いて準備を進める。体育研究会は6月に開催され、授業を公開して無事終了。その後、反省会と懇親会が鬼石の鉱泉（群馬県藤岡市）で開かれた。その席で県の加藤橘夫体育主事から「君は剣道をやるのだから、男子校がいいのではないか」と話し掛けられた。時間を見て本庄中へ練習に行っている事を話すと「男子校へ行きたまえ」という事になり、「ハイ」と答え、スムースに浦和商業学校に転じた。[17]　異動したのは翌年の6月であった。
　この時の人事について、話が続く。

　　　当時の人事は、校長と県官との話がつけば、即座に解決する。児玉の足立校長は、三月に退職していたので、もう採用の恩義はない。県官は勝という主事で、仲立ちは押田先生と押野喜代次先生で、素早く行われた。[18]

「勝」という氏名を職員録で探すと、「勝」という姓は見当たらず、名で「福田勝」地方視学官が該当した。視学官の事かどうか詳細は不明である。さらに続ける。

　　　一方社会では、ロンドン軍縮会議などが行なわれ、軍国調ようやく高まり、二・二六事件、日華事変、南京占領と、次第に厳しさを増していった。
　　　私は海軍出の短期現役兵である。師範で兵役の恩典のあるのは、義務教育だけである。時代が厳しくなって、中等学校に務めるのは、二十八才を過ぎなければならない。軍の規則を守らない者は、徴兵検査を受ける必要がある。という達しであった。[19]

　異動の決まっていた浦和商業学校の松井計郎校長は「君 1 年は早いよ、行ってきたまえ。」と簡単に言われたが、浅海は、海軍が陸軍になったら目

も当てられない。そこで義務教育に移る事に決めた。決めたら事はすぐに進んだ。

> それから数日たって、駅前で浦和第一小の大校長　吉川（與一、筆者註）先生にあった。私を見つけた吉川先生は、「君君、俺の学校へ来ることになったから」と手を上げて言われた。吉川先生は父の先輩で、入間郡川角村の出身で名が高い。[20]

当時の浦和第一小は生徒数 2,260 名の大所帯である。教員も 50 人を超え、そうそうたるメンバーが揃っていた、と浅海は回顧している。[21] 吉川校長の発言一つで、当時の小学校と中等学校の教員の距離感、交流の多さがよく理解できそうである。これが昭和 12 年の異動の内情だった。6 月に浦和第一小の専訓と浦和商業学校の嘱託となった。その後、小学校との兼務のない中等学校の教員となるのは昭和 16 年に川口工業学校に異動した時からである。

（4）浅海公平と「文検体操科」

「文検体操科」合格によって浅海公平には、努力すれば願いが叶うという成功体験や満足感が直接には表現されていないが、あったはずである。自身の実力や立場を明確に示され期待と責任を感じ、真っ先に考えた事はさらなる研修に対する自覚と覚悟であると、強調すればそれだけ喜びも大きかったものと想像される。「文検体操科」合格を契機としてさらなる挑戦が始まり、現状からの脱皮を目指し新しい指導法を求め、三浦ヒロの著作との出会いから研修に参加するようになる。終戦後、埼玉に戻った浅海公平は 9 月から川越高女に復帰し、翌年から浦和市立中学に勤務する。浦和では一校一研究と相俟って体育研究グループが生まれ、新しいカリキュラムが模索されはじめていた時期であった。やがて、東京教育大の丹下保夫らと「浦和の体育」研究に参画するようになり、浅海は小学校、中学校の教員と大学側との調整役となった。研究の担い手、内容の広がり、特定の人間への負担のかかりすぎなどの問題を根気よく乗り越えた。その後中学校の保健体育の指導要領を作成するための文部省調査委員会のメンバーに加わる事にもなった。大学教授の多い委員会で常に現場代表として発言し、要領をまとめる事に協力した

という。

(小括)
　押田勤にとって「文検体操科」はどんな意味があったのか。押田の合格体験談から、新任の時、研究授業に挑んでいた時の「自信の持てないさびしい生活」から抜け出そうと努力し、自分の仕事に自信を持って生きていけるようになるまでのターニングポイントとなった事が読み取れる。押田にとって「文検体操科」は単に中等教員資格を得るという事ではなく、自身の研鑽のための目標として位置付いていたという事も出来るであろう。
　浅海公平にとって「文検体操科」はどんな意味を持っていたのか。浅海は何度受験しても合格しない人もいるのに申し訳ないと考え、次の研修計画を立てる。これから先、これでいいと満足するまで、体育学会の講習を受けて実力をつけよう。年2回ある学会の体育講習に出席する5か年計画を立てる。そしてそれを実践するうちに、付き合いが広がっていった。講師は文検の委員と同じで、代表的な著作もある。それが勉強の中心にもなる。続けていると、講師とも顔見知りとなり、すべて好都合になる。県の体育講習会にはほとんど呼び出され、実技の示範を命ぜられた。そのため県下の先生の中に名が通り、仕事もやり易くなった。また、講習会に見えた中央の講師の接待をよく命ぜられた。昼間の指導も大切だが、夜の接待も出過ぎないように間をよく見て事を処理する事を押田には教わった。こうして、早すぎる「文検体操科」合格は生涯、研修に取り組む姿勢を植え付けたと言えよう。それがまた、人生の好循環につながったと自覚し、自叙伝にまとめる事になったのであろう。
　二人に共通して見られる事は努力すれば願いは叶うというフレーズを実践し、その成功体験が契機となり次の課題に意欲的に挑戦し、そうする事がさらなる好循環を生み出して行った事であろう。二人のその後を見ていると、先行研究でも指摘が見られる「文検」合格者の特性として新たな事に意欲的に挑戦し、生涯学び続ける姿勢を持ち続けているという人間像が重なっている。押田の場合には埼玉師範の教員として県下の体育界の中心となった。新しい教材として生徒の集団体操に取り組み、各種大会で発表したほか、指導者育成の面で、「文検体操科」受験希望者の支援に積極的に取り組んでいる。戦後すぐに学校関係団体の組織作りに関わり、後には県の中学校体育連盟会

長を務め、県体操協会設立時には初代理事長となっている。浅海は合格直後から三浦ヒロの下で研修を重ね、浦和の研修グループを組織し、戦後には大学との共同研究まで発展させていく。

　「文検」合格者に共通の前向きな姿勢、学び続けるなどの特性は押田、浅海の二人だけに留まらず、「文検体操科」合格者にもよく見られる特性である可能性は高いのではないだろうか。

第7章　註

1 押田勤（1927）「文検体操科受験記」『文検世界：13巻5号』pp.77-80（国立国会図書館マイクロフィッシュ）
2 岸野雄三・竹之下休蔵（1959）『近代日本体育史』東洋館出版社 p.198（復刻版　日本図書センター）
3 押田勤（1942）「捨身」学徒体育刊行会『学徒体育 2（上）S17.3』pp.63-68；『学徒体育 S17.5』pp.71-74、目黒書店（金沢大学図書館所蔵）
4 『学徒体育 S17.3』
5 埼玉県体育史編集委員会編（1964）『埼玉県体育史』埼玉県体育協会 p.322
6 石川正男（1939）「文検本試に合格する迄（上）」『体育と競技：18巻10号』目黒書店 pp.66-69（復刻版）
7 梅根悟（1973）『教育研究五十年の歩み』講談社 p.250
8 浅海公平（1993）『軈て灯が見えてくる』私家版 p.59
9 同上書：p.38
10 同上書：p.60
11 同上書：p.60
12 同上書：p.61
13 同上書：p.61
14 同上書：p.62
15 浅海公平（1994）『軈て灯が見えてくるⅡ』私家版 p.1
16 同上書：p.69
17 前掲書Ⅰ：p.40
18 同上書：p.40
19 同上書：p.40
20 同上書：p.41
21 同上書：p.41

第8章

埼玉県にみる体操科担当教員と「文検体操科」合格者

第8章　埼玉県にみる体操科担当教員と「文検体操科」合格者

　「文検体操科」に合格し、中等学校の体操科教員になった者は、教員組織の中でどれほどの比重を占め、どのような位置にあったのであろうか。本章では埼玉県下の各中等学校の体操科担当教員の配置状況を明らかにしたい。高女の急激な増加の見られた大正後期の1926（大正15）年と実業学校の急激な増加の見られた昭和戦前期の1937（昭和12）年に焦点を当てて検討する。この二つの時期の比較によって、11年間の変化も指摘できるであろう。

第1節　1926（大正15）年度埼玉県における体操科担当教員

　第1章で見たように、1921（大正10）年以降、埼玉県においては中等学校数の増加が始まり、30校を超えたのは1926（大正15）年であった。この時期は生徒数も学校数も教員数も増加を始めた時期である。この年の埼玉県下の体操科担当教員の配置状況はどうであったのか。

　1926（大正15）年度版の埼玉県教育会編『埼玉県学事関係職員録』[1]、埼玉県知事官房発行『埼玉県職員録』[2]、中等教科書協会編『中等教育諸学校職員録』[3]、を用いて、体操科担当教員をまとめたものが表8-1である。使用した『埼玉県学事関係職員録』は、同年7月1日時点での埼玉県内の小学校から旧制高校までを含んだ学校関係機関に関わる職員録であり学校名、職名、俸給、氏名の記載がある。『埼玉県職員録』は、同年7月1日時点の埼玉県の所属機関に勤務する職員の名簿である。学校関係では、県立の中等学校は掲載されているが、官立の旧制浦和高校や市町村立の小学校は扱われていない。学校名、氏名の他に職名、俸給の号給が掲載されている。『中等教育諸学校職員録』は同年5月1日時点の全国の中等学校の職員録である。学校の創立年月、学年別の学級数・生徒数が掲載されている。また、三つの中で唯一担当教科名も掲載されている名簿である。そのため、『中等教育諸学校職員録』から体操科担当教員を抜き出し、『埼玉県学事関係職員録』を中心に補足し整理した。なお、体操科の担当科目の記載はなかったが、埼玉師範の石川正一は「文検体操科」合格者のため、また、女子師範の船田哲は東京高師体操科出身であったので追加した。

　免許取得事由については「文検体操科」合格者、及び学歴経験による者については『教員免許台帳』[4]（国立公文書館所蔵）を用いた。また、出身学

校の照合には東京高師及び第一臨時教員養成所については1937（昭和12）年発行の『東京文理科大學東京高等師範学校一覧』[5]、東京女高師及び第六臨時教員養成所については1938（昭和13）年発行の『東京女子高等師範学校・第六臨時教員養成所一覧』[6]、日体については『平成13年度版日本体育大学同窓会会員名簿』[7]を用いた。許可学校出身者については『教員免許台帳』により探し当てた。

表8-1　1926（大正15）年の体操科担当教員

学校名	職名	氏名	担当教科	免許取得事由
師範	教諭兼舎監	笠原　義平※	柔	M42 高師
	教諭	鍬本　政吉	体	T6 高師
	教諭兼舎監	橋本　高次※	剣	
	教諭兼舎監	新井　誠治※	体	T8 文検(体)＊
	教諭兼舎監	今島　益蔵	体	T13 高師
	教諭兼訓導舎監	石川　正一※	(国、音)	T12 文検(体)＊
	嘱託	杉野　亘	教	
女子師範	教諭	船田　哲	(修、教、社)	T6 高師
	教諭	澁谷　甫	体	T13 第一臨教
	教諭心得	長友　キク	体	〈T10 日体(女子部)〉
浦和中	教諭	木村　定治	体、習、生、武	M39 日体
	嘱託	西川　五市	体、教、武	
熊谷中	教諭	西村　眞	柔、体	T8 高師
	教諭	圓子　経雄	漢、柔	T11 経歴(柔)
	教諭	今井　慎五郎	剣、生	T8 文検(剣)＊
	嘱託	佐野　胤雄	体	
	嘱託	丸山　清蔵	体	
川越中	教諭	前田　潔	体、柔	T9 日体
	教諭兼舎監	原口　多一※	体、剣	T12 文検(剣)＊
	教諭心得	小松　國三郎	体	
	書記兼武道教師	間中　鹿太郎	剣、書記	
粕壁中	教諭	飯塚　吉之助※	体	M41 日体
	教諭	原田　隣造	体、鏡	T13 文検(体)＊

不動岡中	教諭心得	中島　小平	教、体	
	教諭心得	渡邊　退助	体	
本庄中	教諭	池田　四郎※	体	T9 日体
	武道教師	茂木　豊次郎※	剣	T12 文検(剣)＊
	武道教師	籾山　準八	柔	
	書記	原島　文平	教、書記	
松山中	教諭	島田　萬吉※	体、柔	T11 文検(体)＊
	書記心得	加藤　栄吉	剣、書記	
浦和高女	教諭	青柳　朔雄	体	M45 日体
	教諭	横山　満三留	体	
	教諭兼舎監	國田　彌壽	家、体	
熊谷高女	教諭	鈴木　泰平	体	M43 文検(体)＊
	嘱託	門平　啓祐※	体	
川越高女	教諭	勝呂　一※	習、体	M34 日体
	教諭	海老原　房吉	体	T13 文検(体)＊
	嘱託	平野　ヨシノ	体、遊	
忍高女	教諭	齋藤　義頼※	理、体	〈T12 文検(理)〉
	教諭	椎橋　廣蔵	体	T13 日体
久喜高女	教諭	青木　顕壽※	体、生	T11 文検(体)＊
	嘱託	岡村　正一※	体	T15 文検(体)＊
児玉高女	教諭心得	内田　吉枝	体、音	〈S6 経歴(体)〉
本庄高女	教諭心得	弘田　晴江	体、音	
深谷実科高女	教諭	井上　慶福	地、体、唱	
粕壁実科高女	嘱託	宇津木　三守※	体	
所沢実科高女		なし		
秩父実科高女	嘱託	新井　市十郎※	体、国	
加須実科高女	嘱託	野中　光吉※	数、体	
飯能実科高女	嘱託	木村　一郎	体	
松山実科高女	教諭	森田　奥喜※	博、体、国	T14 文検(剣)＊
川越実科高女		なし		
熊谷農	教諭心得兼舎監心得	刈部　常次郎	体	
工業	教諭心得	髙野　信治※	体	

蚕業		なし		
秩父農林	嘱託兼舎監心得	平野　松三郎	体	
杉戸農業	書記兼嘱託	新井　欣十郎	体、会、書記	
	武道教師	中村　金次郎	剣	
	武道教師	濱田　清治	柔	〈S3経歴（柔）〉
商業	教諭	峯岸　良孝	体、博、図	
	教諭心得兼舎監心得	川田　民次郎	体、習	
	書記兼嘱託	権田　政治	体、会計、書記	
競進社実業	助教諭	木田　松太郎	体、教	

職員録、同窓会名簿及び『教員免許台帳』から作成

註）氏名の欄の※は埼玉師範出身を表す。＊は「文検体操科（体操、剣道、柔道）」の略。教は教練、習は習字、唱は唱歌である。競は競技、遊は遊戯の意か。

　体操科担当教員は総計61名である。その中で有資格者と判明した者は26名（42.6％）であった。女子師範の長友キクは日体女子部を1921（大正10）年に卒業している。女子部が無試験検定の指定学校になるのは1925（大正14）年の卒業生からである。彼女は「文検体操科」合格者にも見当たらず、1926（大正15）年の時点では有資格者とは言えない。また、忍高女の齋藤義頼は「文検理科」、児玉高女の内田吉枝と杉戸農業学校の濱田清治は昭和になってからの資格取得であるため無資格者として扱った。

　有資格者26名中、官立の養成学校出身者は6名（23.1％）、無試験検定合格者は8名（30.8％）、「文検体操科」合格者は12名（46.2％）である。官立の養成学校の内訳は東京高師が5名、第一臨教が1名である。無試験検定の内訳は日体出身が7名、学歴経験による取得者が1名であった。「文検体操科」合格者12名の中、川越高女の海老原房吉は茨城県出身であり、7名が埼玉師範出身者である。

　次に、有資格者26名の配置されている学校を見てみる。「文検体操科」合格者12名は師範学校に2名、中学校5名、高女4名、実科高女1名、実業学校には0名。一方、官立の養成学校出身者は師範学校に5名、中学校1名である。無試験検定合格者は中学校に5名、高女3名である。特に日体だけを見てみると、中学校に4名、高女3名、実業学校0名である。

東京高師出身者は他県出身者が多く、埼玉県内に長く留まるものは少なかった。給費生であった師範学校卒業生が、卒業と同時に県内の指定された小学校に赴任したのと同様、東京高師においても、卒業生服務規程によって文部省の指定した学校に赴任する義務を持ち、希望する他県への異動は一定期間勤務後に認められたからである。埼玉師範出身の笠原義平以外で転勤先が県内に残ったのは熊谷中の西村眞だけである。体育主事兼任の鍬本政吉は鳥取県出身であり、後に東京本郷中に異動している。今島益蔵は鳥取県出身で、戦後は横浜市の視学委員に就いている。船田哲は栃木県出身で、後に大阪に異動し戦後は小学校長を務めている。森川（2000）[8]が指摘したように、東京高師出身者は教員養成の場である師範学校の体操科担当教員として、あるいは体育行政面では体育主事を務めるなど、埼玉県でも中心的役割を果たしていた。無試験検定合格者の多くを占めていた日体出身者で、1926（大正15）年度に埼玉県において体操科担当教員となっている者は、体操科の有資格者の3割に満たなかった。

　一方、無資格で体操科を担当した者にも触れておこう。体操科担当教員61名の中で、有資格者26名以外の35名である。担当科目は延べで体操27名、教練が5名、武道が剣道、柔道も併せて7名、習字が1名、他に書記の者は会計、書記が付随している。つまり、無資格の担当者は有資格者の数より多く、担当科目は体操が7割弱を占めていた。

第2節　1937（昭和12）年度体育研究所調査報告にみる体操科担当教員

　1937（昭和12）年に文部省体育研究所は中等学校体操科担当教員に関する全国調査を実施した。[9]　表8-2はその調査報告から作成した埼玉県及び全国の体操科担当教員数である。この集計では、教員養成を目的とする官立学校の卒業者と教員検定により合格した者とに分け、後者はさらに試験検定いわゆる「文検体操科」と無試験検定に分けている。試験検定については受験の資格で中学校卒業者、高女・実科高女卒業者、小学校教員免許状を有する者、その他の4つに分け、無試験検定は指定学校卒業者、許可学校卒業者、学歴経験による者、その他と分けている。学歴経験による者は、1929（昭和4）年の文部省令第35号による「教員検定ニ関スル規程」の改正により、相当の学歴を有し、官立、公立のみならず、私立学校における無資格教員においても、5年以上の教職経験を経た後には無試験検定による教員検

定の受験が可能になっていた。

表 8-2　1937（昭和 12）年の埼玉県及び全国の体操科担当教員数

		埼玉県											全国		
		師範学校	女子師範学校		中学校	高等女学校		実科高女		計					
		男	男	女	男	男	女	男	女	男	女	男女計	男	女	計
検定を要しない者	教員養成を目的とする官立学校の卒業者	1	1	1	4	6	4			12	5	17	466	100	566
検定に合格した者	試験検定合格者　中学校卒業者				1					1		1	34	0	34
	高女・実科高女卒業者									0		0	0	2	2
	小学校教員の免許状を有する者	1			5	8				14		14	268	11	279
	その他				1					1		1	36	1	37
	計	1			8*	8				17*		17*	344	14	358
	無試験検定合格者　指定学校卒業者				8	6	1	4		18	1	19	1110	176	1286
	許可学校卒業者				2		5		1	2	6	8	273	366	639
	学歴経験による者				4					4		4	395	75	470
	その他									0		0	0	0	0
	計				14	6	6	4	1	24	7	31	1778	617	2395
	合計	1			22	14	6	4	1	41	7	48	2122	631	2753
	有資格者	2	1	1	26	20	10	4	1	53	12	65	2588	731	3319
	無資格者	2			17		1	2		21	1	22	1337	98	1435
	総計	4	1	1	43	20	11	6	1	74	13	87	3925	829	4754

文部省体育研究所の調査報告（1938）から作成

註）＊は試験免除の者 1 名を含む。

1937（昭和 12）年度の埼玉県における中等学校数（文部省体育研究所の報告では実業学校は含まれていない）は師範学校 2 校、中学校 8 校、高等女学校 15 校、実科高等女学校 5 校の計 30 校である。

表 8-2 から全国の有資格者、無資格者の割合はそれぞれ 69.8％、30.2％であり、無資格者は体操科担当教員の 3 割に上っている。

有資格者の中で、官立の養成学校出身者は 556 名（16.8％）、「文検体操科」合格者は 358 名（10.8％）、無試験検定合格者は 2,395 名（72.2％）である。

「文検体操科」合格者の中で、小学校教員免許状を有する者は 279 名（77.9％）であり、「文検体操科」合格者の 8 割に近い者が小学校教員免許状所持者であった事になる。

無試験検定の中では、指定学校卒業者が 1,286 名（53.7％）、許可学校卒業者は 639 名（26.7％）である。また、学歴経験による者は 470 名（19.6％）であった。

有資格者全体の中で、最も多くを占めているのは指定学校卒業者の 1,286

名（38.4％）、次いで許可学校卒業者 639 名（19.3％）、官立の養成学校卒業者 566 名（17.1％）、学歴経験による者 470 名（14.2％）、「文検体操科」合格者 358 名（10.8％）であった。

女子教員だけを見てみると、有資格者 731 名中、無試験検定合格者が 617 名（84.4％）を占め、さらに、無試験検定の中では許可学校卒業者が 366 名（59.3％）を占めていた。女子の官立養成学校出身者は 100 名であったので、女子の割合は許可学校、指定学校、官立養成学校で約 9 割を占めていた事になる。

一方、埼玉県においては有資格者、無資格者の割合はそれぞれ 74.7％、25.3％であった。

有資格者中、官立の養成学校出身者は 17 名（26.2％）、「文検体操科」合格者は 17 名（26.2％）、無試験検定合格者は 31 名（47.7％）である。

「文検体操科」合格者の中では小学校教員免許状を有する者は 17 名中 14 名（82.4％）を占めた。

無試験検定の中では指定学校卒業者は男子 18 名、女子 1 名（計 19 名 61.3％）、許可学校卒業者は男子 2 名、女子 6 名（計 8 名 25.8％）であった。

つまり、埼玉県は有資格者の割合が全国平均より 4.9 ポイント高い。有資格者のうち、官立の養成学校出身者は全国平均より 9.4 ポイント高く、「文検体操科」合格者が全国平均よりも 15.4 ポイントも高い。特に「文検体操科」合格者の比率の高さが埼玉県の特徴であるが、その実数 17 名中、14 名が小学校免許状を所持した検定合格者であった。

第3節　1937（昭和12）年度埼玉県における体操科担当教員

1937（昭和 12）年度版の埼玉県教育会編『埼玉県学事関係職員録』、埼玉県総務部人事課発行『埼玉県職員録』、中等教科書協会編『中等教育諸学校職員録』、を用いて、体操科担当教員をまとめた。その結果が表 8-3 から表 8-7 である。使用した『埼玉県学事関係職員録』は、同年 5 月現在の埼玉県内の小学校から旧制高校までを含んだ学校関係機関に関わる職員録である。内容は職名、担当教科名、俸給の等級または月額が記載されている。『埼玉県職員録』は、1937（昭和 12）年 6 月 1 日時点の埼玉県の所属機関に勤務する職員の名簿である。学校関係では、県立の中等学校は掲載されているが、私立の中等学校や官立の旧制浦和高校、市町村立の小学校は扱われ

ていない。学校名、氏名の他に職名、担当教科名が掲載されている。『中等教育諸学校職員録』は同年 5 月現在の全国における中等学校の職員録である。学校の創立年月、学年別の学級数・生徒数が掲載されている。また、職名は校長、配属将校だけで、教諭、嘱託の区別はない。そのため、『埼玉県学事関係職員録』を中心に担当教科名に体（操）、柔（道）、剣（道）、教（練）と記載のあるものを抜き出して整理した。その結果、表 8-3 から表 8-6 までで延べ 92 名（男子 79 名、女子 13 名、実業学校教員は含まず）の表ができた。

（1）校種別に見た体操科担当教員
① 師範学校

前節の表 8-2 に当てはめると、体操科担当教員は埼玉師範では東京高師卒の井鍋秀雄、「文検体操科」合格者は埼玉師範出身の押田勤、女子師範では東京高師卒の慶野陸太郎、それに第六臨教卒の松山秀子である。

表 8-3　師範学校体操科担当教員

学校名	職名	氏名	担当教科	免許取得事由
師範	教諭兼舎監	押田　勤※	体	T15 文検(体)＊
	教諭兼舎監	井鍋　秀雄	柔、体	S7 高師(柔)
	嘱託	鈴木　吉五郎	教、剣	
	武道教師	奥田　芳太郎	剣	
女子師範	教諭	慶野　陸太郎	体	S4 高師
	教諭兼舎監	松山　秀子	体	S10 第六臨教

職員録、同窓会名簿及び『教員免許台帳』から作成

註）体は体操、柔は柔道、剣は剣道、教は教練の略、※は埼玉師範出身、＊は「文検体操科」である。以下同じ。

師範学校では文部省体育研究所の調査と同様の有資格者、無資格者の数が得られた。そのため、無資格者は埼玉師範のいずれも剣道担当の鈴木吉五郎と奥田芳太郎の 2 名と見られる。押田勤については第 7 章で述べたが、埼玉師範を卒業後、「文検体操科」に合格、翌年から東京高師研究科に進学し、修了後、埼玉師範に着任した。

② 中学校

　前節の表8-2と比較検討すると、中学校では次のようになろう。

　官立養成学校の卒業者は、熊谷中の西村眞、本庄中の船橋紘一の2名が東京高師出身である。熊谷中の奥村守正は第一臨教出身である。あと1人は第一臨教博物科卒の本庄中の須藤多市かと見られるが詳細は不明である。

　「文検体操科」合格者で事由が中学校卒業者は熊谷中の今井慎五郎（熊谷中卒）である。小学校教員の免許状を持つ者は浦和中の出牛福蔵、熊谷中の芳野勝文、松山中の嶋田万吉、藤﨑榮春、本庄中の櫻井榮の5名である。その他の事由による者は粕壁中の原田隣造である。その他に私立中学の1名が試験免除で文検に合格している。7名の「文検体操科」合格者について見てみると、体操が出牛、原田、嶋田の3名である。剣道が今井、櫻井、藤﨑の3名である。教練が吉野1名である。「教諭」は出牛、吉野、今井、原田、嶋田の5名である。櫻井が武道教師、藤﨑が嘱託である。二人はその後も「教諭」になる事はなかった。7名の中、出牛、吉野、櫻井、嶋田、藤﨑の5名が埼玉師範出身である。この年の各人の年齢を『教員免許台帳』の生年月日から算出すると出牛46歳、吉野33歳、今井44歳、原田39歳、櫻井34歳、藤﨑34歳であり、嶋田は生年月日の記載がなく不明であるが、それぞれ中堅からベテランの世代であったとも言えよう。

　指定学校卒業者は浦和中の伊田義廣、川越中の前田潔、秋山亨、粕壁中の飯塚吉之助、本庄中の池田四郎、不動岡中の小山又次の6名が日体出身であり、粕壁中の今村竹次郎は文部省体操教員養成講習会修了者である。

　許可学校卒業者は浦和中の堀井信義が国士舘出身であった。

　学歴経験による者は熊谷中の圓子経雄、松山中の福田聰太の2人である。

　体育研究所の報告とは指定学校卒業者と許可学校卒業者が1名ずつ不足し、学歴経験による者があと2人見当たらない。

　また、本庄中の武道教師小岩井友次、櫻井榮の二人はこの年ともに本庄尋常高小訓導との兼務であった。櫻井榮はこの年、1937（昭和12）年に剣道に合格しており、後に中等学校の教諭に転身する。一方、松山中の嘱託藤﨑榮春は北吉見尋常高小の訓導と兼務であり、剣道に合格して6年目になるが、中等学校へは異動は見られなかった。

表8-4　中学校体操科担当教員

学校名	職名	氏名	担当教科	免許取得事由
浦和中	教諭	伊田　義廣	体、柔	S3 日体
	教諭	齋藤　二郎	教	
	教諭	出牛　福蔵※	体、作	T15 文検(体)＊
	教諭	藤井　武夫	漢、剣	
	教諭	中根　研三	国、柔	
	教諭兼嘱託	堀井　信義	剣	S9 国士舘(剣)
	嘱託	内田　義春	教	
	嘱託	奥田　芳太郎	剣	
	嘱託	森山　喜代助	柔	
熊谷中	教諭	西村　眞	体、教	T8 高師
	教諭	圓子　経雄	漢、柔	T11 経歴(柔)
	教諭	奥村　守正	体、教	S6 第一臨教
	教諭	吉野　勝文※	教	S8 文検(教)＊
	教諭	今井　慎五郎	音、博、剣	T8 文検(剣)＊
	嘱託	丸山　清蔵	教、作	
	嘱託	眞下　子之蔵	作、剣	
川越中	教諭	前田　潔	体	T9 日体
	教諭	秋山　亨	体、武	S7 日体
	教諭心得	小松　國三郎	教	
	嘱託	間中　鹿太郎	剣	
粕壁中	教諭	原田　隣造	体、修	T13 文検(体)＊
	教諭	今村　武次郎	教、剣	S7 文部省体操教員養成講習会
	嘱託	中村　四郎※	国、漢、柔	
	嘱託	飯塚　吉之助※	体、作	M41 日体
	嘱託	堀越　千代三	剣	
不動岡中	嘱託	竹ノ谷　貞輔	教、体	
	嘱託	小山　又次	体	S10 日体
	嘱託	大越　昇	剣	
	嘱託	岡安　定太郎	剣	
	嘱託	吉川　榮	柔	

本庄中	教諭	池田　四郎※	体、作	T9 日体
	教諭	須藤　多市	博、農、応理、作、剣	T14 第一臨教(博)
	教諭	強矢　信三※	地、国、漢、作、剣	
	教諭	船橋　鑛一	体、博、柔、作	S12 高師(柔)
	武道教師	小岩井　友治※	剣	
	武道教師	櫻井　榮※	剣	S12 文検(剣)＊
松山中	教諭	嶋田　万吉※	体、作、武	T11 文検(体)＊
	教諭	宮本　竹治	図、工、剣	
	教諭	吉田　桂蔵	地、漢、音、武	
	嘱託	大川　良作	教、武、作	
	嘱託	福田　聡太	柔	S6 経歴(柔)
	嘱託	藤﨑　榮春※	剣	S6 文検(剣)＊
財団法人 埼玉中	教諭	鈴木　喜一	教、体	
	武道	松本　武重	剣	
	武道	江原　覚三	柔	

職員録、同窓会名簿及び『教員免許台帳』から作成

註）作は作業、修は修身、習は習字。

　昭和12年の体育研究所の調査では中学校8校に勤務する体操科担当教員43名中、17名が無資格教員であった。それに対して表8-4では、45名中無資格の体操担当教員はこの夏の「文検体操科」で剣道に合格した櫻井榮も含めて25名いる。彼らの担当科目は兼任も入れ、延べでそれぞれ武道19名、教練7名、体操は2名である。逆に30名の武道担当者の中で有資格者は10名に限られている。

　つまり、中学校の体操科担当教員には4割を超える無資格者がおり、その7割以上が武道担当であった。武道が必修であった男子校の中学校において武道担当の3分の2の教員は無資格者でまかなわれていたとも言える。

③　高等女学校

　高等女学校について前節の表8-2と比較してみる。体育研究所の報告では官立学校の卒業者は男子6名、女子4名である。試験検定合格者は小学校の免許状を有する者で男子のみ8名である。また指定学校の卒業者は男子6名、女子1名、許可学校が女子のみで5名である。それに対して表8-5で

見てみると、官立養成学校卒業者では浦和高女の中津原卓、中狭仁三、熊谷高女の酒井道夫、粕壁高女の坂井隆がいずれも第一臨教卒である。川口高女の田中正一と浦和第二高女の慶野陸太郎が東京高師出身である。越ケ谷高女の加藤橘夫は東京帝大卒である。

　女子教員を見ると熊谷高女の小川清子、浦和第二高女の松山秀子、越ケ谷高女の吉澤マツエが第六臨教の出身者である。

　「文検体操科」合格者は、埼玉師範出身は熊谷高女の青木顕壽、久喜高女の岡村正一、青木勝、秩父高女の岩田巳代治、大宮高女の横塚林二、児玉高女の浅海公平の6名と、その他に県外出身者で川越高女の海老原房吉、越ヶ谷高女の原八朗の2名で報告と一致した。女子校であるので当然ながら全員担当科目は体操である。彼らの年齢について見てみると青木顕壽の生年月日は不明であるが、岡村38歳、青木勝35歳、岩田32歳、横塚28歳、浅海25歳、また県外出身の海老原39歳、原38歳である。前項で触れた中学校に勤務している試験検定合格者たちに比して高女勤務の彼らの年齢層は若干若い事が指摘できる。

　無試験検定では男子で川越高女の宮寺常衛、本庄高女の大和田義文、長田愛亮、小川高女の中村恵一、女子の二宮親が日体で指定学校卒業者である。また、川越高女の石津ミツエは日女体、忍高女の打越美恵、秩父高女の長島きみ、川口高女の松本照子の3名は東女体で許可学校卒である。また、児玉高女の内田吉枝は1931（昭和6）年に無試験検定の経験年数によって免許状を取得している。

　体育研究所の報告数よりそれぞれ官立の養成学校出身の女子1名、男子の指定学校卒2名、女子の許可学校卒1名が不足している。

　大宮高女の葦越昌は「教諭」であり、体操と家事、裁縫を担当している事から、まだ不明の官立養成学校の卒業生かと見られ、無資格者の女子1名は粕壁高女嘱託の山下澄子と考えられる。

表8-5 高等女学校体操科担当教員

学校名	職名	氏名	担当教科	免許取得事由
浦和高女	教諭	中津原　卓	体	S5 第一臨教
	教諭	中狭　仁三	体	S5 第一臨教
	教諭	二宮　親	体	T15 日体
熊谷高女	教諭	青木　顕壽※	体、習	T11 文検(体)＊
	教諭	酒井　道夫	体、地	S6 第一臨教
	教諭	小川　清子	体、家	S7 第六臨教
川越高女	教諭	海老原　房吉	体、修	T13 文検(体)＊
	教諭	宮寺　常衛	体	S6 日体
	教諭	石津　ミツエ	体、遊	S10 日女体
久喜高女	教諭	岡村　正一※	体	T15 文検(体)＊
	教諭	青木　勝※	体、習	S5 文検(体)＊
忍高女	教諭	打越　美恵	音、体、作	T14 東女体
	教諭	小櫃　平二	体、弓、作	
小川高女	教諭	中村　惠一	体	S2 日体
県立粕壁高女	教諭	坂井　隆	体、作	S5 第一臨教
	嘱託	山下　澄子	音、ダンス	
秩父高女	教諭	岩田　巳代治※	体、数	s3 文検(体)＊
	教諭	長嶋　きみ	音、体、作	S4 東女体
児玉高女	教諭	内田　吉枝	音、遊、手	S6 経歴(体)
	嘱託	浅海　公平※	体	S10 文検(体)＊
飯能高女	教諭	権田　美雄	体	
	教諭	青木　一夫	英、体	

越ヶ谷高女	教諭	原　八朗	体、作	T13 文検(体)＊
	教諭	吉澤　マツエ	家、ダンス	T13 第六臨教
	嘱託	加藤　橘夫	体	S7 東京帝大
浦和第二高女	教諭	松山　秀子	体	S10 第六臨教
	教諭兼書記	慶野　陸太郎	体	S4 高師
	嘱託	西尾　寛	教	
本庄高女	教諭	大和田　良文	体、商	S2 日体
	教諭兼書記	長田　愛亮	体、農	S4 日体
川口市立高女	教諭	田中　正一	体、公	S11 高師
	教諭	松本　照子	体、音	S11 東女体
大宮高女	教諭	蘆越　昌	体、家、手	
	嘱託	横塚　林次※	体、地	S9 文検(体)＊

職員録、同窓会名簿及び『教員免許台帳』から作成

④　実科高等女学校

体育研究所の報告では実科高等女学校の 5 校で指定学校卒業者は男子 4 名、許可学校卒業者は女子 1 名である。無資格者の男子 2 名と合わせて計 7 名である。表 8-5 から男子の松山実科高女の山田友夫、深谷実科高女の後藤嘉三郎、鴻巣実科高女の長島文武が日体出身である。女子では所沢実科高女の野村ヨキが日女体卒である。指定学校卒の 1 名が判明しない。無資格の加須実科高女嘱託の須永行雄は加須尋常高小の訓導との兼務である。

表 8-6　実科高等女学校体操科担当教員

学校名	職名	氏名	担当教科	免許取得事由
所沢実科高女	教諭	野村　ヨキ	音、体、数	S5 日女体
加須実科高女	教諭	佐藤　英一	数、体	
	嘱託	黒須　晃	農、体	
	嘱託	須永　行雄	体	
松山実科高女	教諭	山田　友夫	体、修、理	S7 日体
深谷実科高女	教諭	後藤　嘉三郎	体、唱、商	S6 日体
鴻巣実科高女	教諭	長島　文武	体、地、農	S5 日体

職員録、同窓会名簿及び『教員免許台帳』から作成

実科高女に官立の養成学校出身者や「文検体操科」合格者はいなかった。
⑤ 実業学校

実業学校の体操科担当教員は延べ 78 名を数えるが、その中で有資格者は 10 名に過ぎない。教諭、嘱託に限らず無資格の担当教員が非常に多い。概して体操担当が 1 名と複数の武道担当者で構成され、その武道担当者も師範学校や中学校と兼務している者が目立つ。そこで、有資格者と判明した者だけをまとめて表 8-7 を作った。「教諭」は複数の教科を担当しているのが目につき、体操科担当者は体操、剣道、柔道、あるいは教練を単独で、または教練といくつかの組み合わせで担当している。熊谷農の二宮憲英は併設されていた青年学校教員養成所を兼務し、山浦直心は与野尋常高小訓導、岩田巳代治は秩父高女教諭との兼務である。実業学校では体操科担当の「教諭」はほとんど見られず、兼務の教員が多い。

表 8-7 実業学校の体操科担当教員

学校名	職名	氏　名	担当教科	免許取得事由
熊谷農	教諭	二宮　憲英	体、武、生理、実習	T14 日体
杉戸農業	武道教師	濱田　清治	柔	S3 経歴(柔)
豊岡実業	教諭	關根　準	体、地、習	S3 日体
中部実業	教諭	栗原　文之進	図、物、化、副業、教、実	S10 文検(教)＊
与野農商	嘱託	山浦　直心※	体	S15 文検(柔)＊
熊谷商業	教諭	名野　沖一	教、体	S8 文検(教)＊
川越商業	教諭	須藤　務基	体	S4 日体
浦和商業	教諭	星野　喜代四※	体、博	T13 第一臨教
	嘱託	金杉　松次※	剣	S2 文検(剣)＊
秩父商業	嘱託	岩田　巳代治※	体	S3 文検(体)＊

職員録、同窓会名簿及び『教員免許台帳』から作成

実業学校における体操科担当教員は第一臨教が 1 名、日体が 3 名、「文検体操科」合格者が 4 名（山浦直心はこの 3 年後に取得）であった。

「文検体操科」の 4 名は体操が 1 名、剣道が 1 名、教練が 2 名であった。年齢は栗原が 39 歳、名野 36 歳、金杉 44 歳、岩田は 32 歳であった。

（2）有資格教員の配置状況

　1937（昭和12）年における体操科担当教員の中、有資格者は実業学校まで含めると秩父高女の岩田巳代治が秩父商業を兼務しているので65名となる。その中で官立の養成学校出身者は17名（26.2％）、「文検体操科」合格者は20名（県外出身者2名を含む、30.8％）、無試験検定合格者は28名（43.1％）であった。男女合わせての有資格者65名の中等学校種別による所属状況を見てみる。

　官立の養成学校出身者の中で、東京高師の6名は師範学校に2名、中学校に2名、高女に2名である。臨教の10名（男子6、女子4）は女子師範に女子1名、中学校に男子1名、高女に7名（男子4、女子3）、実業学校に男子1名である。高女に勤務する東京帝大出身の兼務教員1名を加えて、官立の養成学校出身者は17名という結果であった。

　「文検体操科」合格者20名は師範学校に1名、中学校に7名、高女に8名、実業学校に4名であった。その中で、埼玉師範出身の合格者は15名であり、師範学校に1名、中学校に5名、高女に6名、実業学校3名である。

　無試験検定合格者28名の内訳は日体が17名（男子16、女子1）、国士舘が男子1名、東女体は女子3名、日女体は女子2名、学歴経験により取得した者が4名（男子3、女子1）、文部省講習会終了が1名である。この28名（男子21、女子7）は中学校に10名、高女に10名（男子4、女子6）、実科高女に4名（男子3、女子1）、実業学校に4名という所属の仕方である。

　体育研究所の報告では官立の養成学校は男子12、女子5、計17名という数字のみであったが、内訳は第一臨教、第六臨教合わせた臨教2校で10名、6割を超えていた事が明らかになった。

　男子教員のみについて比較すると、主たる無試験検定指定学校の日体出身者は男子有資格者56名中14名（25.0％）に対して、埼玉師範出身者で「文検体操科」合格者は12名（21.4％）であり、東京高師6名、第一臨教6名の合計12名と匹敵する。

　有資格者の女子は数も少なく、勤務する場所も限られている。臨教も指定学校、許可学校も高女を中心として、女子師範と実科高女に少数の者がいる。具体的に言えば、女子教員の7名は女子師範に1名、実科高女に1名、他の5名は高女である。

　「教諭」となっている者は、東京高師は延べ5名、第一臨教は6名、第

六臨教は延べ4名、日体は14（男子13、女子1）名、埼玉師範は7名である。

以上の事から、1937（昭和12）年における埼玉県の中等学校の体操科担当教員に占める免許取得事由別に見ると、官立の養成学校出身者17名に対して、無試験検定合格者が28名、「文検体操科」合格者が20名で支えていたと言えよう。

配置の状況は、師範学校は官立の養成学校と「文検体操科」合格者だけであり、実科高女には無試験検定合格者だけである。その他の中学校、高女、実業学校には官立の養成学校出身者、無試験検定合格者、「文検体操科」合格者が見られた。

最後に、無資格教員について見てみよう。

1937（昭和12）年、文部省体育研究所の報告では、埼玉県の無資格者22（男子21、女子1）名は師範学校、中学校に男子で17名が集中していた。一方、表8-3から8-6までをまとめると、92名の体操科担当教員の中で無資格者は36名に上る。その内6割近い21名が武道を担当している。武道が必修となっていた師範学校と中学校では武道担当者が33名おり、有資格者はこの年「文検体操科」合格の櫻井を加えても12名だけである。つまり、無資格教員は体操科担当教員の約4割および、その6割近くが武道担当者である。逆に見てみると、武道担当者の6割以上が無資格者である。無資格教員の問題は剣道、柔道の授業があった男子校に顕著に見られた訳である。

（小括）

1926（大正15）年の埼玉県における体操科担当教員は61名を数え、その中で、有資格者と判明したのは26名（42.6%）である。官立の養成学校出身者は6名（23.1%）、「文検体操科」合格者数は12名で最多を占め、46.2%を占めている。残る無試験検定合格者は8名（30.8%）である。

官立の養成学校出身者6名の内訳は東京高師が5名、第一臨教が1名である。「文検体操科」合格者12名の中、川越高女の海老原房吉は茨城県出身であり、その他7名が埼玉師範出身である。無試験検定8名の内訳は日体出身が7名、学歴経験による取得者が1名である。

次に、有資格者26名の配置されている学校を見てみる。官立の養成学校出身者は師範学校に5名、中学校1名である。「文検体操科」合格者12名

は師範学校に2名、中学校5名、高女4名、実科高女1名、実業学校0名である。一方、無試験検定合格者は中学校に5名、高女3名である。その中で多数を占める指定学校の日体出身者7名は、中学校に4名、高女3名、実業学校0名である。

　1937（昭和12）年における体操科担当教員の中で、有資格者は実業学校まで含め65名である。その中で官立の養成学校出身者は17名（26.2％）、「文検体操科」合格者は20名（県外出身者2名を含む、30.8％）、無試験検定合格者は28名（43.1％）である。

　以上の集計結果は表8-2に示した1937（昭和12）年の文部省体育研究所の調査報告による埼玉県の有資格者65名中、官立の養成学校出身者は17名（26.2％）、「文検体操科」合格者17名（26.2％）、無試験検定合格者31名（47.7％）と大差のない結果と言えよう。

　ここで、埼玉県の実態を全国の状況と比較して検討してみる。全国の有資格者に占める割合を1937（昭和12）年の文部省体育研究所の調査結果から男子有資格者だけを取り出せば、検定を要しない者が18.0％、無試験検定合格者が68.7％、「文検体操科」合格者が13.3％である。第1章で見た供給源の三者の割合と比較すると、検定を要しない者の割合が減り、その分無試験検定合格者と「文検体操科」合格者が多少増えていた事は指摘できるが、おおよそ同じと言えよう。これに対して、同年における埼玉県では全国とは少し異なる結果が見られた。すなわち、埼玉県は「文検体操科」合格者の多い県であるためか、無試験検定合格者の割合が低く、「文検体操科」合格者の勤務している割合が高かった。

　男女合わせての有資格者延べ65名の中等学校種別による所属状況を見てみると、次の通りである。

　東京高師の6名は師範学校に2名、中学校2名、高女2名である。臨教の10名（男子6、女子4）は女子師範に女子1名、中学校に男子1名、高女に7名（男子4、女子3）、実業学校に男子1名である。

　「文検体操科」合格者20名は師範学校に1名、中学校7名、高女8名、実業学校4名である。

　無試験検定合格者の内訳は指定学校の日体が17名（男子16、女子1）、許可学校の国士舘が男子1名、東女体は女子3名、日女体は女子2名、学歴経験による取得者が4名（男子3、女子1）、指定学校扱いの文部省講習会終了者が男子1名で、合計28名である。この28名（男子21、女子7）

は中学校に 10 名、高女 10 名（男子 4、女子 6）、実科高女 4 名（男子 3、女子 1）、実業学校 4 名という配置状況である。女子教員の 7 名はほとんどが高女である。人数の多い指定学校の日体出身者 17 名は中学校に 6 名、高女 5 名（男子 4、女子 1）、実科高女 3 名、実業学校 3 名である。

　1926（大正 15）年から 1937（昭和 12）年にかけて有資格者の人数は 26 名から 65 名に 2.5 倍に増加した。その間の学校数は埼玉県下 33 校から、50 校に 1.5 倍の増加を見た。有資格者は平均 1 校に 0.8 人の体操科担当教員であったものが、1937（昭和 12）年には平均 1.3 人の配置に増加している。

　官立の養成学校出身者の占める割合は 23.1％から 26.2％とさほどの変化は見られなかったのに対して、「文検体操科」合格者の人数は増加したが、有資格者に占める割合では 46.2％から 30.8％に低下している。一方、無試験検定合格者は 30.8％から 43.1％に伸びている。「文検体操科」合格者の実数では 12 名から 20 名へ増加しており、無試験検定合格者は 7 名から 28 名への増である。「文検体操科」合格者の埼玉師範出身者は 7 名から 13 名へと割合も多少伸ばしている。無試験検定合格者の増加は日体出身者の増加も見られるほか、女子の有資格者が 0 名から 11 名に増加を見た事からも分かるように、女子の許可学校、学歴経験による取得者の増加の結果である。

　次に勤務する中等学校の校種別で見てみると、官立の養成学校出身者はいずれの年度も師範学校、中学校、高女に配置されている。1937（昭和 12）年度を見ると官立養成学校の中では臨教出身者が大幅に増加し、実科高女を除き実業学校までの校種にわたって全般的に進出している。体操科教員供給に十分な役割を果たしていたと言えよう。

　「文検体操科」合格者は師範学校から実業学校まで広く配置されている状況が見て取れた。一方、無試験検定合格者は師範学校には見当たらず、中学校、高女、実科高女、実業学校に配置されている。

　戦前の体操科教員の供給に官立の養成学校としての東京高師の不足分を同じ官立の臨教が補い、次に数の上で多数を占め、専門的な体操科教員を輩出した日体と、小学校教員の経験者の多い「文検体操科」合格者が中等学校の「体操科」の教員として支えていたと言えよう。

　最後に、無資格教員についてまとめてみよう。1926（大正 15）年度では体操科担当教員 61 名の中で、35 名が無資格者であった。担当科目は延べで体操 20 名、教練が 5 名、武道が剣道、柔道も併せて 7 名等である。この頃

の体操科担当教員は有資格者よりも無資格者教員の方が多数を占め、武道よりも体操の担当者不足を補っていたと言える。

それに対して1937（昭和12）年の無資格者は実業学校を除いて36名に上る。担当科目は延べで武道21名、教練7名、体操5名等である。武道が必修となっていた師範学校と中学校では武道担当者が33名おり、有資格者はこの年「文検体操科」合格の1名を加えても12名だけである。男子校における無資格教員は体操科担当教員の約4割におよび、その6割近くが武道担当者であった。さらに言えば、師範学校、中学校の武道担当者の6割以上が無資格者であった。武道の必修化は1931（昭和6）年から始まった。大正期にはいわば選択必修であったためか、無資格者は体操担当が多かった。1937（昭和12）年度に見られる大量の無資格教員の任用は剣道、柔道の授業があった男子校に、顕著に出現している。

第8章　註

1. 埼玉県教育会編『埼玉県学事関係職員録：明治43,大正2,4,10,14,15,昭和3〜17年度版』
2. 埼玉県知事官房『埼玉県職員録：各年度版』
3. 中等教科書協会編（1926）『中等教育諸学校職員録』
4. 文部省『教員免許台帳』国立公文書館所蔵
5. 東京文理科大學（1937）『東京文理科大學東京高等師範學校一覽』
6. 東京女子高等師範學校編（1938）『東京女子高等師範學校・第六臨時教員養成所一覽』
7. 日本体育大学同窓会（2001）『平成13年版日本体育大学同窓会会員名簿』
8. 森川貞夫（2000）「東京高師と日本のスポーツ」『スポーツ社会学研究8』
9. 永田進（1938）「師範学校中学校高等女学校体操科教授担任教員の資格に関する考察」体育研究協会『体育研究6（1）』p.60

第9章
埼玉県にみる戦後初期の体育教師像

第9章　埼玉県にみる戦後初期の体育教師像

　本章では 1949（昭和 24）年度に着目し、新制の高等学校体育科教員について、免許・資格取得・教育経歴を整理する。この年は新制高校の発足 2 年目で、しかも、最後となった試験検定は 1948（昭和 23）年度、正確には 1949（昭和 24）年 3 月に実施されているからである。高校の体育科教員の組織集団の中で「文検体操科」合格者は、どのような位置を占めていたのかを明らかにし、考察を加える。

第1節　埼玉県の新制高校体育科教員の概要

　使用した史料は埼玉県教職員組合発行の『昭和二十四年七月現在　埼玉県教育関係職員録』[1] である。この職員録には県内の小学校、中学校、高校、大学の学校名、学級数、生徒数、それに教員の氏名、最終学歴、卒業年度が記されている。担当教科は記されていない。所持している教員免許の教科名の記載があるのは 1952（昭和 28）年度版からである。そのため、こちらを先に作成し、1949（昭和 24）年度版と比較検討した。

　この結果、特定できた体育科教員について、国立公文書館所蔵の『教員免許台帳』を用いて免許取得事由を明らかにした。これの記載内容は氏名、取得した免許の種類、取得事由、取得年月日、族籍、生年月日等である。このため、免許台帳に氏名の記載があれば、有資格者と確認でき、本籍から出身地が分かり、生年月日から年齢も判明する事になる。しかしながら、性別の記載はない。氏名だけでは判別は難しい場合が多く、はっきり分かるのは男女別学の出身学校や課程出身者あるいは男子のみの科目となる教練や武道の取得者である。

　以上の他、1937（昭和 12）年度と 1942（昭和 17）年度の埼玉県教学会編『昭和十二年五月現在　埼玉県学事関係職員録』[2]、『昭和十七年五月現在　埼玉県学事関係職員録』[3] も用いた。これらの名簿は埼玉県内の高校から中学校、高等女学校、実業学校、国民学校、青年学校までの県立、市町村立、組合立、私立を網羅した職員名簿である。記載項目は、学校名、学級数、所在地、電話番号から始まり、教員の職名、担当教科、俸給、氏名等である。

　『昭和 24 年度埼玉県統計書』[4] によれば高校数は県立が 31 校、市立が

13 校、町村立、組合立が合わせて 8 校、私立が 8 校で計 60 校であった。いずれも分校は除いた数である。

『昭和 24 年度埼玉県教育要覧』[5] によれば県立が 32 校、公立が 20 校である。上記の統計との違いは埼玉県統計書が 4 月 30 日現在の集計であるのに対して、教育要覧は 9 月 15 日現在の資料であるためと見られる。つまり、この年、公立高校であった深谷女子高校が県立に移管となったからである。また、この年度には与野農商高校に普通科が開設され、校名は県立与野高校に変更となっている。

教員の配当人員数は生徒数を基準として算定され、全日制普通科の高校においての週当たり授業時数は 34 時間、1 学級あたりの標準生徒数は 45 名、教員の週当たり平均授業担当時間数は生徒数 300 以下の場合は 16 時間、750 以下は 19 時間、750 以上 21 時間を基準とされた。[6] 保健体育科の単位数は全日制普通科にあっては保健が 1、2 年で 1 単位ずつ、体育は男女で差があり、男子は学年ごとに 3 単位ずつ、女子は同じく 2、2、3 単位というものであった。[7] このため、各高校の体育科教員の数は学校の規模に応じて違いが出ている。

表 9-1 は 1949（昭和 24）年度における高校体育科教員の状況である。NO は県立高校、公立高校別の通し番号である。氏名欄の A1、A2・・は官立養成学校卒業生の通し番号であり、B1、B2・・は無試験検定合格者の通し番号、C1、C2・・は試験検定合格者の通し番号である。免許事由の文検は試験検定の「文検体操科」合格の略である。（剣）、あるいは（国、漢、剣）はその学科目の免許を所持している事を表している。備考欄の臨特 4-2 等は臨時特例の 4 条第 2 項該当により免許取得した事を表している。

体育科教員数は 52 校で 91 名（延べ 95 名）である。男子は 73 名、女子 18 名である。春日部女子高校と越ヶ谷高校の B16（女）、秩父女子高校と秩父農業高校の B17（女）、大宮女子高校と大宮高校の C33（女）および、川越女子高校と坂戸高校の C19（男）の 4 名が兼務をしている。また、児玉高校は学校規模から体育科教員は 2 名と考えられるが、体育科免許所持者が他に見当たらず、授業を担当したか不明ではあるが、東京高師体育科卒業の校長 A4 を含めている。91 名の中には翌年の春に卒業となる東京高師、東京女高師在学中の者が各 1 名ずつ、計 2 名含まれている。免許台帳で確認した結果、91 名全員の記載があり、旧制度下で免許取得した有資格者で

ある。

表9-1 1949(昭和24)年度埼玉県高校体育科教員

NO	高校名	学級数	生徒数	教員数	氏　名	性	免許事由	年齢	S17年勤務先	備考
1	浦和	24	987	34	C1	男	T13.7 文検	51	浦和中	
					C2	男	S15.8 文検	33	所沢・小手指国民学校	埼師
					A1	男	S14.3 高師	33		
2	熊谷	不明	1053	43	C3	男	S3.8 文検	43	(S12 秩父高女)	埼師・高師研究科
					B1	男	S11.3 日体	34	児玉高女	
					B2	男	S21.4 養成講習	43	熊谷中	文検・柔・S15
					A2	男	S20.9 東京体専	25		
3	川越	15	718	29	C4	男	S23.3 文検	32	坂戸国民学校	埼師
					B3	男	S17.3 日体	37		
					C5	男	S14.8 文検	37	所沢商業	埼師
4	春日部	26	767	33	C6	男	S14.8 文検	35	粕壁中	埼師
					C7	男	S19.3 文検	30	三郷・早稲田国民学校	埼師
					B4	男	S16.3 日体	28	与野農商	
5	不動岡	15	643	27	A3	男	S22.3 東京体専	25		
					B5	男	S21.10 臨時特例	46	不動岡中	臨特4-2
					C8	男	S5.7 文検	46	(S16 不動岡中)	埼師
6	本庄	22	592	27	C9	男	S5.7 文検	44	秩父高女	埼師
					C10	男	S17.9 文検	41	深谷国民学校	
					C11	男	S12.7 文検(剣)	45		埼師
7	松山	不明	596	33	C12	男	S17.9 文検	40	浦和第一国民学校	埼師
					C13	男	S19.3 文検	39	松山第一国民学校	埼師
					C14	男	T11 文検		松山中	埼師
8	児玉	11	492	26	C15	女	S24.3 文検	31	東児玉国民学校	埼女師
					A4	男	S6.3 高師	43	(S12 静岡中)	(校長)
9	飯能	11	448	24	A5	男	S17.9 高師	29		
					A6	女	S25.3 女高師	20		在学中
10	越ヶ谷	7	273	20	C16	男	S23.3 文検	25		埼師
					B16	男	兼務			

11	鴻巣	14	448	25	C17	男	S16.8 文検	35	川口高女	埼師
					A7	女	S19.9 女子臨教	24		
12	浦和第一女子	17	715	39	A8	男	S5.3 第一臨教	41	浦和一高女	
					B6	女	T15.3 日体	42	(S12 浦和高女)	
					B7	女	S22.3 日体	21		
13	浦和第二女子	6	189	14	B8	女	S21.3 東女体	21		
14	熊谷女子	16	604	35	B9	男	S7.3 日体	40	幸手実業	
					C18	男	S9.7 文検	39	熊谷高女	埼師
					B10	女	S17.3 日体	27	久喜高女	
15	川越女子	16	627	33	C19	男	S12.8 文検	39	川越中	埼師
					C20	女	S15.8 文検	33	(S12 所沢・吾妻尋高小)	埼師
16	久喜	14	527	26	B11	男	S8.3 日体	37	(S12 川口第一尋高小)	
					B12	女	S12.3 日体	31		
17	行田女子	15	467	27	B13	女	S17.3 日女体	25		
					A9	男	S5.3 第一臨教	38	(S12 朝鮮成興高女)	
18	小川	不明	395	20	B14	男	S6.3 日体	41	川越高女	
					C21	女	S23.3 文検	24		埼女師
19	春日部女子	10	421	24	B15	男	S24.3 日体	26		
					B16	女	S14.3 日女体	29	越谷高女	
20	秩父女子	11	457	27	C22	男	S24.3 文検	32		埼師
					B17	女	S23.3 東女体	20		兼務 秩父農
21	松山女子	10	301	18	C23	男	S19.3 文検	37	松山第一国民学校	
22	深谷女子	8	310	15	B18	男	S21.12 臨時特例	39	深谷高女	臨特4-4
23	熊谷農	13	593	34	B19	男	S23.3 経験規程	43	熊谷農	
					A10	男	S23.3 高師	21		
24	秩父農業	9	309	24	A11	男	S19.9 東京体専	29		
					B17	女		兼務		
25	川越農業	5	185	16	B20	男	S23.3 日体	22		
26	杉戸農業	7	253	24	C24	男	S24.3 文検	24		埼師
27	川越工業	13	479	31	B21	男	S16.3 日体	37		
					B22	男	S7.3 日体	39	川越工業	

28	川口工業	11	332	35	C25	男	S19.3 文検	30		埼師
29	深谷商業	不明	561	23	C26	男	S19.3 文検	35	深谷国民学校	埼師
					A12	男	S17.9 高師	31		
30	幸手商業	5	202	13	C27	男	S24.3 文検	37	幸手・行幸国民学校	
31	豊岡実業	6	265	18	B23	男	S16.3 日体	41	豊岡実業	
32	羽生実業	7	240	16	A13	男	S24.3 東京体専	21		
1	川口	8	323	21	C28	男	S19.3 文検	29	浦和第五国民学校	埼師
					B24	男	S14.3 国士館	32	川口中	(国、漢、剣)
2	浦和市立	11	483	26	B25	男	S4.3 日体	41	川越商業	
					C29	男	S10.8 文検	36	川口工業	埼師
3	秩父	10	397	20	A14	男	S22.3 東京体専	23		
4	行田	6	223	16	B26	男	S24.3 日体	19		
5	所沢	5	309	16	C30	女	S23.3 文検	23		埼女師
6	川越市立	14	496	35	B27	男	S23.3 日体	21		
					B28	女	S4.3 東女体	39	(S12 秩父高女)	
7	大宮第一	14	541	26	A15	男	S25.3 高師	21		在学中
8	大宮*	13	552	30	C31	男	S24.3 文検	35	埼女師附小	埼師
					C33	女	兼務			
9	川口県陽*	4	196	11	A16	女	S16.3 女高師	28		
10	坂戸*	9	293	22	C19	男	兼務			
11	本庄女子	9	304	16	B29	男	S17.3 日体	27		
12	川口女子	12	364	28	B30	女	S24.3 日女体	19		
					B31	女	S15.3 日女体	28		
13	大宮女子	不明	368	21	C32	男	S23.3 文検	30	大宮・三橋国民学校	埼師
					C33	女	S16.8 文検	33	鴻巣国民学校	埼女師
14	熊谷市立女子	8	263	14	B32	男	S24.12 経験規程	37	鴻巣高女	埼師
15	浦和市立女子	11	404	27	B33	女	S23.3 東女体	20		
					C34	女	S23.3 文検	32		埼師
16	岩槻実業	不明	187	21	B34	男	S5.3 日体	39		
17	与野(農商)	7	162	16	A17	男	S9.3 高師	36	埼師	
18	大宮工業	不明	325	16	B35	男	S23.3 日体	20		

19	熊谷商工	15	574	26	A18	男	S14.3 高師	33		
					B36	男	S6.3 日体	43	熊谷商業	
					B37	男	S22.3 日体	22		
20	浦和商業	14	638	25	A19	男	S10.3 高師	39	(S12 福岡県)	
					A20	男	S24.3 高師	21		
	合計		22851人	1266人	A:20名 B:37名 C:34名			平均 32.4 歳		

註 ＊は定時制の独立校、埼師は埼玉師範の略である。

第2節　免許取得事由及び取得時期、年齢、戦前の勤務先

　官立養成学校出身者（A）は20名（22.0％）、無試験検定合格者（B）は37名（40.7％）、試験検定合格者（C）は34名（37.4％）である。

　官立養成学校出身者20名の内訳は東京高師卒業生が10名、以下、東京女高師2名、東京体専5名、第一臨教2名、女子臨教1名である。

　無試験検定合格者37名の内訳は日体出身者が23名、以下、日女体4名、東女体4名、国士舘1名、教員検定規程第7条第6号（学歴、経験年数による者）の該当者が2名、臨時特例の該当者が2名、養成講習修了者が1名である。経験年数の規定によって取得した者の中で、1名は日体の同窓生名簿によれば1925（大正14）年3月に卒業しているが、その時には免許を取得していなかった。1946（昭和21）年に養成講習によって取得した1名は1940（昭和15）年に「文検体操科」の柔道に合格していた者である。（備考欄参照）

　試験検定により取得した34名のうち、埼玉師範出身者が26名、埼女師が4名、それ以外が4名である。

　出身学校だけで見ると、日体出身者が23名と多く、次いで東京高師出身が10名である。但し、免許取得のために試験検定を経過しているが、埼玉師範出身者は26名と最も多い。

　次に取得時期について見てみる。体育科教員中、最も多く免許取得している年度は1948（昭和23）年で、13名である。その次に多いのは1949（昭

和 24）年で、11 名である。それに続くのは 1942（昭和 17）年、1944（昭和 19）年の 8 名ずつである。

　免許取得後の経過年数を多い方から見てみると、1949（昭和 24）年に免許を取得したばかりの者が 11 名、その前年が 13 名、5 年ないし 7 年前が 8 名ずつという状況である。多くの免許取得者を出している 1948（昭和 23）、1949（昭和 24）年の 24 名の内訳は、試験検定合格者が 11 名、無試験検定が 10 名、官立養成学校は少なく 3 名だけである。また、1942（昭和 17）、1944（昭和 19）年の内訳は試験検定合格が 8 名、官立養成学校と無試験検定が 4 名ずつである。

　終戦後に取得した者は 35 名（38.5％）であり、それ以前に取得していた者は 56 名（61.5％）である。すなわち、6 割を超える体育科教員が終戦前に免許を取得していたのである。

　年齢について、『教員免許台帳』に記載の生年月日から 1949（昭和 24）年 4 月 1 日現在で算出したものである。ただし、1922（大正 11）年は文検合格者の生年月日の記載がない。不明な者を除いた 90 名の平均年齢は 32.4 歳である。最高齢は 51 歳、最も若い者は 4 月の誕生日が来て 20 歳となる者が 2 名いる。20 代は 34 名、30 代が 38 名、40 代は 17 名、50 代は 1 名である。生年月日が不明の 1 名は文検合格者であり、1918（大正 7）年 3 月に埼玉師範を卒業しているので 50 代と考えられる。

　20 代の教員 34 名の免許取得事由は官立養成学校出身者が 12 名、無試験検定合格者が 17 名、試験検定合格者は 5 名である。

　30 代では官立養成学校出身者が 6 名、無試験検定合格者が 11 名、試験検定合格者は 21 名である。

　40 代以上では官立養成学校出身者が 2 名、無試験検定合格者が 9 名、試験検定合格者が 7 名である。

　年齢構成から見ると、20 代、30 代の若い教員が多く見られ、20 代では無試験検定合格者と官立の養成学校出身者が多く、30 代では試験検定合格者が多く見られる。

　免許取得時期と重ねてみると、30 代の試験検定合格者 21 名の半数以上となる 12 名が、「文検体操科」の中断時期を挟んだ 1944（昭和 19）年に 5 名、1949（昭和 24）年に 4 名、1948（昭和 23）年に 3 名と集中している。

　表 9-1 の「S.17 年勤務先」の項目が 1942（昭和 17）年の職員録から該

当の勤務先を記録した部分である。この名簿に見当たらなかった者の中で、1937（昭和 12）年度の職員録に記録が見つかった者はそれを付け加えた。その結果 91 名中 50 名について戦前の所属先が判明した。判明しない理由は、年齢が 20 代前半と若いために、まだ教職についていない可能性がある事や、官立養成学校出身者では卒業後の赴任条件があるため、県外に就職していた可能性がある事などの理由が考えられる。

この項目に記載のある者で中等学校所属は 34 名を数える事ができた。つまり、3 割を超える高校体育科教員が 1942（昭和 17）年以前から、中等学校勤務をしていた事になる。その中で 14 名はその前身の中等学校から引き続き、新制となっても継続した同じ高校に所属している。残りの 7 割弱の教員も、1943（昭和 18）年から 1948（昭和 23）年までの間に現所属の高校に異動しているはずなので、同一校勤務はもっと高い割合となるであろう。

第 3 節　戦後初期の体育教師像

1949（昭和 24）年度における埼玉県内、県立、公立高校に勤務する体育科教員 91 名中、官立養成学校出身者は 20 名（22.0%）、無試験検定合格者は 37 名（40.7%）、試験検定合格合格者は 34 名（37.4%）である。戦後には廃止された試験検定制度であるが、それを利用して新制の高校体育科教員となっている者は 4 割に迫っている。しかも、この制度を利用した者は、元小学校教員であり、師範学校の卒業生が多かったのである。出身学校別に見れば、埼玉師範と埼女師とで 30 名、すなわち、3 人に 1 人という割合である。また、年齢構成では、30 代において試験検定合格者が占める割合が高かった。平均年齢 32.4 歳の若い体育教師の集団で、重要な位置を占めていたと言えよう。

東京高師出身者が日本の体育行政や学校体育のリーダー的役割を担い、無試験検定の日体等の指定学校、許可学校の卒業生が量的な面を支えてきたという事は一般的に言われているが、それに加えて、地元の師範学校出身の「文検体操科」、すなわち試験検定合格者が、戦後初期の高校体育科教員集団の中で、年齢的にも中堅を担い、数量的にも無試験検定の日体や官立養成学校出身者を凌ぐ集団となっていた事が、本事例から明らかとなった。

「文検体操科」合格者の明治以来の総数は武道の科目や女子を合わせても

3,000名弱であるのに対して、無試験検定の約半数を占める日体卒業の免許取得者は女子も入れると6,000名を越えている。この人数差から考えても、戦後初期の新制高校で「文検体操科」合格者をより多く登用した事は明らかである。その意味するところは、軍国主義体制が否定され、民主主義の教育が叫ばれたこの時代の反映と見る事ができ、学歴に依らず努力すれば認められるという、彼らの前向きな学び続ける姿勢と合致したのであろう。新しい時代に向かってステップアップを志向する姿が教師像として期待されたのではないだろうか。

戦後初期の高校体育科教員の教師像は、軍人のような教師ではなく、武道家のような教師でもなく、生涯学び続けようとする姿勢を持った体育教師であったという事ができるのではないだろうか。

（小括）

埼玉県における1949（昭和24）年度における新制の高等学校体育科教員は91名であった。免許取得事由から官立養成学校出身者（A）が20名（22.0%）、無試験検定合格者（B）37名（40.7%）、試験検定合格者（C）34名（37.4%）という結果を得た。出身学校を見ると、日体出身が23名と多く、次いで東京高師出身が10名である。但し、免許取得のために試験検定を経過しているが、埼玉師範出身者は26名と最も多い。また、年齢構成では、30代において試験検定合格者が占める割合が高かった。平均年齢32.4歳の若い体育教師の集団で、重要な位置を占めていたと言えよう。地元の師範学校出身の「文検体操科」、すなわち試験検定合格者が、戦後初期の高校体育科教員集団の中で、年齢的にも中堅を担い、数量的にも無試験検定の日体や官立養成学校出身者を凌ぐ集団となっていた事が、本事例から明らかとなった。

埼玉県においては、戦後初期の新制高校で「文検体操科」合格者をより多く任用した事は明らかであり、その意味するところは、軍国主義体制が否定され、民主主義の教育が叫ばれたこの時代の反映と見る事ができるのではないだろうか。

すなわち、出身階層を問わない小学校教員から「文検体操科」に合格し、その成功体験から掴んだ「努力すれば願いは叶う」という信念を持ち続け、生涯にわたって学び続けている彼らの姿勢が評価されたとも言えよう。戦後

初期の体育教師像は、軍人のような教師ではなく、武道家のような教師でもなく、新しい事にチャレンジし、生涯学び続けようとする姿勢を持った体育教師が期待されたと言えるのではないだろうか。

───────────────

第9章　註

[1] 埼玉県教職員組合編(1949)『昭和二十四年七月現在埼玉県教育関係職員録』埼玉県教職員組合
[2] 埼玉県教学会編(1937)『昭和十二年五月現在埼玉県学事関係職員録』埼玉県教学会
[3] 埼玉県教学会編(1942)『昭和十七年五月現在埼玉県学事関係職員録』埼玉県教学会
[4] 埼玉県総務部統計課(1951)『埼玉県統計書昭和24年度』埼玉県 pp.247-248
[5] 埼玉県教育委員会調査研究課編(1950)『埼玉県教育要覧昭和24年度』埼玉県教育委員会 pp.155-156
[6] 埼玉県教育委員会編(1976)『埼玉県教育史第6巻』埼玉県教育委員会 p.241
[7] 同上書：p.844

結章
結論と今後の課題

結章　結論と今後の課題

第1節　全体的考察

（1）「文検体操科」の果たした役割

　「文検体操科」という制度は大正、昭和戦前期における中等学校体操科教員の養成供給の機能を十分果たしたのか、量と質の面から考察してみる。

　全国における体操科教員の供給数である免許取得者数は、1940（昭和15）年度までの体操科男子だけの合計で見てみると、検定に依らない者、すなわち卒業と同時に取得できた東京高師及び臨時教員養成所の官立の養成学校卒業生が合わせて 3,024 名（25.3%）、指定学校及び許可学校卒業者、学歴経験による者を合わせた無試験検定合格者は 7,650 名（64.1%）、試験検定すなわち「文検体操科」合格者が 1,258 名（10.5%）であった。つまり、供給源となった三者の供給の割合は、最も多い無試験検定合格者が 6 割を超え、次に官立の養成学校卒業生がほぼ 4 分の 1、「文検体操科」合格者がほぼ 10 分の 1 を占める状況である。

　それでは、任用されて有資格教員となっている割合はどうであろうか。1937（昭和12）年の文部省体育研究所による中等学校体操科担当教員の調査結果から男子有資格者だけの割合では、検定を要しない者が 18.0%、無試験検定合格者が 68.7%、「文検体操科」合格者が 13.3% である。上記の供給源の割合と比較すると検定を要しない者の割合が減り、その分無試験検定合格者と「文検体操科」合格者が多少増えている。しかしながら、埼玉県においては少し異なる結果を得た。実際に任用されている中等学校の体操科担当教員の有資格者数は、1926（大正15）年度では有資格者 26 名中、官立の養成学校出身者が 6 名（23.1%）、無試験検定合格者が 8 名（30.8%）、「文検体操科」合格者が 12 名（46.2%）である。また、1937（昭和12）年度では有資格者延べ 65 名中、官立の養成学校出身者は 17 名（26.2%）、無試験検定合格者は 28 名（43.1%）、「文検体操科」合格者が 20 名（30.8%）である。埼玉県は「文検体操科」合格者の比較的多い県であったからなのか、文部省体育研究所の全国調査の結果よりも、「文検体操科」合格者の任用の割合が高い結果となっている。

　埼玉県のように任用に高率な県もあったが、全国的には「文検体操科」制

度によって中等学校体操科免許を取得した者は供給源の三者の中では 10 分の 1 の人数を占め、任用された者は全国平均で 10 分の 1 以上という割合を保っている。このような事から、「文検体操科」制度は単に検定を実施して合格者に資格を付与しただけに留まらず、確実に任用まで期待される供給源として同じ割合で採用され、中等学校教員供給のシステムとして機能していたという事ができよう。

　全体的な供給数の増加は中等学校の有資格教員の数に現れてくる。第 8 章で見た通り、埼玉県の場合には 1926（大正 15）年度には有資格教員は 26 名であったものが、1937（昭和 12）年度には 65 名まで増加し 2.5 倍となった。中等学校の増加の割合は、33 校から 50 校に 1.5 倍の伸びであったので、有資格教員は 1 校当たり 0.8 人から 1.3 人に増えた事になる。

　一方、無資格教員に目を転じてみると次のような事が言える。1926（大正 15）年度では体操科担当教員 61 名の中で、35 名が無資格者であった。担当科目は延べで体操 20 名、教練が 5 名、武道が剣道、柔道を併せて 7 名等である。この頃の体操科担当教員は有資格者より無資格者教員の方が多い状態で、体操の担当者不足を補っていたと言える。

　それに対して 1937（昭和 12）年には実業学校を除く中等学校の体操科担当教員 92 名中、無資格者は 36 名に上る。担当科目は延べで武道 21 名、教練 7 名、体操 5 名等である。武道が必修となっていた師範学校と中学校では武道担当者が 33 名おり、有資格者はこの年「文検体操科」合格の 1 名を加えても 12 名だけである。男子校における無資格教員は体操科担当教員の約 4 割および、その 6 割近くが武道担当者である。逆から見れば、師範学校、中学校の武道担当者の 6 割以上が無資格者であったのである。

　武道の必修化は 1931（昭和 6）年から始まっている。大正期にはいわば選択必修であったためか、武道専任の教員自体が少なく、無資格教員は体操担当の者が多かった。1937（昭和 12）年になると、大量の無資格教員の任用実態が、剣道、柔道の授業のあった男子校に顕著に表れる。体操科の無資格教員の実態は、武道担当教員の供給数が少なかった事と、武道担当の無資格教員を職員定数の集計上カウントしなくともよいという行政的措置がとられてきた事から起きた結果とも見られる。

　供給数の増加とともに武道担当者以外の体操科担当教員では、有資格教員の着実な増加が見られ、こうした教育環境の改善に「文検体操科」制度は無

試験検定制度とともに限定的ではあるが貢献は見られたと言えよう。

　次に質の面から見てみる。出願者数、合格者数の発表のあった1895（明治28）から1940（昭和15）年までの武道、教練を除いた体操の全体の合格率は男子で12.6％、女子で11.4％という狭き門である。さらに詳しく見てみると、「文検体操科」の検定の内容、程度については以下のようであった。まず、1896（明治29）年の免許規則の改正で、検定の程度については、尋常師範学校、尋常中学校教員に関しては高等師範学校の学科程度に準じて行われる事となった。検定委員は東京高師や東京女高師の教員が任命された。予備試験の筆記試験のために、彼らの著作は受験者にとっては必読書に揚げられている。

　筆記試験では体操、解剖生理衛生、遊戯競技の内容で2日間にわたって実施された。各問いはそれぞれ5問程度ある。受験希望者用のガイドブックに掲載の模範解答を見ると、論文問題で解答用紙が2枚以上になるときはこれを綴り、さらに番号順に重ねるような指示もあるほど量が多い。専門的で、高度な内容を細部まで要求され、ハードな筆記試験であった事が分かる。

　本試験で行う実技検定の会場は東京高師である。「文検体操科」の実技の検定内容は東京高師主催の体育講習会で行うものとほぼ同内容であり、しかもそれは東京高師の授業内容と重なる。したがって、受験者は示範を見せてくれる東京高師の学生や研究科生のレベルを目標として練習をする。検定のレベルは検定委員の二宮文右衛門が次のように言い表している。「中等学校の指導者たる以上素人離れのした技術を持たなくてはならない。即ち精錬された技術を持たなくてはならない。」しかも一種目でも失敗すれば不合格になると受験者は恐れていた。検定全体の結果としての彼らの合否だけは分かるが、細部の採点内容や成績結果が公表されてない事から、正確さには欠けるが難易度の高い試験と言って過言ではないだろう。

　以上のように、当時の教員不足解消を期待する社会状況の中で、量の面では埼玉県の任用事例から、質の面では試験内容、結果の検討から、また、その他受験を支える雑誌や講習会の状況から、中等学校体操科教員の養成供給に役割を果たす事ができた制度であったと言えよう。

（2）「文検体操科」合格者の特性

「文検体操科」合格者の多くは現職の小学校教員で、その多くの修学歴は師範学校卒業であった。師範学校は様々な特典のある全寮制の小学校教員養成機関であり、入学に際しても卒業後の赴任先にしても地域と密接に結びついている。地域の推薦制度があり、給費制度、卒業後の兵役義務短縮などの特典とセットで、卒業後の小学校勤務が義務付けられている。そのため、「文検」受験希望者は地元の現職小学校教員であると同時に、地元の師範学校出身者であると予想され、埼玉県の事例ではその実態を明らかにする事ができた。埼玉県における「文検体操科」合格者158名の中で、埼玉師範出身者は104名（65.8%）を占めていたのである。

　次に、一般的に言われている「文検」合格者の特性を表現する語句は、竹内洋のいう「苦学」という行為と「立身出世」という価値観であり、また、そこから表出する「生涯学び続ける姿勢」であった。本研究の「文検体操科」という制度で養成供給された体操科教員の特性についても同様であった。

　苦労しての受験生活は「文検体操科」合格者には共通のものである。押田勤は「毎日50ページ読破を目標に、朝4時起床、洗面後直ちに読書を続ける。この時間こそ自分に与えられた貴重な時間であり、登校途中は読んだ事項の反復練習の時間であった。日曜日こそはまとまった時間の取れる最大の日で夢中になってひたむきに読み続けた。分からないところは丸暗記をする。何ページの何行目には何が書いてあるというほど徹底して読み込んだ」という。早朝から深夜まで時間を惜しみ、勉強時間を確保する。その一方、実技の練習では、平日は放課後、1人練習し、「土、日曜を練習日と決め埼玉師範に行って白石君とともに練習を開始した。土曜日は主として懸垂運動・転回運動に充てた。最も苦手の跳び箱は見るのさえ悪寒を覚えていた。それでも命がけの心境で、幇助をしてもらい挑んでいると偶然成功する事が出てきた。その時はうれしさのあまり跳び箱を撫で回すほどであった。鉄棒も同様に苦手ではあったが、次第に手の皮がむける回数とともに技の方も心の方にも余裕ができてくるように思われた。」このようにして、体育講習会でやった事を、普段は放課後1人練習、週末は仲間とともに練習を続ける。努力の結果は晴れの合格へと結びついていくことになる。このような生活は押田に限った事ではなかった。

　浅海公平は中等学校教員となった後、更なる学習へ立ち向かう姿勢は、グループ研究という形でも現れた。戦後の新しいカリキュラムが模索されてい

た時期に、浦和では一校一研究と相俟って体育研究グループが生まれ、やがて、東京教育大の丹下保夫らと「浦和の体育」研究に参画するようになる。浅海は小学校、中学校の教員と大学側との調整役となって動き、研究の担い手、内容の広がり、特定の人間への負担のかかりすぎなどの問題を根気よく乗り越えた。その後中学校の保健体育の指導要領を作成するための文部省調査委員会のメンバーに加わる事にもなる。大学教授の多い委員会で常に現場代表として発言し、指導要領をまとめていったという。「文検」合格者一般に見られた生涯学び続ける姿勢、前向きな姿勢が浅海にはこのような姿になって出現したと言えよう。

ところで、1943（昭和 18）年の検定以来中断していた「文検」が戦後復活するに当たって、笠井惠雄（1946）[1] が次のような感想を述べている。

　　既往の文検出身者に往々欠点とされた一つのことは、技術の価値と立派さを余りに信じ過ぎたり、検定試験に合格したことに最高の名誉を感じそれ以後の精進が停止されたといわれることである。又一つは、理論も暗記式、試験問題解答式で見識が狭く、融通弾力のないいわば推理思考に余裕のない考え方をするといわれた。

こう述べて、「文検体操科」出身者に対する合格後の努力不足や見識の狭さを指摘している。当時の彼らの評価について触れた数少ない史料の一つであり、無視できない記述である。笠井は続けて、「いわゆる学校出にもこれと同じ類いは数多い」から決めつけるわけではないが、「今後の若き指導者は、検定を看板とするために勉強したり」[2]、検定というものを絶対視したりすることから離れるよう忠告している。笠井が目にし耳にした感想であろうが、本研究の事例では笠井の心配をよそに、前向きに努力を続ける指導者像の二人を示すことができた。

さらに、本研究で見た戦後初期の埼玉県の新制高校では、戦前と比較して「文検体操科」合格者の占める増加の割合が官立養成学校卒業生や無試験検定合格者よりも大きい。その意味するところは、軍国主義体制が否定され、民主主義の教育が叫ばれたこの時代の反映と見る事ができ、出身階層や学歴に依らず、努力すれば認められるという、彼らの持っている学び続ける姿勢と合致したからと言えるであろう。軍人のような教師ではなく、武道家のようでもなく、前向きに挑戦し生涯学び続けようとする姿勢を持った体育教師

が期待されたのではないだろうか。以上の状況から、笠井の懸念した合格者像よりも「文検体操科」合格者の特性として努力すれば願いが叶うという成功体験から前向きに挑戦し続ける姿勢を持った教師が、事例研究の二人に限られる事なく広く見られ、期待されたとも言えるであろう。

他方、「立身出世」は小学校教員から中等学校教員へのキャリアアップという形で表れている。その実態について見てみよう。

1912（明治 45）年度から 1941（昭和 16）年度までの埼玉県における「文検体操科」合格者は 74 名である。その中で中等学校の「教諭」に転じた事が確認できた者は戦後の新制高校勤務も含めて 48 名 64.9％になる。つまり、就職先の限られていた教育科や家事科、音楽科などと違い、埼玉県においては「文検体操科」合格者の約 65％の者が中等学校教員へキャリアアップを達成していた。

任用された時期による学校種別では、1931（昭和 6）年以前では、師範学校、中学校、高女、実科高女であり、実業学校には見られなかった。1934（昭和 9）年以降、新たに採用された者の 3 分の 1 に当たる 8 名が実業学校へ着任した。任用先の重点が、学校数の増加に伴って中学校、高女から実業学校へ移った事も明白になった。

小学校から中等学校への異動の経過には 3 通り見られた。一つ目は「文検体操科」合格後、小学校と中等学校の兼務経験をせずに異動した者で、60.7％である。二つ目は小学校と中等学校との兼務期間のある者で 25.0％であった。三つ目は「文検体操科」合格後、東京高師の研究科に進学し、その後に異動した者で 14.3％になる。第 1 のグループは合格者が最も多く、第 2 のグループは 4 分の 1 ほどの数である。中等学校の教員不足を近隣の小学校教員が嘱託として補っている例は「文検体操科」に合格していない者にも多々見られた事例である。「文検体操科」合格後、浅海公平は第 2 グループの一人として、小学校専科訓導と中等学校の嘱託を経て、急増する実業学校の川口工業学校の専任教諭となった。第 3 のグループは中等教員養成制度に見られる階梯の最上位に位置すると考えられる東京高師進学を果たした者たちである。押田は第 3 のグループの一人として東京高師研究科を経て埼玉師範へ就職している。このような点でも、「文検体操科」合格者の上昇志向は見てとれる。小学校教員から中等学校教員へのキャリアアップの経緯は兼務の有無による違いとさらに上位校への進学とが見られた。

第 2 節　今後の課題

　本研究の限界がいくつかある。合格者の動向は埼玉県の事例であり、追跡できた 2 名のライフヒストリーであり、そこから導き出された結論である。今後の発展的な検証を期待するとともに、研究を継続し解明に努力したい。また、残された課題には以下の 3 点があろう。

　第 1 に、中等学校体操科教員養成について「文検体操科」の制度及び埼玉県に関わる合格者についてはおおむね解明でき、その事によって制度が教員供給のためにある程度役割を果たした事を明らかにした。しかし、供給する有資格者の質の問題を十分検討できたとは言えない。数日間の検定だけで中等学校の体操教師としての資質を判定する事に対して疑問も残る。供給数や中等学校教員に任用された数で合格者の質も認められたと推し量るだけでは説得力不足であろう。戦後の教育職員免許法制定により検定制度は消滅したが、その理由にも関連する問題でもあろう。

　また、全国的な合格者の動向や、無試験検定合格者についてはまだ不明の点が多く残っている。試験検定である「文検体操科」合格者を特定するという本研究は『教員免許台帳』の公開があって可能になった。さらに、合格者の多くは師範学校出身者であった事から、合格後の異動や業績を追跡する事でまとめる事ができた。教員検定にはもう一つ無試験検定がある。その中の指定学校や許可学校は武専を除き、現存する学校である。したがって卒業生の追跡も可能である。それ以外の無試験検定の学歴経験によって取得した者いわゆる教員免許規程第 7 条第 6 項に該当する者の把握は全くできていない。彼らはどんな形で就職し、経験を経て資格取得して、その後はどうなったのか。『教員免許台帳』からすべての有資格者の体操科教員を特定して、体操科に関わる中等教員養成史の中で白紙状態のこの部分を解明し、昭和戦前期の中等学校体操科担当教員の全容を明らかにしたいと考えている。

　第 2 に、無資格教員の解消は徐々に進んだが、最後まで残ったのは武道担当者に限られるようになった点である。有資格者が供給されても無資格者は依然として解消には至らなかった。つまり、供給数が満たされれば解消するというものではなかったわけである。なぜ正式の教員として採用しなかったのか、原因は文部省にあったのか、あるいは学校現場や武道関係者にあったのか、それとも別の要因があったのか今後の検証が待たれる。

第 3 は戦後に実施された「文検体操科」についてである。戦後の保健体育科は混乱からのスタートであったが、「文検体操科」合格者もそれを支えた一員であった。その混乱の中でも 1947（昭和 22）年と 1948（昭和 23）年度に最後となる「文検体操科」が実施された。しかも、この 2 回で 876 名という前例のない合格者を出した。この検定はどう実施されたのか、合格者はどうなったのか、まだまだ未解明である。

　戦後にも結びつく中等学校体操科教員養成の未解明な部分について、さらに焦点を当てて研究を進めて行きたい。

結章　註

[1] 笠井惠雄（1946）「偶感」新体育刊行会編『新体育：S21.6』p.8 目黒書店
[2] 同上書

引用・参考文献

引用・参考文献

浅海公平（1993）『軈て灯りが見えてくる』私家版

浅海公平（1994）『軈て灯りが見えてくるⅡ』私家版

天野郁夫（1996）『日本の教育システム：構造と変動』東京大学出版会

井上えり子（2009）『「文検家事科」の研究：文部省教員検定試験家事科合格者のライフヒストリー』学文社

今村嘉雄（1951）『日本体育史』金子書房（復刻：木下秀明監修戦後体育基本資料集第15巻）

今村嘉雄・宮畑虎彦他編（1976）『新修体育大辞典』不昧堂出版

梅根悟（1973）『教育研究五十年の歩み』講談社

大川榮次（1935）『提要文検体操科の組織的研究』啓文社出版

大蔵省印刷局、『官報』

小笠原拓（2007）「「文検国語科」の研究（1）：その制度と機能について」『鳥取大学地域学部紀要地域学論集4（1）』

小口正行（1980）「中等教員検定制度による体操教員の供給について：明治期を中心として」『信州大学教育学部紀要43』

小澤久夫（1949）「文検本試験参観記」大日本体育指導者連盟編『新体育：14巻5号』pp.45-47 目黒書店

押田勤（1927）「文検体操科受験記」国民教育会編『文検世界：13巻5号』pp.77-80（国立国会図書館マイクロフィッシュ）

押田勤（1942a）「捨身a」学徒体育刊行会『学徒体育2（上）：S17.3』pp. 63-68 目黒書店（金沢大学図書館所蔵）

押田勤（1942b）「捨身b」『学徒体育2（上）：S17.5』pp. 71-74（金沢大学図書館所蔵）

小田義隆（2000）「戦前日本における「文検」歴史科試験問題の分析」日本教師教育学会編『日本教師教育学会年報9』

小田義隆・土屋基規（1999）「戦前中等教員養成制度の研究：「文検」歴史科を中心に」『神戸大学発達科学部紀要7（1）』

海後宗臣監修（1971）『日本近代教育史事典』平凡社

掛水通子（1984）「明治期における体操科教員免許状取得者について：中等学校教員免許状取得者を中心として」『東京女子体育大学紀要19』

掛水通子（1986）「大正期における女子体育教員に関する研究：女子体操科教員養成機関

と中等学校体操科教員免許状女子取得者について」『東京女子体育大学紀要21』

掛水通子(1987)「昭和期旧制度における中等学校体操科(体錬科)教員免許状女子取得者について」『東京女子体育大学紀要22』

学徒体育刊行会編『学徒体育』目黒書店 1942-1945

学校法人日本体育会編(1973)『日本体育会日本体育大学八十年史』不昧堂出版

笠井惠雄(1946)「偶感」新体育刊行会編『新体育：S21.6』p.8 目黒書店

唐沢富太郎(1955)『教師の歴史：教師の生活と倫理』創文社

岸野雄三・竹之下休蔵(1959)『近代日本学校体育史』東洋館出版社(復刻版1983 日本図書センター)

教育史編纂会編(1965)『明治以降教育制度発達史』教育資料調査会

近代日本教育制度史料編纂会編(1959)『近代日本教育制度史料』大日本雄弁会講談社

国立教育研究所編(1974)『近代日本教育百年史』

国民教育会編『文検世界』国民教育会(国立国会図書館マイクロフィッシュ)

国民教育会編(1926)『自大正元年至最近文検中等教員各科問題集』国民教育会(国立国会図書館デジタルライブラリー)

埼玉県編『埼玉県統計書：各年度版』

埼玉県教育委員会編(1972)『埼玉県教育史』

埼玉県教育会編『埼玉県学事関係職員録：明治43、大正2,4,10,14,15、昭和3-17年度版』

埼玉県教職員組合編(1949)『埼玉県教育関係職員録、昭和24年度版』

埼玉県体育協会編(1964)『埼玉県体育史』

埼玉県知事官房編『埼玉県職員録：各年度版』

埼玉師範学校男子部同窓会編(1950)『昭和25年1月現在会員名簿』

坂本麻実子(2010)「大正音楽教育界における文検出身教員の軌跡」『桐朋学園大学研究紀要36』

佐藤由子(1988)『戦前の地理教師：文検地理を探る』古今書院

邵艶(2005)「「文検支那語」に関する研究ノート：戦前中国語教員養成の一断面」日本教育学会編『教育学研究72(1)』

真行寺朗生・吉原藤助(1928)『近代日本体育史』日本体育学会

諏佐末吉(1934)『文検体操科の新研究』文泉堂書房

鈴木正弘(1999)「「文検」歴史科について：概要と足跡」比較文化史学会『比較文化史研究1』

鈴木正弘(2001)「検定学徒の半生と検定観：石田吉貞(大月静夫)著『若き検定学徒の

手記』の考察」『比較文化史研究 3』

鈴木正弘（2004）「一検定学徒の半生と教育界：検友会会長・神戸公平著『嵐之中の小舟』等の考察」『比較文化史研究 6』

鈴木正弘（2006）「一歴史教員の半生と文検観：酒井三郎の足跡と『《高等教員・中等教員》文検西洋史《系統的》研究法』の考察」『歴史教育史研究 4』

体育学会編『体育と競技』体育学会 1922-1940（復刻版：第一書房 1985）

大日本体育学会編『学校体錬』目黒書店 1941-1942　金沢大学図書館所蔵

大日本体育研究会編（1935）『文検体操科試験問題解説』第一相互出版社（国立国会図書館デジタルライブラリー）

新体育刊行会、大日本体育指導者連盟、日本体育指導者連盟編『新体育』目黒書店 1946-1980

大明堂編（1926）『文検各種試験独学受験法：体操・音楽科の部』大明堂書店（国立国会図書館デジタルライブラリー）

高野佐三郎（1926）「文検撃剣科試験に就て」国民教育会編『文検世界 12（11）』pp.2-3

竹内洋（1991）『立志・苦学・出世：受験生の社会史』講談社（講談社現代新書）

竹内洋（2011）『学歴貴族の栄光と挫折』講談社（講談社学術文庫）

竹中暉雄（2000）「文検「公民科」の筆記問題と口述諮問」『桃山学院大学人間科学 20』

中等教科書協会編（1926）『中等教育諸学校職員録』（国立国会図書館デジタルライブラリー）

津田道夫（2007）『ある軍国教師の日記：民衆が戦争を支えた』高文研

寺﨑昌男・「文検」研究会編（1997）『「文検」の研究：文部省教員検定試験と戦前教育学』学文社

寺﨑昌男・「文検」研究会編（2003）『「文検」試験問題の研究：戦前中等教員に期待された専門・教職教養と学習』学文社

東京女子高等師範学校編（1938）『東京女子高等師範学校・第六臨時教員養成所一覧』

東京文理科大学（1937）『東京文理科大学東京高等師範学校一覧』

東京文理科大学・東京高等師範学校編（1931）『創立六十年』

中島太郎（1961）『教員養成の研究』第一法規出版

永岡秀一（1926）「文検柔道科試験に就いて」国民教育会編『文検世界 12（6）』pp.4-5

永田進（1938）「師範学校中学校高等女学校体操科教授担任教員の資格に関する考察」体育研究協会『体育研究 5』

中村民雄（1982）「明治期における体操教員資格制度の研究」『福島大学教育学部論集 34』

中村民雄（1983）「明治期における体操教員資格制度の研究（二）」『福島大学教育学部論集 35』

中村民雄（1985）「大正期における体操教員資格制度の研究」『福島大学教育学部論集 37』

中村民雄（1989）「戦前における体操教員資格制度研究」『福島大学教育学部論集 46』

二宮文右衛門（1930）「体育の文検受験について」国民教育会編『文検世界 16(4)』p.12

日本体育大学同窓会（2001）『平成 13 年版日本体育大学同窓会会員名簿』

野口源三郎（1931）「体操科本試験所感（一）」国民教育会編『文検世界 17（10）』p.2

疋田祥人（2011）「「文検」手工科の制度的変遷」『大阪工業大学紀要人文社会篇 55（2）』

百年史編集委員会（1976）『百年史埼玉大学教育学部』

文教書院編（1925）『文検受験要覧』文教書院（国立国会図書館デジタルライブラリー）

文検受験協会編（1925）『文検受験各科必勝法指針』教育研究会出版（国立国会図書館デジタルライブラリー）

細見豊秀・南波九一編（1926）『最近六箇年間文検体操科問題解答集』木下製作所出版部（国立国会図書館デジタルライブラリー）

牧昌見（1971）『日本教員資格制度史研究』風間書房

茂住實男（2004）「「文検」英語科試験問題の調査」『拓殖大学語学研究 106』

森川貞夫（2000）「東京高師と日本のスポーツ」『スポーツ社会学研究 8』

文部省（1972）『学制百年史』

文部省『教員免許台帳』（国立公文書館所蔵）

文部省『文部省年報』各年度版

文部省編（1987）『文部省例規類纂』大空社

山崎真之（2010）「「教員免許台帳」にみる国士舘専門学校：中等諸学校武道教員免許状取得者数の検討を通して」『国士舘史研究年報 2009』

山田浩之（2002）『教師の歴史社会学：戦前における中等教員の階層構造』晃洋書房

米田俊彦編（2009）『近代日本教育関係法令体系』港の人

資料1　埼玉県における「文検体操科」合格者一覧

NO	文検回	科目	氏名	NO	文検回	科目	氏名
1	21	師女・体操	岡野　高三郎	30	54	撃剣	藤﨑　榮春
2	22	師女高女・体操	都筑　清三	31	56	体操	島﨑　平二
3	23	師、中・体操	都筑　清三	32	56	体操	田中　博
4	24	体操	倉林　耕作	33	58	教練	名野　沖一
5	24	師女高女・体操	鈴木　泰平	34	58	教練	吉野　勝文
6	25	師女高女・体操	島村　隆吉	35	60	体操	加藤　貞治
7	26	体操	秋山　英一	36	60	体操	寺﨑　長太郎
8	33	体操	新井　誠治	37	60	体操	横塚　林次
9	33	撃剣	今井　慎五郎	38	60	教練	岩田　章
10	35	撃剣	利根川　孫一	39	62	体操	浅海　公平
11	36	体操	青木　顕壽	40	62	体操	狩野　喜好
12	36	体操	嶋田　万吉	41	62	体操	齋藤　一郎
13	38	体操	石川　正一	42	62	体操	澁谷　宏三
14	38	撃剣	原口　多一	43	62	体操	吉川　正雄
15	38	撃剣	茂木　豊次郎	44	62	教練	栗原　文之進
16	40	体操	今井　忠太郎	45	64	教練	高田　卓爾
17	40	体操	原田　隣造	46	64	教練	田中　幸作
18	40	撃剣	関山　久行	47	66	体操	岩﨑(大塚)敏夫
19	42	撃剣	森田　與喜	48	66	体操	坂西　恒吉
20	44	体操	押田　勤	49	66	剣道	櫻井　榮
21	44	体操	岡村　正一	50	68	体操	加藤　隆次
22	44	体操	白石　武司	51	68	体操	関口　昌助
23	44	体操	出牛　福蔵	52	68	体操	中村　由蔵
24	44	撃剣	酒井　八重朔	53	68	体操	犬竹　正雄
25	46	撃剣	金杉　松次	54	68	体操	井田　萬三郎
26	48	体操	岩田　巳代治	55	68	体操	岡野　文吉
27	48	体操	古川(天野)美亀雄	56	68	教練	小暮　豊男
28	52	体操	青木　勝	57	70	体操	青木　一三
29	52	体操	竹本　禮三	58	70	体操	内田　恭作

NO	文検 回	科 目	氏 名	NO	文検 回	科 目	氏 名
59	70	体操	網野　三一	88	78	体操	粕谷　優
60	70	体操	安藤　松壽	89	78	体操	淺香　久
61	70	体操	石川　正男	90	78	体操	井上　君代
62	70	体操	金子　堅太郎	91	78	体操	石川　又一
63	70	体操	須﨑　泰次	92	78	体操	内田　甚五郎
64	70	体操	中畝(野口)義男	93	78	体操	北郷　佐吉
65	70	体操	峯　友直	94	78	体操	島田　秋一
66	70	体操	渡邊　江津	95	78	体操	須﨑　勇
67	72	体操	内田　喜作	96	78	体操	関根　幸夫
68	72	体操	茂木　義男	97	78	体操	中島　きん
69	72	体操	加藤　一	98	78	体操	中村　正行
70	72	体操	黒田　清次	99	78	教練	小菅　唯明
71	72	体操	須田　浩三	100	80	体操	青山　フミ
72	72	体操	長谷川　正之助	101	80	体操	井上　一
73	72	体操	渡邊　正	102	80	体操	伊藤　明
74	72	剣道	横溝　貞三	103	80	体操	岡田　操
75	72	柔道	山浦　直心	104	80	体操	鯨井　澄
76	74	体操	金室　博	105	80	体操	小松崎　兵馬
77	74	体操	鈴木　良三	106	80	体操	小林　徳之助
78	74	体操	長島　敏男	107	80	体操	杉田　和子
79	74	体操	堀越(野村)なつ子	108	80	体操	鈴木　廣伺
80	74	教練	吉澤　喜一	109	80	体操	長谷川　隆三
81	76	体操	新井　俊雄	110	80	体操	邊見　健八郎
82	76	体操	上野　久保	111	80	体操	矢内　正義
83	76	体操	大木　美登	112	80	体操	山口　利通
84	76	体操	富田　林治	113	81	体操	青木　勝也
85	76	体操	丸山　駿	114	81	体操	秋葉　晟
86	76	剣道	大川　晃次	115	81	体操	池田　久
87	78	体操	荒井　増治郎	116	81	体操	石井　富次

NO	文検回	科目	氏名	NO	文検回	科目	氏名
117	81	体操	石井　嘉江	138	81	体操	戸野倉　久男
118	81	体操	猪野　勇	139	81	体操	根岸　二郎
119	81	体操	今井　清市	140	81	体操	野中　宏
120	81	体操	大江　源左衛門	141	81	体操	長谷川　和男
121	81	体操	大海渡　清三郎	142	81	体操	原田　豊助
122	81	体操	小鹿野　隆次	143	81	体操	細井　多
123	81	体操	沖島　律次	144	81	体操	細谷　喜美
124	81	体操	小高　敬弘	145	81	体操	松村　高俊
125	81	体操	加島　一郎	146	81	体操	三ツ木　實
126	81	体操	木下　義助	147	81	体操	宮原　善三郎
127	81	体操	倉本　辰次	148	81	体操	村田　眞平
128	81	体操	栗原　武四郎	149	81	体操	持田　千代吉
129	81	体操	黒田　邑子	150	81	体操	矢島　春信
130	81	体操	小松　緑	151	81	体操	吉田　倉治
131	81	体操	小山　賢司	152	81	体操	渡邊　喜八郎
132	81	体操	齋藤　忠	153	81	体操	岡本　清三郎
133	81	体操	齋藤　秀雄	154	81	体操	木村　嘉三
134	81	体操	塩田　禎男	155	81	体操	田中　亨
135	81	体操	進藤　俊雄	156	81	体操	野口　茂
136	81	体操	田島　タカ	157	81	体操	山田　惠一
137	81	体操	土岐　光郎	158	81	体操	吉田　利雄

『教員免許台帳』から作成

資料2　検定委員略歴

凡例：氏名（ふりがな）、（生没年）、出身地、①最終学歴、卒業年、②委員就任時の所属、③略歴・著書など、（主な出典）である。

坪井　玄道（つぼい　かねみち）（1852～1922）下総国葛飾郡鬼村出身、②東京高師教授　③体操伝習所でリーランドの通訳、国家主義的傾向の強まる体育界で普通体操と遊戯併用の体育論を提唱した。『新撰体操書』『小学普通体操法』『戸外遊戯法』などの著書・翻訳がある。（新修体育大辞典、p.1015）

可児　徳（かに　いさお）（1874-1966）明治7年岐阜県生まれ、①日本体育会体操練習所卒、明治30年「文検体操科」合格　②東京高師助教授　③坪井に師事したため、永井道明のスェーデン体操には批判的で、大正年間には競技の奨励に志向した。『体操発達史』（カール・オイラー著の翻訳）がある。（新修体育大辞典、p.306）

井口　あくり（いのぐち　あぐり）（1870～1931）明治3年秋田市生まれ　①秋田女子師範卒業、明治25年東京女高師卒、②東京女高師教授　③明治32年アメリカ留学、マサチューセッツ州ノーサンプトン・スミス大学で生理学・体操を研究。ボストン体操師範学校卒業後、ケンブリッジ、ハーバード大学で体操を修める。スウェーデン体操を鼓吹した。（新修体育大辞典、p.87）

永井　道明（ながい　みちあき）（1868～1950）明治元年12月水戸市生まれ　①明治22年茨城師範卒、同26年高師卒　③明治38年から文部省外国留学を命ぜられる。大正2年「学校体操教授要目」制定の中心人物。『体育講演集』『学校体操要義』などの著作がある。（新修体育大辞典、p.1101、「茨城県大百科事典」には1860年生まれという記述もある。）

二階堂　トクヨ（にかいどう　とくよ）（1880～1941）明治13年宮城県志田郡生まれ、①明治32年福島師範卒、明治37年東京女高師文科卒　②東京女高師教授　③大正元年からイギリス留学、帰朝後東京女高師の教授となる。『体操通俗講話』『足掛4年』『模擬体操の実際』等を著した。大正11年には「二階堂体操塾」（現日本女子体育大学）を創立した。（新修体育大辞典、p.1113）

津崎　亥九生（つざき　いくお）（1875～1928）明治8年9月熊本市生まれ、①明治30年日本体育会体操練習所卒、②東京高師教授　③器械体操の権威として知られる。（新修体育大辞典、p.1101）

三橋　喜久雄（みつはし　きくお）（1888～1969）明治21年鳥取市生まれ、①鳥取師範卒業、「文検体操科」合格　②鳥取師範教諭をへて、大正3年永井道明にまねかれ、高師助教授となる　③昭和2年三橋体育研究所を設立、スウェーデン体操を改良した「生命体操」を創案して普及につとめた。（新修体育大辞典、p.1454）

野口　源三郎（のぐち　げんざぶろう）（1888～1969）明治21年埼玉県生まれ、①明治42年埼玉師範卒、大正4年高師卒、②東京高師教授　③大正9年、第7回国際オリンピッ

ク大会（アントワープ）に日本代表選手（主将）として参加、十種競技に出場し12位となった。主著に『オリンピック陸上競技法』『オリンピアの印象』『学校遊戯及競技（走・跳・投）』『陸上競技指導法』などがある。1921（大正10）年から検定委員となって体育全般、競技、遊戯（特に実地試験の競技方面）を担当する。
　（新修体育大辞典、p.1170）

大谷　武一（おおたに　ぶいち）（1887～1966）明治20年5月兵庫県生まれ　①明治37年姫路師範卒、大正2年高師卒、②東京高師教授　③大正6年文部省留学生として米国に渡り主としてシカゴ大学、ペンシルベニア大学において体育理論・体育生理・解剖を学んだ。大正13年に体育研究所が創設されるや体育研究所技師となり、専ら体操部員として学校体操を研究した。『新教育体操』『学校体操の指導』は「文検体操科」受験生の必読書とされた。学校体育界の第一人者で、大正15年の「改正学校体操教授要目」の調査委員でもあった。（新修体育大辞典、p.175）

高橋　キヤウ（たかはし　きょう）（1892～1980）明治25年3月香川県に生まれ、①明治44年東京女高師卒　②大正4年5月東京女高師助教授となる　③大正15年の「改正学校体操教授要目」の委員でもあった。（輿水はる海、1980「高橋キヤウに関する研究」日本体育学会大会号31）

岩原　拓（いわはら　たく）（1888～1959）東京生まれ、①大正4年九州帝大医学部卒　②文部省学校衛生官　③体育生理学者である。文部省学校体育課長、体育研究所長を務める。主著に『学校生理学』『学校衛生』などがある。（近代日本体育史、p.663）

吉田　章信（よしだ　あきのぶ）（1884～1956）明治17年3月岡山県生まれ、①明治44年11月九州帝大医科卒、直ちに軍医中尉となる。大正2年8月陸軍戸山学校教官、②大正10年12月文部省学校衛生官、③体育測定の先覚者として知られる。主著には『運動生理学』『運動衛生学』『提要運動生理衛生学』など多数。運動生理学の権威であった。
　（近代日本体育史、pp.657-658）

三浦　ヒロ（みうら　ひろ）（1898～1992）明治31年北海道生まれ、①大正9年東京女高師卒業、②東京女高師講師　③体育運動による精神教育の意義、特に女子体育における、ダンスを通じての情操の陶冶を主張した。主著に、『行動遊戯』『女子体育とダンス』『真実の体育を求めて』『女教師の手記―ひびき合う心』がある。
　（新修体育大辞典、p.1450）

二宮　文右衛門（にのみや　ぶんえもん）（1884～1946）明治17年愛媛県西宇和郡生まれ、①明治39年宮崎師範卒、明治42年東京高師卒、同44年研究科卒　②東京高師教授　③「学校体操教授要目」の編纂者の中心となり、要目の一次改正、二次改正には要目調査委員として重きをなした。著書に『学校体操』『体育原論』『体操科の中心教材』などがある。（新修体育大辞典、p.1120）

宮田　覚造（みやた　かくぞう）（1888～1952）明治21年茨城県久慈郡坂本村（現日立市）生まれ　①大正4年茨城師範卒、大正6年東京高師卒、大正11年同研究科卒　②東京女高師教授　③大正15年の要目改正時には委員を務める。主著に『改正学校体操教授要目の精神と其実施上の注意』『体操科教授の原理と其実際附教授細目』などがある。　（近代日本体育史、pp.663-664）

戸倉　ハル（とくら　はる）（1896〜1968）香川県出身、①東京女高師研究科修了　②東京女高師教授　③学校におけるダンスの開拓者、日本女子体育連盟を創設、会長を務める。主著に『うたとあそび』『ハンドカスタのゆうぎ』『学校ダンス創作集』などがある。（新修体育大辞典、p.1076）

佐々木　等（ささき　ひとし）（1891〜1982）明治24年3月福島県相馬郡生まれ　①大正4年福島師範卒、大正8年東京高師卒　②東京女高師教授　③昭和12年頃の『学校球技の指導』を初めとして、『女子体育』『学校球技』『小学校の球技』などの著書がある。（体育人名辞典、p.92）

小笠原　道生（おがさわら　みちなり）（1899〜1955）明治32年和歌山市生まれ　①東京帝大医学部卒　②文部省体育研究所技師　③昭和7年英国留学、その後学校衛生官、体育官、文部省体育局長。主著に『体育生理学要綱』（新修体育大辞典、p.177）

中島　海（なかじま　かい）（1894〜1951）明治27年10月静岡県生まれ　①東京高師卒　②東京高師教授　③主著には『小学校の体育』『小学校の遊戯』以上目黒書店、『遊戯大辞典』『遊戯としてのリレーレース』『鬼遊びとかけっこ』以上不昧堂などがある。（新修体育大辞典、pp.1102-1103）

髙野　佐三郎（たかの　ささぶろう）（1862〜1950）文久2年6月埼玉県大宮町（現秩父市）生まれ　③祖父について小野派一刀流を学ぶ。明治45年帝国剣道形制定の主査委員となる。②大正5年東京高師教授（新修体育大辞典、pp.955-956）

内藤　髙治（ないとう　たかはる）（1862〜1929）文久2年10月茨城県水戸生まれ　②武専教授、③北辰一刀流剣術範士。剣道界においては「東の髙野，西の内藤」といわれる存在であった。（大正武道家名鑑、p.1）

菅原　融（すがわら　とおる）（1885〜1936）明治18年山形県生まれ　①山形師範卒、東京高師英語科卒業　③高師で高野佐三郎に学び　②高師体育科剣道部の講師を務める。（新修体育大辞典、p.729）

永井　利胤（ながい　としたね）（1859〜不明）安政6年12月鹿児島県生まれ　③明治12年警視庁奉職、明治19年皇宮警部補、大正9年範士となる。（大正武道家名鑑、p.10）

富永　堅吾（とみなが　けんご）（1883〜1960）明治16年熊本市生まれ　①東京高師卒　②東京高師講師　③主著には『剣道五百年史』『最も実際的な剣道の粋』などがある。（剣道五百年史、p.510）

佐藤　卯吉（さとう　うきち）（1895〜1975）明治28年広島市生まれ、①東京高師専攻科卒、②東京高師　③高野佐三郎について修行、昭和11年文部省剣道教授要目調査委員をつとめ、学校剣道普及に努力した。主著に『剣道』がある。（新修体育大辞典、p.575）

小川　金之助（おがわ　きんのすけ）（1884〜1962）明治17年愛知県岩倉村（現岩倉市）生まれ　②武専教授　③剣道範士十段　内藤高治の要請で武専の教師となる。昭和4年内藤の死去に伴い、武専教授に就任。（武道宝鑑、p.211）

永岡　秀一（ながおか　ひでかず）（1876～1952）明治9年岡山市生まれ、②東京高師教授　③嘉納治五郎を補佐し講道館柔道の普及発展に努める。武専教授、後に東京高師教授。『最新柔道教範』の共著がある。（新修体育大辞典、p.1102）

磯貝　一（いそがい　はじめ）（1871～1947）明治4年宮崎県延岡市生まれ　②武専教授　③嘉納治五郎に師事し柔道を修業する。③関西方面の柔道開拓者としての功労ははなはだ顕著であった。（新修体育大辞典、p.79）

嘉納　治五郎（かのう　じごろう）（1860～1938）万延元年12月神戸市生まれ　①東京帝大卒　②東京高師校長　③講道館柔道の創始者であり柔道・スポーツ・教育分野の発展や日本のオリンピック初参加に尽力するなど、明治から昭和にかけて日本に於けるスポーツの道を開いた。「柔道の父」と呼ばれ，また「日本の体育の父」とも呼ばれる。（新修体育大辞典、p.307）

村上　邦夫（むらかみ　くにお）（1886～1943）明治19年5月熊本市生まれ　①熊本済々学中卒、東京高師卒　②東京高師教授　③専ら柔道界の醇化事業に尽力、柔道の真価発揮すなわち技より入りて道に達する事を極力鼓吹する。（近代日本体育史、pp.658-659）

桜庭　武（さくらば　たけし）（1892～1941）①東京高師卒　②東京高師教授　③学校における柔道教育の開拓者。『最新柔道教範』『柔道史攷』『日本教育柔道要義』などの著書がある。（新修体育大辞典、p.570）

山下　義韶（やました　よしあき）（よしかづ：柔道名鑑、p.3）（1865～1935）慶応元年神奈川県小田原市生まれ、②東京高師　③講道館創業の時より嘉納治五郎を補佐して柔道の普及発展に尽力した。（新修体育大辞典、p.1498）

参考文献

茨城新聞社編（1981）『茨城県大百科事典』茨城新聞社

今村嘉雄・宮畑虎彦他編（1976）『新修体育大辞典』不昧堂出版

工藤雷介編（1965）『柔道名鑑』柔道名鑑刊行会

庄子宗光（1966）『剣道百年』時事通信社

真行寺朗生・吉原藤助（1928）『近代日本体育史』日本体育学会

大日本雄弁会講談社編（1930）『武道宝鑑』大日本雄弁会講談社

東京体育科学研究会編（1970）『体育人名辞典：新体育学講座54』逍遥書院

富永堅吾（1971）『剣道五百年史』百泉書房

村上晋編（1921）『大正武道家名鑑』平安考古会（国立国会図書館デジタルライブラリー）

資料3　第2回体育講習会の実技内容

体操の部

秩序	整頓　番号　転向　展開等
脚	挙踵半屈膝　屈膝挙股　脚前振　脚側振　屈膝脚側出
頸	頭後屈　頭左右転向　頭左右屈
臂	臂（側、上、前）下伸　臂側出上挙側下　臂前上挙前下　臂側上伸
臂脚	脚側出挙踵臂上下伸　脚側出挙踵臂側下伸　屈膝脚側出臂側挙
胸	上体後屈（開脚）　上体後屈（開脚臂上挙）　上体後屈掌反（開脚臂側挙） 肋木支持上体後屈
拳上	前方斜懸垂　両側懸垂　臂立懸垂　●臂上り（平行棒）　●足懸上り…後下り 肋木懸垂屈膝挙股　●臂上り…俯下り　両側懸垂屈臂　両側懸垂半屈臂 備考　●は第二次拳上として行う教材
平均	徐歩行進　平均台上徐歩行進（臂側挙）　平均台上膝立　行進（臂側挙）
体側	体側屈（開脚）　体側屈（開脚臂上伸）　体捻転臂側開（開脚臂前屈） 臂立側臥（肋木初歩）　臂立側臥（腰掛、地上）
腹	臂立伏臥（腰掛上）　臂立伏臥（地上）　足肋木支持腰掛上体後倒（体側側） 足肋木支持腰掛上体後倒（手胸）
背	体前倒（開脚）　同（臂上下振）　片脚屈膝片脚後出体前倒　片脚屈膝前出体前倒 足及び大腿支持腰掛上り　伏臥　足及び大腿支持腰掛上り伏臥体前倒
行進走	行進（通常）　足踏み　挙股行進（其の場駈歩）　駈走（通常） 足尖行進　重歩大股行進　挙股駈走　速歩　蹴歩　大股駈走　小股行進 耐久駈走　競走　綜合駈走
跳躍	其の場跳躍（臂側振）　前方跳躍（臂前振）　跳び上がり跳び下り（腰掛上、跳箱） 垂直跳び（開脚）　水平跳び（開脚縦跳び）　垂直跳び（閉脚） 水平跳び（閉脚横跳び）　肋木より振跳び　鉄棒振跳び（台上初歩） 鉄棒振跳び（台上）
呼吸	臂側挙　臂前上挙前下し　臂前上挙側下し
遊技複合	ポートボール　日月遊び　前方回転　簡易野球その他　後方回転 ドッチボール各種　棍棒置換レース　横回転　キャプテンボール 組合せ競走　倒立　ポテトレース　日本鬼　その他各種　臂立回転
教練	速歩停止間の動作　駈走間の動作　行進間の動作
特別指導	配当表に記入の教材中程度の高いもの及び左記の如き教材を特別指導の時行う

　　　　拳上…（鉄棒…海老上り　振上り　臂立懸垂より振跳び）　　（平行棒、肋木諸運動）

　　　　跳躍…跳箱…垂直跳び（開脚縦跳び）　水平跳び（縦二節跳び）

　　　　　　跳箱倒立（側面下り、正面下り、転回下り）その他各種

　　教授段階　始運動…1秩序　2脚　3頚　4臂　5体（簡単なるもの）　6臂脚

　　　　主運動…1胸　2拳上（第一）　3平均　4体側　5腹　6背　7行進　走

　　　　　　　8拳上（第二）　9跳躍　10遊技及び複合

　　　　終運動…1脚　2体　3呼吸

　　ダンス　シューメーカーダンス　大和ポルカ　ダンスオウグリーテング　ブリッキング

　　　　　　バタフライダンス　エス、オブダイヤモンド　トウリジョン　ポルカ　カケツツカ

　　　　　　ハイランドショッテイシュ　アイヌダンス　バーダンス　アスレチックダンス

競技の部

　1. ランニング

　　　イ. 短距離　　スタート　スタンデングスタート（尋二位迄）中、長

　　　　　　　　　　　　　　　クラウチングスタート（尋三以上）短、中

　　　　　　　　　　　　　　　　穴の掘り方

　　　　　　　　　　　　　　競技者　呼吸の仕方　臂の振り方　眼のつけどころ

　　　　　　　　　　　　　　　　スターター　三段の合図　位置　ファウル

　　　　　　　　　　　ミドル臂の振り方　上体の姿勢　股の開き方　足尖の使い方

　　　　　　　　　　　フィニッシュ　フィニッシュライン　フィニッシュラインに入り方

　　　ロ. 中距離　　スタート　スプリンテング

　　　　　　　　　　ミドル　トロッテング　　走り方　呼吸の仕方　■(判読不明)の備え方

　　　　　　　　　　フィニッシュ　　スプリンテング

　　　ハ. 長距離　　走法…ロングストライド　呼吸の仕方と歩数…一呼吸四乃至六歩　臂の振り方

　　　　　　　上体の姿勢

　　　ニ. ハードル　　ローハードル　　フォーム　　練習順序

　　　　　　　　　　ハイハードル

　　　　　　　　　　附子供のハードル

　　　ホ. リレーレース　400m…一人100m迄　　　　　　　リレーの仕方

　　　　　　　　　　1600m…一人400m迄

　　　　　　　　　　メドレー…混合

　2. ジャンピング

　　　イ. 立幅跳び

ロ. 走り幅跳び　　スタートの練習　歩測　疾走　踏切　着陸　計測

　　ハ. 走り高跳び　　歩測　斜めから　正面から　ロールジャンプ　ハーフダイブ　計測

　　ニ. 立ホップステップ

　　ホ. ホップ　　　　歩測　疾走　踏切　連続の練習　計測

　　ヘ. 棒高跳び　　（特）

3. スローイング

　　イ. バスケットボール投げ

　　ロ. 砲丸投げ　　　一般的フォーム　全体一斉練習　実演　計測

　　ハ. 円盤投げ　　　砲丸投げに同じ

　　ニ. 槍投げ　　　　砲丸投げに同じ　（特）

準備運動の例

　　1. スタートの練習前及び競走前　1. 開脚体前後屈臂上　下振　2. 開脚体側屈
　　　　　　　　　　3. 片脚前臂前前後振（交互）　4. 徐走200m位　5. 休憩約10分位

　　2. ジャンピングの場合　1. 徐走 200m突破　2. 競技の性質により体の転向を要する場合には体を転
　　　　ずる練習をなす　3. 踏切の練習数回　4. 臂の振り方等

　　3. スローイング 1. 体の捻転運動　2. 臂の屈伸運動　3. 其の場ランニング　4. 該競技のフォーム練習

　　　　　　　　体育学会主催冬季体育講習会要綱（大正11年12月）から一部修正して作成

資料4　予備試験問題

1912（明治45）年度〜1940（昭和15）年度の予備試験問題。（剣道、柔道、兵式体操、教練は含まない。）

旧字体、旧仮名遣いはそれぞれ新字体、新仮名遣いに直した。漢字の明らかな間違いは訂正し、番号、記号等は統一した。

第26回　1912（明治45）年　予備試験

普通体操（4時間）

1　血液の作用
2　小脳の構造機能
3　上体左右転向の要領及び教授上の注意
4　懸垂運動の効果
5　学校教育上遊戯を用いる所以
6　センターボールの競技法
7　左運動の要領　尻上り、縦一節跳び
　　以上第7問は第一種志望者に限る

第27回　1913（大正2）年　予備試験

普通体操（4時間）

1　小腸の機能
2　筋肉の組織及び機能
3　体操科教材選択の標準
4　平均運動の選択目的及び価値
5　懸垂左右振動の要領及び教授上の注意
6　鬼遊びの価値

第28回　1914（大正3）年　予備試験

普通体操（3時間）

1　運動が筋肉系統に及ぼす影響を述べよ。
2　頭の運動の目的及び効果を述べよ。
3　腹の運動として用いる教材を其の進度により列記せよ。
4　肋木支持上体後屈挙踵の方法及び要領を説明せよ。

5　体操科に用いる遊戯は如何なる性質のものを可とするか。

第29回　1915（大正4）年　予備試験

普通体操（4時間）

1　血液の成分を詳説し動脈血と静脈血とに於ける其の差異を述べよ。
2　脊髄に就いて知れることを記せ。
3　頭後屈の要領及び之に関係ある主要なる筋肉を述べよ。
4　上体左右屈に於ける始めの姿勢を其の進展により列記せよ。
5　肋木支持体後屈挙踵を行うに際し各生徒の体格に応じ加減すべき諸点を説明せよ。
6　中等学校生徒に課すべき遊戯の性質を説明し其の種類を挙げよ。

第30回　1916（大正5）年　予備試験

普通体操

1　消化の機能を説明せよ。
2　上体前屈の要領及び之に関係ある主要なる筋肉を述べよ。
3　下肢の骨格および筋肉の名称を記せ。
4　平均運動の性質を述べ其の運動の種類を挙げよ。
5　懸垂運動の性質を説明し之に応ずる教授上の注意を述べよ。
6　競争遊戯動作遊戯及び行進遊戯の特質及び適用を説明せよ。

第31回　1917（大正6）年　予備試験

普通体操（4時間）

1　小脳の構造及び機能を説明せよ。
2　関節の種類を述べよ。
3　体後倒の要領及び其の運動の種類を記せ。
4　横跳上がり及び跳下りの要領を説明せよ。
5　（甲）懸垂振り上がり（海老上がり）の要領及び注意を述べよ。
　　（乙）懸垂左右振動の要領及び注意を述べよ。
6　体操科教授中に於ける教師の位置を述べよ。

（注意）男子受験者は第五問の（乙）に、女子受験者は第五問の（甲）に答えを要せず。
各問の答書二葉以上のものは之を綴り更に番号順に重ねて綴り置くべし。

第32回　1918（大正7）年　予備試験

普通体操（4時間）

1　循環器系統の機能を説明せよ。

2　上体左右転向（捻体）に於ける作用筋を説明し其の運動の要領を述べよ。

3　懸垂左右振動横行の要領を説明せよ。

4　膝立て跳上りの要領及び教授上の注意を述べよ。

5　バスケットボール競技の教育的価値如何。

6　駈歩跳躍及び投擲等の競技を小学校及び中学校生徒に如何に適用すべきか。

（注意）各問の答書二葉以上のものは之を綴り最後に番号順に重ねて一括し置くべし。

第33回　1919（大正8）年　予備試験

普通体操（4時間）

1　運動の筋肉に及ぼす影響を述べよ。

2　肩関節に就きて説明せよ。

3　排泄機能を説明せよ。

4　懸垂転向横行の要領を述べよ。

5　平均台上行進に於ける注意を述べよ。

6　体操と遊戯との関係如何。

7　男子受験者は左記の甲に答え女子受験者は乙に答えるべし。

　　甲　競技に於ける幅跳びの要領を述べよ。

　　乙　行進遊戯の教育的価値を説け。

（注意）各問の答書二葉以上のものは之を綴り最後に番号順に重ねて一括し置くべし。

第34回　1920（大正9）年　予備試験

普通体操（4時間）

1　運動と血液循環との関係を述べよ。

2　股関節に作用する筋肉を挙げて之が所在並びに作用を述べよ。

3　体操に於ける屈臂を解剖生理上より説明せよ。

4　体操に於いて器械を使用する理由を述べよ。

5　現今中等学校に行われる競技及び遊戯の種類を挙げて其の適否を述べよ。

6　甲　器械及び競技に於ける跳躍運動の価値を述べよ。

　　乙　体操科に於ける教練に就いて知れるところを述べよ。

（男子は甲に答え女子は乙に答えよ。）

第35回　1921（大正10）年　予備試験

第1日　普通部分（体操及び競技）（3時間）

1　身体運動と呼吸との関係を説明せよ。

2　屈膝挙股運動に於ける諸筋の作用を説明せよ。

3　肋木支持上体後屈挙踵の運動要領を詳説せよ。

4　跳躍運動の性質を説明せよ。

第2日

　男子問題（2時間30分）

1　陸上競技に於ける出発合図法を説明せよ。

2　左の走り高跳びの要領を説明し併せて其の競技規則の概要を述べよ。

　①斜め高跳び

　②正面高跳び

3　バレーボール（volley ball）の教育的価値を述べよ。

4　国際オリンピック競技会に就き知る処を記せ。

　女子問題（2時間30分）

1　行進遊戯の教育的価値を述べよ。

2　団体競技の一つを選び其の方法及び教育的価値を述べよ。

3　体操時間中見学生（月経時の生徒を如何に処置すべきか。）

4　直立不動の姿勢を説明せよ。

第36回　1922（大正11）年　予備試験

第1日　普通体操（3時間）

1　筋疲労につき知れるところを記せ。

2　頭の後屈運動に作用する筋肉の名称及び其の所在を記せ。

3　学校体育の目的を問う。

4　『足肋木支持腰掛上り伏臥』の要領及びその教授上の注意を記せ。

5　程度の異なる二種の教授案を任意に作成し之に簡単なる説明を附せ。

第2日　普通体操（遊戯・競技・体操）

　男子問題（3時間）

1　陸上競争に於ける発走法の要領を説明せよ。

2　走幅跳びの方法及び其の競技規則の概要を述べよ。

3　ハードル競走の教授案を作れ。(但し五十分間授業)

4　インドアーベースボールの教育的価値を問う。

5　競技道徳に就きて述べよ。

6　女子に適当なる遊戯の名称を挙げその理由を説明せよ。

　女子問題（3時間）

1　競技道徳に就きて述べよ。

2　女子に適当なる遊戯の名称を挙げその理由を説明せよ。

3　リレーレースに就きて知れるところを記せ。

4　女子師範学校に於ける行進遊戯教材の選定方針を述べよ。

5　左の各項を説明せよ。

　①隊形変換　　②方向変換

第38回　1923（大正12）年　予備試験

一般体操（其の一）（3時間）

1　人の心臓の強弱を測知する簡単なる方法二つを挙げよ。

2　左の各項を問う。

　①安静呼吸筋の名称

　②補助呼吸筋の主なるもの六つを挙げ、各其の所在を記せ。

3　成熟せる男女の身体に於ける差異を左の各項について問う。

　①脂肪及び筋肉の状態　　②体形　　③赤血球

4　円脊の起因及び其の矯正運動を問う。

5　身体虚弱者の体育運動指導上注意すべき条項を問う。

一般体操（其の二）（3時間）

1　軀幹側方練習の目的及び要領を記せ。

2　体操の特質を述べよ。

3　平均練習に於ける平均台上徐歩の要領を詳記せよ。

4　跳躍運動教授につき注意すべき要領を記せ。

5　体操科の教授は季節により如何に変化させるべきか例を挙げて説明せよ。

一般体操（競技及び遊戯）（3時間）

　男子問題

1　随意に例を挙げて競技を主としたる一時限の教授案を記せ。(但し五十分授業)

2 リレーレース方法及び其の競技規則を記せ。
3 運動会に於ける競技の適当なる管理法を問う。
4 行進遊戯の目的を述べよ。
5 左の各項を問う。
　①短距離の走法（Sprinting）
　②中距離の走法（Long stride）
　③長距離の走法（Long distance stride）

女子問題（3時間）
1 女子体育に競技を如何に採用すべきか。
2 リレーレース方法及び其の競技規則を記せ。
3 運動会に於ける競技の適当なる管理法を問う。
4 行進遊戯の目的を述べよ。
5 左の各項を問う。
　①短距離の走法（Sprinting）
　②中距離の走法（Long stride）

第40回　1924（大正13）年　予備試験

解剖生理衛生（3時間）
1 平均運動（徐歩行進）の主働筋及び其の勢力代謝上より見たる運動の強さを記せ。
2 運動（体操教育に於ける教材）の配列につき生理衛生上注意すべき事項を挙げ其の理由を説明せよ。
3 運動能力に関係ある男女身体の差異を挙げよ。
4 麻痺胸につき知る所を記せ。
5 児童及び女子の肘関節過伸につき生理解剖上知る所を記せ。

体操（3時間）
1 跳躍運動教授上の注意を述べよ。
2 呼吸運動の目的及び体操科教授上に於けるその適用に就いて記せ。
3 臂立伏臥に於ける主働筋を挙げよ。
4 体操に一層興味あらしめる為教授上注意すべき事項を挙げ之を説明せよ。
5 屈膝脚側出運動の要領及び注意事項を述べよ。

遊戯競技（3時間）
1 決勝線に於けるテープの切り方及び決勝審判の方法を説明せよ。

2 砲丸投げの要領を略述せよ。

3 運動に因る外傷予防に関する注意事項を述べよ。

4 女子に適当なる遊戯の種類（五種以上）を挙げ其の理由を説明せよ。

5 課外運動に関する意見を述べよ。

第42回　1925（大正14）年　予備試験（文検世界12巻1月号51-53、12巻5月号51-58）

解剖生理衛生（午前2時間）

1 肺活量を説明しその運動に依る増加の理を述べよ。

2 筋の機能三種を説明しその各を発達せしめるに適当な運動種目を挙げよ。

3 中等学校生徒の身体発育に就いて知れる所を記せ。

4 体質につき知れる所を記せ。

体操（午後2時間）

1 身体各機能の完全なる発達の意義を説明せよ。

2 体操科中に於ける体操の長所と欠陥とを挙げよ。

3 懸垂運動の目的及び要領を述べよ。

4 足支持腰掛後倒運動の要領及び注意事項を述べよ。

遊戯競技（2時間）

1 競技運動の目的を述べその長所及び短所を記せ。

2 球技の教育的価値を述べよ。

3 リレーレースの種類及び其の競技規則を記せ。

4 競技会プログラム作成上の注意を述べよ。

第44回　1926（大正15）年　予備試験

（大明堂編集部編1926.10文検各種試験独学受験法：体操・音楽科の部）

解剖生理衛生（2時間）

1 躯幹を左方に捻転する際、作用する腹筋の名称を挙げよ。

2 真性疲労（一般疲労）の主徴を列挙せよ。

3 過激なる運動により、心臓実質の受くる変化を述べよ。

4 女子が比較的投擲運動に適せざる身体的理由を述べよ。

体操（2時間）

1 学校体操科に於ける体操の使命を記せ。

2 体操の教材選択につき、考慮すべき事項を述べよ。

3 平均運動実施上の注意を述べよ。

4 臂立伏臥の要領を詳述せよ。

遊戯競技（2時間）

1 学校体操科に於ける遊戯の任務を記せ。

2 「バスケットボール」の指導方法を述べよ。

3 「ホップ、ステップ、ジャンプ」の要領を述べよ。

4 陸上競技会に於ける役員長（「レフェリー」）の任務を述べよ。

第46回　1927（昭和2）年　予備試験

　　　　（大日本体育研究会著　文検体操科試験問題解説　1935.12）

解剖生理衛生

1 血色素（ヘモグロビン）の生理的作用を問う。

2 運動に際して起こる呼吸促進の物理的原因を問う。

3 人の座業的生活に於ける伸展又は短縮の傾向ある体幹筋各二つを挙げよ。

4 反応時を説明せよ。

体操

1 体操科教授上の注意を詳記せよ。

2 倒立及転回運動教授上の注意を述べよ。

3 斜跳の要領を示せ。

4 体操の教授に於ける器械使用の目的を問う。

遊戯競技

1 ア式フットボールの競技の方法を略記せよ。

2 行進遊戯に於いて教授上注意すべき事項を述べよ。

3 走高跳の要領を説明せよ。

4 陸上競技に於ける出発合図員の任務を述べよ。

5 唱歌遊戯の目的を述べよ。（女子）

6 バスケットボール投の要領を問う。（女子）

7 バレーボールの練習の段階を記せ。（女子）

第48回　1928（昭和3）年　予備試験

解剖生理衛生

1 左の運動に於ける主働筋各二つを挙げよ。

①屈臂　　②脚前挙　　③挙踵

2　左記事項を簡単に説明せよ。

　　①骨端結合　　②血圧の極小圧　　③比胸囲　　④保持（基礎）代謝

3　心臓の発育の顕著に起こる発育期を記せ。

4　座位に於ける脊柱彎曲の状態を述べよ。

体操

1　教材の一部分に偏すべからざる理由如何。

2　呼称の意義を問う。

3　跳躍運動の効果を述べよ。

4　脚懸上りの要領を説明せよ。

遊戯競技

1　短距離走の要領を説明せよ。

2　バスケットボール・ゲームに於けるフォワードの任務を説明せよ。

3　陸上競技に於ける同成績の判定を説明せよ。

4　学校運動選手の選定方法に就いて述べよ。

第50回　1929（昭和4）年　予備試験

解剖生理衛生

1　跳躍運動に於ける下肢主働筋の名称を三つ挙げ、これら各筋が身体を上方に飛揚させる作用を説明せよ。

2　運動が胸の発育に影響する学理を述べよ。

3　比較的簡易に判定し得る体型（体質型）二つを挙げ其の各型の特質を記せ。

4　一時的筋最大力測定の方法につき知る所を述べよ。

体操

1　体育の意義を述べよ。

2　懸垂運動の目的を問う。

3　準備運動に就いて詳述せよ。

4　巴の要領を説明せよ。

5　女子に倒立及び転回運動を除きたる理由を問う。

6　臂上伸運動教授上注意すべき諸点を記せ。（女子）

7　臂を跳越の要領を記せ。

遊戯及び競技

1　運動精神の意義を問う。
2　バレーボールに於けるサーブの要領を記せ。
3　ウォームアップに就いて記せ。
4　ハードル越方の要領を記せ。
5　決勝審判員の任務を問う。
6　行進遊戯の材料選択に就いて留意すべき事項を述べよ。（女子）
7　ミニュエット指導上注意すべき諸点を挙げよ。（女子）

第52回　1930（昭和5）年　予備試験

解剖生理衛生
1　二頭膊筋の起始及び停止点を記せ。
2　大なる動脈の名称五つを挙げ其の各々の所在を記せ。
3　体格（全身又は身体各部の大きさ）と密接なる関係ある運動能力五種を例示して之を説明せよ。
4　骨格筋の一般発育状態に於ける男女の差を概術せよ。

体操
1　体操の設備に就きて記せ。
2　体操科指導の要点を記せ。
3　体側運動実施上注意すべき事項如何。
4　蹴上の要領を示せ。
5　倒立及び転回運動の目的を問う。
6　臂立懸垂の要領を記せ。（女子）
7　呼吸運動の目的を問う。（女子）

遊戯競技
1　走、跳、投技の目的を問う。
2　バスケットボールに於ける総員防御（ファイブメン・デフェンス）に就いて記せ。
3　棒高跳の要領を記せ。
4　計時員の任務如何。
5　マウンテン・マーチとミニュエットとの教授に於ける着眼点に就いて記せ。（女子）
6　次に掲ぐる行進遊戯に用いられたる伴奏曲の拍子を記せ。
　　セヴンジャンプス、マウンテン・マーチ、マケーチング、ポルカセリアス、ミニュエット、（女子）

第54回　1931（昭和6）年　予備試験

解剖生理衛生

1　左の事項を簡単に説明せよ。

　①肩峰（肩峰突起）　　②腸骨前上棘　　③筋繊維

2　胃液の消化作用を概説せよ。

3　左の二項を説明せよ。

　①水平路上の中等速度歩行に於ける消費勢力（但し単位時間安静仰臥時の倍数として見積もる）

　②蛋白質及び脂肪の人体内に燃焼するとき発生する熱量（但しカロリーにて示すこと）

4　身体測定上の要点を述べよ。

体操

1　スポーツと体操との関係について述べよ。

2　懸垂振上の要領を説明せよ。

3　倒立指導上注意すべき事項を記せ。

4　整理運動に就いて詳述せよ。

5　前方斜懸垂の要領を説明せよ。（女子）

6　臂支持胸後屈（肋木）指導上注意すべき事項を記せ。（女子）

遊戯競技

1　課外運動の管理に就いて記せ。

2　ピヴォットの要領とその適用に就いて記せ。

3　ア式蹴球に於けるオフ・サイドを説明せよ。

4　短距離走に於ける決勝点の切り方を説明せよ。

5　跳躍技に於ける一般規則を述べよ。

第56回　1932（昭和7）年　予備試験

解剖生理衛生

1　細胞の一般的構造を図によって説明せよ。

2　骨盤の傾斜につき運動生理学上重要なる事項を述べよ。

3　胸囲（安静呼吸時）を正しく測定する方法を述べよ。

4　補助呼吸筋の名称五つを記せ。

体操

1　体育指導者の修養すべき事項につきて記せ。

2　臂立前方転回運動の要領及び指導上の注意を述べよ。

3 懸垂振上の要領を記せ。

4 体操科指導案作成上の原理を述べよ。

5 懸垂屈膝挙肢（肋木）の要領を記せ。（女子）

6 臂立跳上、跳下の要領及び指導上の注意を述べよ。

遊戯競技

1 競技精神を涵養する方法に就いて記せ。

2 中距離走法の要領を説明せよ。

3 走幅跳に要する設備（競技規則による）を述べよ。

4 マン・ツー・マン・ディフェンスの方法及び其の長所と短所とを記せ。

5 ア式蹴球に於けるボール・ストップの要領を説明せよ。

6 左の行進遊戯を構成する主要歩法を挙げよ。（女子）

　　ワルソヴィーナ、マヅルカ、ギャザリングピースコット、セヴンジャンプス、

　　マウンテン・マーチ

7 学校に於ける行進遊戯の現状を述べ、これに対する意見を述べよ。（女子）

第58回　1933（昭和8）年　予備試験

解剖生理衛生

1 『組織』の解剖学上の意義並びにその人体に於ける種類を述べよ。

2 相等強き運動を行う場合に於いて、血液分布が如何に変化するかを述べよ。

3 運動生理学上『筋硬直』に就き知れる所を簡単に述べよ。

4 『体力』なる語の科学的内容につき知れる所を簡単に述べよ。

体操

1 体操によって涵養せられる徳性に就いて述べよ。

2 倒立及び転回運動に就いて記せ。

3 屈臂振上の指導方法を説明せよ。

4 水平跳の指導方法に就いて述べよ。

5 体操器具選定上注意すべき諸点を述べよ。

6 体操科指導案作成上注意すべき諸点を述べよ。

7 平均運動に就いて記せ。（女子）

8 懸垂前方転回の指導方法を説明せよ。（女子）

9 跳上下の指導方法に就いて述べよ。（女子）

遊戯競技

1 対抗競技実施上考慮すべき点を述べよ。
2 四百米競走に対する練習案を作成せよ。
3 走高跳と走幅跳との助走を比較説明せよ。
4 競争遊戯の価値を述べよ。
5 バレーボール審判上特に注意すべき事項を記せ。
6 バスケットボール・ゲームに於けるキャプテン（主将）の任務を問う。
7 行進遊戯に於ける基本練習に就いて記せ。（女子）
8 女学校に於ける上学年と下学年の行進遊戯指導上の相異を詳述せよ。（女子）
9 五十米競走に対する練習案を作成せよ。

第60回　1934（昭和9）年　予備試験

解剖生理衛生

1 投擲運動に於いて主に作用する上肢筋二つの名称、起始及び停止点を述べよ。
2 胴体の最もよく後屈（脊柱としては前彎）する部位を記し、其の部位が何故よく後屈するかを脊椎の形態上より説明せよ。
3 胸囲測定上男子に於ける場合誤りの起り易き点に就きて知れる所を述べよ。
4 体育運動により軽快及び憎悪し易き病気の名称各二つを挙げよ。

体操

1 我が国に於ける学校体操発達の歴史を略記せよ。
2 体操の長所及び短所を記せ。
3 学校体操科教授要目中の体操教材を用いて脊柱不正彎曲矯正の実施案を作成せよ。
4 臂立前方転回を教授する迄の練習過程を問う。
5 開脚斜跳と開脚水平跳との要領上の相異を説明せよ。
6 脚懸上の指導法を述べよ。
7 臂立跳越を教授する迄の練習過程を問う。（女子）
8 平均台上屈膝挙股歩の要領を説明せよ。（女子）
9 前進跳の指導法を述べよ。（女子）

遊戯競技

1 鍛錬に際して起り易き弊害を挙げ、これを予防する方法を述べよ。
2 四百米競走に於けるバトンの受渡し方法を説明せよ。
3 槍投の助走の方法及び投擲姿勢に移る脚の運び方を問う。
4 球技に依って養われる徳性に就いて記せ。

5 ア式蹴球に於けるフルバックの任務を問う。

6 球技に於ける基本練習と全体練習（試合）との関係に就いて述べよ。

7 体育上より見たる行進遊戯の使命を記せ。（女子）

8 行進遊戯に於ける歩法構成の要素としての動作を挙げてこれを説明せよ。（女子）

第65回　1935（昭和10）年　予備試験

解剖生理衛生

1 大循環、小循環を模型図を描きて説明せよ。

2 骨盤を固定して、胴体を左右に廻旋するとき一側に於ける純廻旋領域は反対位なるか。

3 左の事項を問う。

　①胸鎖乳嘴筋或いは胸鎖乳頭筋の作用

　②就学年齢以降に於ける心臓実質発育の最も旺盛なる時期

　③女子の身長及び体重の絶対的に男子を凌駕する年齢期

　④一日中に於ける体重増減の生理的因子

体操

1 体操の意義を問う。

2 運動の姿勢に就いて述べよ。

3 運動を連続させることの可否。

4 懸垂振上の要領を記せ。

5 体操の季節的取扱に就いて詳述せよ。

6 懸垂屈臂の要領を示せ。（女子）

遊戯競技

1 行進遊戯の目的を問う。

2 対抗競技に就いて述べよ。

3 三段跳の要領を記せ。

4 籠球の基本練習に就いて説明せよ。

5 競走に於ける計時員の任務を問う。

6 唱歌遊戯の材料選択上注意すべき事項を述べよ。（女子）

7 高等女学校第一学年に於けるセヴンジャンプスの指導順序を説明せよ。（女子）

第64回　1936（昭和11）年　予備試験（文検世界：22巻9号 S11.7.1pp.127-128）

体操（男子受験者）

1 体操科教授上の方針を問う。

2 低学年児童の取扱方に就いて述べよ。

3 器械器具使用上注意すべき事項を挙げよ。

4 徒手の運動指導上留意すべき要点を記せ。

5 脚懸け上りの指導過程を述べよ。

遊戯競技（男子受験者）

1 遊戯及び競技の指導に於いて強調すべき方面如何。

2 跳躍技指導上注意すべき事項を列記せよ。

3 蹴球に於ける転球（ドリブル）の方法を説明せよ。

4 唱歌遊戯及び行進遊戯の指導上注意すべき事項を述べよ。

5 課外運動の意義を問う。

解剖生理衛生

不明

第66回　1937（昭和12）年　予備試験（文検世界：23巻8号 S12.8.1 pp.101-103）

体操

1 体操科教授上の注意事項を列挙せよ。

2 体操教授要億に於ける伸縮性に就いて述べよ。

3 平均運動の目的を問う。

4 脚懸け上りの要領を説明せよ。

解剖生理衛生（文検世界：第23巻第9号 S.12.9.1　pp.56-60）

1 筋の種類及び其の特徴に就いて述べよ。

2 空気中の酸素は如何にして身体内に取り入れられるか。

3 蛋白尿に就いて知る所を記せ。

4 左の事項に就き簡単に説明せよ。

　　イ　比座高　　ロ　内分泌　　ハ　疲労曲線

遊戯競技（2時間）

1 遊戯及び競技の指導上特に留意すべき諸点を挙げよ。

2 遊戯及び競技に於ける発展的指導に関し例を挙げて之を説明せよ。

3 六十米競走の要領を述べよ。

4 球技に於ける投入（スローイン）に就いて述べよ。

5 基本歩法を列挙せよ。

第68回　1938（昭和13）年　予備試験

　　　　（文検世界：24巻11号 S13.11.1　pp.65-67、24巻12号 S.13.12.1　p.82-）

体操

1　指導案作成の原則を記せ。

2　教授上の注意事項を記せ。

3　歩及び走の目的を問う。

4　水平開脚跳びの指導過程を記せ。

5　脚懸け振上りの要領を述べよ。

女子の部

4　平均運動の指導過程を記せ。

5　臂立側跳び越しの要領を述べよ。

解剖生理衛生

1　投球（上手投げ）動作に際し、如何なる筋が如何に働くかを述べよ。

2　身体運動に於ける心臓の機能に就き述べよ。

3　左記事項に就き述べよ。

　　　イ　肺活量　　ロ　遅脈　　ハ　X脚　　ニ　肋膜炎

遊戯競技

1　女子体育に就いて記せ。

2　不明

第70回　1939（昭和14）年　予備試験

　不明

第72回　1940（昭和15）年　予備試験

　　　　（文検世界：第26巻第7号 S.15.7.1　pp.52-54、第26巻第8号 S15.8.1　pp.49-51）

体操

1　体育を自覚的に実行させる方案如何。

2　体操の訓練的価値に就いて述べよ。

3　各種歩の内容を説明せよ。

4　矯正の必要と其の方法に就いて述べよ。

5　教授上の注意を列記せよ。

遊戯競技

1　遊戯及び競技の精神的効果を発揮せしめる方法如何。

2　走運動の体育的価値を問う。

3　蹴塁球の方法を説明せよ。

4　次の運動を小学校の各学年に配当せよ。

大将球、80m疾走、触球、球中、順送球、手球、対列球蹴、綱引き、障碍走、三回跳び、

直線継走、隅球、籠球、源平球入れ、投捕球、排球

5　籠球コートを図示せよ。

解剖生理衛生（文検世界：第27号第1号 S.16.2.1　pp.74-76）

1　関節の構造と其の運動能に就いて述べよ。

2　身体運動時に於ける酸素需要量に就いて記せ。

3　本邦児童の発育に就いて記せ。

4　左記事項に就いて記せ。

　　イ　細胞　　ロ　副腎　　ハ　貧血　　ニ　血圧　　ホ　寄生虫

※問題に記載してあるものの他は次の出典からである。

国民教育会編集部編（1926）文検中等教員各科問題集、国民教育会

大日本体育研究会著（1935）文検体操科試験問題解説、第一相互出版社（国立国会図書館デジタルライブラリー）

補遺　武道教員の戦後

補遺　武道教員の戦後

第1節　はじめに

　旧学制下における中等学校では無資格教員の解消が課題となっていた。無資格教員の割合が高い学校は高等女学校と比べて中学校や実業学校に多かった。男子の中等学校では武道担当教員に無資格者が多かったためである。それならば武道教員の養成はどうなっていたのか。1916（大正5）年体操科の中に撃剣、柔術の教員免許が追加され、その年3月の東京高等師範学校（以下、東京高師と略す。）卒業生に初めて授与された。同年秋には文検体操科の試験検定も実施され、合格者が誕生した。廃止されたのは戦後の1945（昭和20）年度末で、その間30年に渡る武道教員養成であった。そこで養成された武道教員は戦後の武道禁止の後はどうなってしまったのか気になるところである。本稿では武道免許取得者の取得事由からどのようにして輩出されたのかを明らかにし、さらに、禁止後の動向の可能性を探ってみようとするものである。

　本稿で取り上げる武道は剣道と柔道である。当初、撃剣、柔術として正科採用された科目名はその後剣道、柔道に名称変更が行われたが、煩雑さを避けるためにそれぞれ統一して剣道、柔道と称する。また、武道には銃剣道、薙刀も含まれているが、前者は臨時特例による取得者10名、広島高等師範学校（以下、広島高師と略す。）の1944（昭和19）年9月卒業生で2名の計12名であり、後者は臨時特例で男子2名、女子1名、東京女子高等師範学校の1943, 44, 45（昭和18, 19, 20）年の卒業生46名、計49名に限られる免許所持者である。このため本稿では取り上げない。

第2節　武道教員の養成

　旧学制下の中等教員免許取得者数については『文部省年報』に集計が発表されている。しかし、その発表も1940（昭和15）年までで、戦時期の集計がない。そのため本稿では、国立公文書館所蔵『教員免許台帳』を史料として使用した。中等教員用の台帳は官立養成学校、無試験検定合格者、試験検定合格者の3種類に分かれている。集計に当たっては体操科に関するすべ

ての免許取得者を授与年月日順に並べ替え、年度ごとに 4 月から 3 月末までで区切って整理した。こうして作成したのが表補-1 である。

表　補-1　武道教員の供給数

年度	官立教員養成学校											試験検定		検定試験												計		
	東京高師		広島高師		第一臨教		東京文理大		東京体専		計		文検体操科		無試験検定										計				
															武専		国士舘専		日本体専		教員経験		臨時特例						
	剣	柔	剣	柔	剣	柔	剣	柔	剣	柔	剣	柔	剣	柔	剣	柔	剣	柔	剣	柔	剣	柔	剣	柔	剣	柔	計
1915(大正4)	12	12									12	12													0	0	10	12	24
1916(大正5)	6	12	2								8	12	2	1											0	0	10	13	23
1917(大正6)	3	1	1								4	1	7	2											0	0	11	3	14
1918(大正7)	7	7									7	7	3	2											0	0	10	9	19
1919(大正8)											0	0	4	1											0	0	4	1	5
1920(大正9)											0	0													0	0	0	0	0
1921(大正10)	9	9									9	9	6	2	13	4								1	13	5	28	16	44
1922(大正11)	10	4									10	4	8	2	12	3							16	10	28	13	46	19	65
1923(大正12)	9	13									9	14	5	2	14	3							19	12	25	15	39	30	69
1924(大正13)	4	6									4	6	5	2	4	3							4	4	8	11	17	19	36
1925(大正14)	6	11	1								7	11	4	3	9	4							6	10	15	19	26	33	59
1926(大正15)	8	9	2	2							10	11	5	3	19	8							5	16	24	27	39	41	80
1927(昭和2)	11	12	3								14	14	5	7	9	5							10	13	19	18	38	33	71
1928(昭和3)	7	6	3	1							10	7	3		14	4							13	3	27	20	40	27	67
1929(昭和4)	9	10				1					9	11	3	1	10	12							17	9	17	21	29	33	62
1930(昭和5)	12	15									12	15			12	14							15	7	27	21	39	38	77
1931(昭和6)	9	13									9	13	2	2	12	12							16	8	31	24	42	37	79
1932(昭和7)	13	15									16	15			14	17							24	11	38	28	54	46	100
1933(昭和8)	12	14	2								14	15	5		15	13	14	18					30	21	59	52	78	67	145
1934(昭和9)	15	15	2	1						3	17	18		5	17	18	20	16					25	24	62	58	79	81	160
1935(昭和10)	11	15	4	5							15	20	3		21	17	32	12					25	11	78	40	96	60	156
1936(昭和11)	15	14	5	3							20	17			6	18	20	24					52	26	94	71	114	94	208
1937(昭和12)	7	11	2	2							9	13	5		21	21	59	42					30	19	110	82	124	95	219
1938(昭和13)	22	25	3	6							25	31		1	15	16	33	25					22	17	70	58	95	90	185
1939(昭和14)	21	21	5	4							26	25	10		22	20	45	37					16	14	83	71	119	96	215
1940(昭和15)	16	19	6	5							22	24	7	4	20	18	44	20					24	17	88	55	117	83	200
1941(昭和16)	21	18	7	4						1	28	23	6	6	21	21	44	21					19	8	75	48	109	77	186
1942(昭和17)	14	16	5	3							19	19	14	12	36	34	55	30					19	19	110	83	143	114	257
1943(昭和18)	21	20	5	6							26	27	18			2							6	13	8	2	52	43	95
1944(昭和19)	18	18				3			21	27	39	49			16	18	37	6			19	13	13	9	85	46	124	95	219
1945(昭和20)	18	13							23	18	28	33	15		19	22			16	16			30	15	65	53	93	86	179
各計	333	375	61	51	0	2	0	3	44	45	438	476	130	74	378	352	409	254	16	16	407	291	49	28	1259	941	1827	1491	3318
計	708		112		2		3		89		914		204		730		663		32		698		77		2200		3318		
%	21.3		3.4		0.1		0.1		2.7				6.1		22.0		19.9		1.0		21.0		2.3					

教員免許台帳から古川作成

年度ごとのため、1943（昭和 18）年度の大日本武徳会武道専門学校（以下、武専と略す。）と国士舘専門学校（以下、国士舘専と略す。）が空欄あるいは極端に少ないのはその前年度に 2 年分の取得者が重なっているためである。すなわち、武専の 1941（昭和 16）年 12 月卒業生は 1942（昭和 17）年 6 月 20 日に授与され、1942（昭和 17）年 9 月卒業生が 1943（昭和 18）年 3 月 31 日付けで授与されている。また、国士舘専の 1941（昭和 16）年 12 月卒業生は 1942（昭和 17）年 9 月 30 日に授与され、1942（昭和 17）年 9 月卒業生も 1943（昭和 18）年 3 月 31 日付けで授与されているためである。官立養成学校の卒業生や試験検定の文検体操科合格者は卒業あるいは合格発表と同時に免許を授与されているが、許可学校の卒業生は文部省に申請し、審査後合格者に授与されるシステムである。武専に比べて国士舘専の授与は遅れがちであった。

東京高師では体育科の他に文科理科の卒業生にも武道の免許取得者が現わ

れている。1919, 20（大正 8, 9）年 3 月には体育科の卒業生が見られず、剣道柔道の免許取得者も見られない。第一臨時教員養成所（以下、第一臨教と略す）は東京高師に付設され、体操と生理衛生の免許が取得できたが、柔道の免許を合わせて取得した者が 2 名いる。

　広島高師には体操科教員養成の生徒募集コースはなかったが、高等師範学校では体操科免許も取得できている。後の岡崎高等師範学校、金沢高等師範学校も同様に高師に昇格後体操の免許取得者を出している。

　東京文理科大学（以下、東京文理大と略す。）は官立の養成学校に分類され、教育学科や心理学科の卒業生に体操や柔道の免許取得者が出ている。

　東京体育専門学校（以下、東京体専と略す。）は 1941（昭和 16）年体育研究所の廃止に代わり設立され、体操、教練、修身や剣道、柔道の他戦争末期には滑空の科目の免許も出している。

　文検体操科は武道免許の発足以来、1920（大正 9）年はなかったり、さらに 1930（昭和 5）年から 1939（昭和 14）年まで剣道と柔道の交互に実施する時期もあったりしたが 1943（昭和 18）年まで検定を実施し、有資格者を供給してきた。

　無試験検定では武専が 1921（大正 10）年 3 月卒業生から、国士舘専では 1933（大正 8）年 3 月卒業生から該当するようになる。1941（昭和 16）年専門学校令による初めての専門学校として、日本体育会体操学校から日本体育専門学校となった同校は 1943（昭和 18）年 9 月以降の卒業生から無試験検定該当者となった。しかしながら、武道に関しては 1943（昭和 18）年 9 月の卒業生だけが取得したに過ぎなかった。

　武道教員の免許取得事由を見てみると、東京高師、武専、国士舘専が約 2 割ずつ輩出し、主な養成校 3 校で約 6 割を占めている。教員検定に関する規定第 7 条第 5 号（後には第 6 号）による当該中等学校教授経験年数を満たして無試験検定に合格した免許取得者も約 2 割を占めた。教員になるための教育を受ける事なく教員免許を取得した者が他の各養成学校出身者と同程度供給された事に武道教員供給の特徴がある。免許取得しても武道教員とはならなかった有資格者がいる事を考え合わせれば、経験による取得者は引き続き勤務している事が予想されるので、その割合はさらに高いと言えよう。

第3節　武道禁止後の武道教員

　終戦後まもなく8月24日に学徒軍事教育、戦時体練および学校防空関係の訓令はすべて廃止され、10月3日には銃剣道・教練を、11月6日には武道が正課のみならず課外活動においても禁止の通牒が出された。しかしながら、武道に関する教員免許の授与は1945（昭和20）年度末まで続けられるという状況は続いた。最後の記録は1946（昭和21）年3月20日に東京体専の卒業生4名に体操と修身に加えて剣道または柔道の免許が授与されている。なお、旧法による体操（体錬科体操）の免許については1950（昭和25）3月末日まで授与は続いた。1948（昭和23）年9月に施行された教育職員免許法施行法により、新制高等学校の保健体育科教員に移行できる免許は、教練や武道が禁止された結果、体操の中等学校教員免許所持者に限定される事になる。このため、武道禁止後も体操の免許を所持している武道教員は継続して勤務する可能性が残されたと考えられる。

　そこで次に、剣道や柔道の免許を持った武道教員が体操の免許を合わせて所持していたかどうかについて明らかにしてみたい。

　剣道あるいは柔道の免許所持者3,318名中764名は養成学校卒業時に、そうでない者は、教員検定規定や臨時特例に該当し免許を取得する際に、体操を含む複数の科目の免許などを同時に取得済みである。

　次に、複数の体操科に関する免許を異なる時期に取得した場合には台帳に複数回記載されるようになる事から、重複して免許取得した者について抜き出してみた。3種類の免許台帳をすべて合体し、その上で重複する氏名を抽出し、誤字、転記ミスの確認のため本籍及び生年月日を用いて整理した。その結果、体操と武道（剣道又は柔道）の免許を、どちらが先かを問わず時期がずれて取得している者は177名いる事が分かった。つまり、同時に取得している者764名と合わせて計941名（3,318名中28.4％）が武道の免許と体操の免許を合わせて所持している事が明らかになった。戦後の新制高等学校においても体育科教員となる事ができたのは武道の有資格者の3割に満たない人数である。

　さらに、武道の禁止が決定的になった後の1945（昭和20）年10月以降、1949（昭和24）年3月末までの間に体操の免許を取得した人数はこの177名中110名であった。それ以前に取得している67名は先に体操の免許を持

ちながら、その後、必要に応じて武道の免許を取得する例が多かった。

　これに対して 110 名の方は、武道教員から体操の教員に転じるために取得しようとしたものと言えよう。内訳は表補-2 の通りである。

　110 名の中で免許取得事由の多数を占めているのは 1946（昭和 21）年 4 月に体操教員養成講習会を終了し、9 月に免許を取得している者で 87 名（79.1％）である。武道の免許を取得した事由は国士舘専卒業が 24 名、武専卒が 19 名、文検合格が 19 名、教員検定規定該当が 18 名、臨時特例で 7 名という内訳である。

表　補-2　体操免許取得者の取得事由

	体操教員養成講習会	教員検定規定該当	臨時特例
国士舘専卒	24	1	
武専卒	19	1	
文検合格	19	4	3
教員検定規定	18	6	4
臨時特例	7	1	1
日体卒		2	
計	87	15	8

教員免許台帳から古川作成

　110 名の残りは教員検定規定該当が 15 名、臨時特例により 8 名が体操の免許を取得している。前者は教員検定規定に該当して武道の免許を取得した者が 6 名、文検合格者が 4 名、日体卒が 2 名、国士舘専卒 1 名、武専卒 1 名、臨時特例による者が 1 名である。後者は教員検定規定該当が 4 名、文検合格者が 3 名、臨時特例による者が 1 名である。

　戦後の 1947, 48（昭和 22, 23）年度に復活し、2 年間で 882 名という大量合格者を出した文検体操科であるが、それによる武道教員の合格者は一人もいない。

　また、110 名の武道の免許を取得した事由についてみてみると、教員検定規定該当が 28 名（25.5％）、文検合格者が 26 名（23.6％）、国士舘専卒業が 25 名（22.7％）、武専卒が 20 名（18.2％）、以下、臨時特例で 9 名

（8.2％）、日体卒 2 名（1.8％）である。養成学校卒業や試験検定である文検を経ていない教員検定規定や臨時特例に該当し、その後、体操に移行した者が 3 人に一人を占めている。国士舘専と武専はともに武道と国語漢文の免許は取得できたが、体操の免許は取得できなかったからと考えられる。

第4節　体操教員養成講習会

　1945（昭和20）年11月6日発体第80号文部次官通牒「終戦に伴う体錬科教授要目（綱）の取扱に関する件」により武道の授業及び校友会運動部等の活動が禁止され、重ねて12月26日発体第100号文部省体育局長通牒「学校体錬科関係事項の処理徹底に関する件」により個人的趣味等による活動についても学校においては一切禁止される事になった。これに先立つ12月8日発体91号による体錬科武道教員数の調査によれば2,268名 [1] の報告があった。これを踏まえ、1946（昭和21）年1月19日文部省令第10号をもって武道に関する免許状の無効を発表し、同日付で施行される事になったが、合わせて同日発体97号文部次官通牒においては武道及び教練関係担任教員に関し、退職する者に対しては物心両面の優遇方法を講じるよう通牒している。さらに、武道教員の他教科転換対策として体操教員養成講習会を開催する事になった。その通知は以下の通りである。

　　　発体 16 号
　　　昭和 21 年 2 月 1 日

　　　　　　　　　　　　　　　　　　　　　　　　　文部省体育局長
　　　　　　　　　　　　　　　　　　　　　　　　　文部省学校教育局長

　　　大学高専教員養成所学校長
　　　地方長官　　　　　　　　　宛

　　　　　　　　　　体操教員養成講習会開催に関する件
　　　昭和 20 年 11 月 6 日発体 80 号文部次官通牒「体錬科教授要項（目）の取扱に関する件」に依る武道の中止に伴う武道教員の他教科転換対策として標記講習会を別紙要項に拠り実施致すに付貴管下（校）該当者推薦相成度此段及通牒
　　　追而受講後の使命を勘案し体操教員として適当と認めたる者のみ推薦相成るよう

特に申し添う

体操教員養成講習会

趣　旨

　昭和20年11月6日発体80号文部次官通牒「体錬科教授要項（目）の取扱に関する件」に依る武道の授業中止に伴う武道教員の他教科転換対策として左の講習会を開催し新教育方針に基く所定の課目を履修せしめ其の成績優良なる者につき体操担任の資格を附与する為の特別措置を講ぜんとす。

一、主　　催　　文部省

二、期　　日　　昭和21年3月1日より10週間

三、会　　場　　東京高等師範学校、東京体育専門学校

四、参加資格

　　左の各項に該当し受講後体錬科体操教員に転換を希望する者にして当該地方長官（大学、高専、教員養成所学校に在職中の者は当該学校長）の推薦せるものたること

　（一）体錬科武道中剣道又は柔道の中等学校教員免許状を有する者但体錬科体操の免許状を併有する者を除く

　（二）昭和20年11月6日現在学校に在職中の者

五、講　　師

　　文部省関係官

　　東京高等師範学校及東京体育専門学校教官中の適任者

　　其の他の適任者

六、参加人員　　約100名（二組に編成す）

七、講習科目

　△実　　科　　180時

　　（一）体操（徒手、器械）　　　　　　　　　　　　20時

　　（二）遊戯、競技（遊戯一般、走跳投技、相撲）　　55時

　　（三）球技（籠球、排球、蹴球、送球、闘球）　　　90時

　　（四）音楽　　　　　　　　　　　　　　　　　　　15時

　△学　　科　　90時

　　（一）教育概論　　　　　　　　　　　　　　　　　15時

　　（二）体育理論　体育原理　　　　　　　　　　　　20時

　　　　　　　　　体育史　　　　　　　　　　　　　　10時

　　　　　　指導法　　　　　　　　　10時
　　　　　　（各科目の指導法は実科と結びつける）
　　　　　　管理法（行政）　　　　　10時
　　　　　　体育心理　　　　　　　　10時
　　（三）生理衛生　　　　　　　　　15時
　　　　　　　　　計　　　　　　　270時
　　△自由演習（実科）　150時
　　△其の他
　　　（一）社会体育
　　　（二）公民勤労
　　　（三）時局講話

八、資格附与

　　講習履修者にして其の成績優良なる者に対しては所定の手続を経たる上、中等学校、高等女学校体錬科体操教員の資格を附与す

九、推薦申込法

　　昭和21年2月15日迄に推薦人数を体育局長宛電報を以て申込み別途速達便にて申込むこと

　　推薦該当なき場合もその旨返電のこと

　　受講者100名を越えたる場合は推薦順に選定す

十、受講者注意事項

（一）宿泊所は各自手配のこと
（二）体操ズボン、シャツ、靴其の他実科に必要なる用具携行のこと
（三）筆記具、参考書その他必要なる日用品等携行のこと
（四）受講許可証は電報を以て通知す

　　通知を受けたる者は3月1日午後1時迄東京都小石川区大塚窪町東京高等師範学校に集合すべし

（五）受講許可者は教員検定の出願書類を作成持参すべし

　　必要書類

　　　1　教員検定願　第一号書式
　　　2　履歴書　　　第二号書式
　　　3　証明書　　　第三号書式
　　　4　中等学校教員の免許状の写

5　身体検査書　第八号書式

　参加申込みは 156 名あったが、142 名に受講許可が出され実際の受講者数は 98 名のようである。しかしながら、教員免許台帳によれば、この講習会による免許取得者数は 87 名である。

第 5 節　おわりに

　旧学制下において、武道教員が養成されその供給が始まるのは 1915（大正 4）年からである。1945（昭和 20）年の敗戦にともなって同年 11 月武道は廃止された。わずか 30 年間の教員養成である。総数 3,300 名あまりの武道教員の免許取得事由を見てみると、東京高師、武専、国士舘専が約 2 割ずつ輩出し合わせて約 6 割を占める。教員検定に関する規定第 7 条第 5 号（後には第 6 号）による当該中等学校教授経験年数を満たして無試験検定に合格した免許取得者も約 2 割を占めた。教員になるための教育を受ける事なく教員免許を取得した者が他の養成学校出身者と同程度供給され、ここに武道教員供給の特徴を見る事ができる。

　戦後の混乱期には、武道教員 110 名が体操の免許を追加取得している。1945（昭和 20）年 10 月及び 12 月にそれぞれ 2 名ずつ臨時特例で剣道あるいは柔道の免許を取得し、その数ヶ月後の翌年 4 月体操教員養成講習会を終了し体操免許を取得しているという極端な事例も見られた。戦後、学校から武道は禁止されたが、武道教員の有資格者の一部には体操科の教員となって新制の高等学校に継続して勤務する可能性は残ったのである。

補記　註

[1] 近代武道研究会編「武道の歩み 90 年」商工財務研究会、1966、p.44

あとがき

　筆者は大学卒業後、埼玉県で高校の体育教師に就いた。初任者の頃に出会った先輩教師は日々の活動に自信がみなぎり、生徒のもめ事にも動ぜず、頼りになる存在であった。年を重ねれば自分もいつかそうなるであろうと気楽に考え、疑いを持つ事もなかった。ところが、40を越え50歳も過ぎる頃に、先輩教師に近づくどころか年齢とともに頭も身体も衰えている自分に気づかされてしまった。そんな時、体育教師の力量形成について問題意識を持ち、大学院進学を考えるようになった。前期課程2年間で何とかまとめをしてみたが、それで自信を持って力が付いたとはとても言えない心境の幕切れだった。そこで、さらに後期課程に進み、先輩教師あるいは体育教師の先人たちはどのような状況下で、どんな経過をたどり、そこの教師となっていたのかという事について明らかにしてみたいと考えるようになった。しかしながら、東洋大学大学院博士後期課程に進学当初は大淀昇一教授のもと、研究テーマもまだ漠然としたままで、当てもなく資料集めをしている状態だった。いろんな事をかじっている間に、徐々にねらいが定まってくるからと先生には温かく見守っていただいた。その後、副査の斎藤里美教授に「歴史の切り口や視点」を持つ事の大切さを教えていただき、体育教師の対象としての時期を戦後だけにこだわらず戦前にまで遡ってみようと考えるようになった。4年目から代わった主査の山﨑準二教授からは、あらためて基本的な事から丁寧な指導を受け、ようやくテーマも中等学校の教員となるための文部省の検定試験に関わる事に落ち着いた。検定制度を量と質の面から検証しようというもので、合わせてその合格者の特性もまとめてみたいと考えた。彼らにとっては予備試験のための準備から始まる年単位の長いレースに参戦するという事であり、その困難さから「努力すれば願いは叶う」という成功体験は、他の養成学校ではなかなか味わえないものであったろう。だからこそ合格したらそこでおしまいではなく、その後も新たな課題に挑戦し、学びに関わり続ける体育教師像が見られたのではないだろうか。それに関連する貴重な史料を押田辰之輔、浅海貴美代両氏に提供いただいた。これがなければ論文としてまとめる事はできなかったであろう。大変感謝している。

　論文をまとめるに当たっては金沢大の大久保英哲教授、一橋大の坂上康博教授の両先生にも懇切丁寧なアドバイスをいただいた。感謝申し上げたい。

このようにしてまとめた学位請求論文『文検「体操科」の研究：埼玉県における合格者のキャリア形成を中心に』を今般、単行本として出版する事になった。そこで学位請求論文を読み直してみると、当然ながら単純なミスや明らかな間違いが多数見つかった。提出の際には気がつかなかったところも新たに手直しを加えなければならなかった。特に第9章を新たに加えた事で、章の入れ替えや修正が広範囲に及んだ。見直しも終えた今は一息ついているところである。

　最後に、本書を出版する機会を作ってくれた世音社の柏木一男・古川来実両氏にお礼を申し上げたい。また、学術の道半ばとはいえ、このように成果を見る事ができたのは家族の協力、とりわけ妻いつ子の支えの賜物であり、感謝しつつひとまず筆を擱きたい。

　2016年5月7日　白岡の寓居にて　　　　　　　　　　　古川　修

著者略歴

1949 年　山形市生まれ
1972 年　福島大学教育学部卒業
2007 年　明星大学大学院人文学研究科修了、修士（教育学）
2013 年　東洋大学大学院文学研究科博士後期課程修了、博士（教育学）
現在、大学非常勤講師
　　埼玉県白岡市在住
（共著）『体育・スポーツ・武術の歴史にみる「中央」と「周縁」：国家・地方・国際交
　　流』（2015 年 2 月、道和書院刊）

「文検体操科」の研究
埼玉県にみる中等学校体操教師へのキャリアアップ・ルート

2016 年 8 月 25 日　初版発行

著　者　古川　修

発行者　柏木　一男

発行所　世音社
　　　　〒173-0037
　　　　東京都板橋区小茂根 4‐1‐8‐102
　　　　TEL/FAX 03-5966-0649

ISBN978-4-921012-18-2　C3037